科思论丛　本书由中国劳动和社会保障科学研究院资助出版

ZHONGGUO ZHIZAOYE
RENGONG CHENGBEN
WENTI YANJIU

中国制造业人工成本问题研究

钱诚　著

中国劳动社会保障出版社

图书在版编目(CIP)数据

中国制造业人工成本问题研究/钱诚著. -- 北京：中国劳动社会保障出版社，2018

ISBN 978-7-5167-3733-0

Ⅰ.①中… Ⅱ.①钱… Ⅲ.①制造工业-人工成本-研究-中国 Ⅳ.①F426.4

中国版本图书馆 CIP 数据核字(2018)第 271985 号

中国劳动社会保障出版社出版发行

（北京市惠新东街 1 号 邮政编码：100029）

*

北京市艺辉印刷有限公司印刷装订 新华书店经销

787 毫米×1092 毫米 16 开本 23.5 印张 235 千字

2018 年 12 月第 1 版 2018 年 12 月第 1 次印刷

定价：88.00 元

读者服务部电话：(010) 64929211/84209101/64921644

营销中心电话：(010) 64962347

出版社网址：http://www.class.com.cn

前言

制造业是立国之本、兴国之器、强国之基。2015年5月，国务院出台《中国制造2025》，明确了我国实施制造强国战略的第一个十年行动纲领。改革开放以来，“中国制造”凭借劳动力、原材料及市场等比较优势，取得了举世瞩目的发展。然而，随着中国工业化、信息化进程的深入，以及世界经济格局的变革，“中国制造”逐渐面临劳动力成本、原材料成本、融资成本等挑战。对此，本书从产业政策、收入分配政策等角度，研究了我国制造业劳动报酬与劳动生产率同步提高、最低工资对制造业人工成本影响，以及我国制造业劳动力成本比较优势变化等问题，目的是为回答政府、行业及企业针对制造业劳动力成本提出的问题提供参考。

针对国家“努力实现劳动报酬增长和劳动生产率提高同步”政策，本书提出并尝试回答以下三个问题：一是从理论上看劳动报酬与劳动生产率是什么关系。二是在实证方面，近年来我国制造业劳动报酬和劳动生产率的变化趋势是怎样的。三是我国制造业实现“同步提高”的条件、路径和政策保障是什么。

经研究得出以下结论：一是劳动报酬与劳动生产率具有关联性，

二者存在同步变化的机制和共同的影响因素，这些因素包括技术进步、管理水平、人力资本、要素投入、产业发展情况等。基于中国工业企业数据库相关年份数据的分析发现，劳动生产率变动对劳动报酬变动的影响程度为0.27，劳动报酬变动对劳动生产率变动的影响程度为0.61。二是1995年至2016年，制造业劳动生产率增速总体快于劳动报酬增速，近年来此趋势有所变化。三是制造业实现“同步提高”的双赢路径为“产业升级—技术进步—人力资本提升—同步提高”。其中，应充分发挥市场和企业决策主体的作用，建议政府的定位是创造条件和有限政策推动。

针对“最低工资调整对我国制造业企业人工成本变动影响”，通过回顾我国制造业发展与最低工资标准增长情况，从理论上研究了最低工资与人工成本的关联机制，并运用面板数据和横截面数据，对二者的关联程度进行了实证分析。

研究发现：一是最低工资调整对制造业人工成本变动有正向影响，对低工资行业、中小微企业、私营企业以及劳动密集型企业人工成本有显著影响；二是最低工资通过平均工资影响制造业人工成本变动，实证结果表明，最低工资与制造业平均工资显著相关；三是制造业总成本变动受最低工资政策影响程度有限。

基于以上结论，我们提出政策建议如下：一是运用“企业分配系数”评估法，评价最低工资调整对劳动密集型企业的影响；二是最低工资标准的确定要参考不同行业的承受能力，建议将制造业平均工资作为评价最低工资标准的参考指标；三是探索制造业人工成本与工资有序增长机制。

针对劳动力成本比较优势问题，本书基于比较优势理论，通过考察我国制造业劳动力成本变化，形成对当前我国制造业劳动力成本比较优势的总体判断：2010 年以来制造业劳动力成本上升呈现先快后慢的增长过程，年均增速快于同期劳动生产率增速，占制造业劳动力成本最大份额的劳动报酬总额增长速度放缓，制造业城镇单位人均工资成本较金融危机之前的工资增速有所加快。

分地区看（不含西藏的数据），广东、江苏和河南制造业工资增长较快，增速排名后三位的是山西、黑龙江和福建。相比东部省份，中部 8 个省份制造业工资增长较慢。从细分行业看，制造业人均工资成本上升较快的行业是工艺品及其他制造业，纺织业，木材加工和木、竹、藤、棕、草制品业。人均工资增长较慢的细分行业是有色金属冶炼及压延加工业，烟草制品业，食品制造业，石油加工、炼焦及核燃料加工业。

通过国际比较发现，我国制造业劳动力成本与发达国家的差距在缩小，但仍具有绝对成本优势，尽管劳动力成本水平已超过部分东南亚国家，但凭借劳动生产率优势，对部分东南亚国家仍具有相对比较优势。从单位劳动力成本角度看，与新兴发展中国家相比优势已不明显。

通过分析当前我国制造业劳动力成本上升问题的原因、影响及面临的挑战，提出了加强制造业人工成本监测、塑造国内版产业雁阵格局和探索设计定向减税等政策建议。

目录

第一章 导论

一、中国制造业的发展现状

按照国家统计局2017年发布的《国民经济行业分类注释》，制造业门类包括30个大类，其内涵是指经物理或化学变化后成为新的产品，无论是动力机械制造或手工制作，也不论产品是批发销售或零售，均视为制造。建筑物中的各种制成品、零部件的生产应视为制造，但在建筑预制品工地的组装活动，如仓库、管道等设备的组装，以及建筑物的装置等，均列为建筑活动，不属于制造活动。制造业门类中包括机电产品的再制造，指将废旧汽车零部件、工程机械、机床等进行专业化修复的批量化生产过程，再制造的产品应达到原有产品的质量与性能。

按行业大类划分，制造业具体包含：农副食品加工业；食品制造业，酒、饮料和精制茶造业；烟草制品业；纺织业；纺织服装、服饰业；皮革、毛皮、羽毛及其制鞋业；木材加工和木、竹、藤、棕草制品业；家具制造业；造纸和纸制品业；印刷和记录媒介复制业；文教、工美、体育和娱乐用品制造业；石油、煤炭及其他燃料加工业；化学原料和化学制品制造业；医药制造业；化学纤维制造业；橡胶和塑料制品业；非金属矿物制品业；黑色金属冶炼和压延加工业；有色金属冶炼和压延加工业；金属制品业；通用设备制造业；专用设备制造业；汽车制造业；铁路、船舶、航空航天和其他运输设备制造业；电气机械和器材制造业；计算机、通信和其他电子设备制造业；仪器仪表制造业；其他制造业；废弃资源综合利用业；金属制品、机械和设备修理业。

2015 年，我国制造业行业增加值达到 20.24 万亿元，比上年增长 3.48%，约占国内生产总值的 29.37%。2016 年，制造业全社会固定资产投资总额达到 18.8 万亿元，自 2003 年以来年均增长 21.7%，约占全社会固定资产投资的 1/3。2016 年，规模以上工业企业实现行业销售收入 104.8 万亿元，实现利润总额 6.5 万亿元，资产总额约为 83.6 万亿元。

2016 年，城镇单位制造业年底就业人数达到 4 893.8 万人，制造业按行业分城镇私营企业和个体就业人数为 2 814.7 万人。按行业分私营单位和个体就业人数口径，制造业就业人数为 5 424.8 万人。经估算，2016 年制造业吸纳城乡就业人口 1.03 亿人，约占当年城镇总就业人数的 1/7。

2016 年，制造业实际使用外商直接投资金额 354.9 亿美元，约占全部外商直接投资总额的近 1/3。制造业吸引外商企业投资总额达到 2 万亿美元，占全部外商投资总额的 39.4%。2016 年，制造业对外投资净额 290 亿美元，在各行业中排名第二。

制造业已成为转移农村劳动力的重要行业，根据国家统计局 2016 年全国农民工监测调查结果，全国农民工总量达到 2.81 亿人，其中从事制造业的农民工占总量的 30.5%，比 2015 年下降 0.6 个百分点。

二、中国制造业的人工成本、劳动报酬及劳动生产率

（一）人工成本及其相关概念

1. 人工成本

人工成本是指企业在生产经营和提供劳务活动中所发生的直接和间接人工费用的总和。按我国劳动部颁发的相关文件规定，人工成本包括从业人员劳动报酬、社会保险费用、职工福利费用、教育费用、劳动保护费用、住房费用和其他人工成本七个项目。

其中，从业人员劳动报酬是指单位在一定时期内，以货币或实物的形式直接支付给本单位所有从业人员的劳动报酬总额。2009 年之后，国家统计局将“从业人员劳动报酬”改为“城镇单位就业人员工资总额”。

社会保险费用是指企业按照国家规定对职工支付的各项社会保险费用，包括养老保险、医疗保险、失业保险、工伤保险、生育保险和企业建立的年金、补充医疗保险等费用，其中只计算用人单位缴纳的并现期不直接支付给本单位员工的部分，不包括员工个人缴纳的部分。

职工福利费用是指在工资以外按照国家规定开支的职工福利费用，

主要用于职工的医疗卫生费、职工因工负伤赴外地就医路费、职工生活困难补助、文体宣传费、集体福利事业补贴（包括集体、生活福利设施，如职工食堂、托儿所、幼儿园、浴室、理发室、妇女卫生室等，以及文化福利设施，如文化宫、俱乐部、青少年宫、图书室、体育场、游泳池、职工之家、老年活动中心等）、物业管理费、上下班交通补贴。这部分除去直接用于员工本人的部分（生活困难补助等）以外，主要是为改善工作期间的劳动生活条件而以本单位集体名义花费且不支付给本单位员工的部分。2009 年以前，直接支付给员工的交通费、通信费、餐费补助等均被列入福利费用中，但财政部颁布的《关于企业加强职工福利费财务管理的通知》（财企〔2009〕242 号）规定，直接以货币形式支付给员工的福利费一律计入工资总额，因此，福利费用基本全部用于企业集体福利设施开支。

教育费用是指企业为员工学习先进技术和提高文化水平而支付的费用，包括就业前培训、在职提高培训、转岗培训、外派培训、职业道德等方面的培训费用和企业自办大中专、职业技术院校等培训场所发生的费用及职业技能鉴定费用。这部分费用是企业直接对员工进行各种培训的支出，不直接支付给员工，如果以货币形式支付给员工就要计入工资总额。

劳动保护费用是指企业购买员工实际使用的劳动保护用品的费用，如工作服、保健用品、清凉用品等，应直接以实物形式用于生产工作中的员工。

住房费用是指企业为改善员工居住条件而支付的费用，包括员工宿舍的折旧费（或为员工租用房屋的租金）、企业缴纳的住房公积金、实际支付给员工的住房补贴和住房困难补助及企业住房的维修费和管理费等。住房费用是由企业出资但不直接以货币形式支付到本单位员工手中的部分，其中的住房公积金，员工可以在以后需要或退休时一次性提取。

其他人工成本是指除上述费用以外的部分，包括工会经费、企业因招聘员工而实际花费的员工招聘费、咨询费、外聘人员劳务费，对职工的特殊奖励（如创造发明奖、科技进步奖等），支付实行租赁、承租经营企业的承租人、承包人的风险补偿费等，解除劳动合同或终止劳动合同的补偿费用。这部分费用，有的直接支付给本单位员工，如特殊奖励；有的直接支付给曾是本单位的员工，如经济补偿金；有的由企业直接支出，如工会经费、员工招聘费；有的则是支付给本单位以外人员的人工费用，如咨询费、外聘人员劳务费。

2009 年人力资源社会保障部企业薪酬调查表之一——“企业人工成本情况”对企业人工成本及七个分项的含义和构成进行了界定，与上述介绍没有实质性出入。

2. 劳动报酬

劳动报酬（labor reward）是劳动者因劳动付出而获得的回报。如何理解劳动报酬？从宏观角度看，可以用“社会劳动报酬”代表一个国家（或地区）劳动者报酬的总量，从而反映一定时期内一国（或地区）全体劳动者各种劳动回报的加总，常见的统计方法是，用劳动者报酬比重体现劳动份额占国民收入初次分配比例的大小。从微观角度看，可以用“雇员劳动报酬”代表劳动者个人在组织分配中获得的薪酬，其反映的是个体劳动报酬水平。

(1) 社会劳动报酬。根据国内外官方统计机构对劳动报酬的界定，我们综合比较了以下常见社会劳动报酬的定义及其算法。

一是国家统计局《中国国民经济核算体系（2002)》对“劳动者报酬”的概念界定。劳动者报酬是指劳动者因从事生产活动所获得的全部报酬，包括劳动者获得的各种形式的工资、奖金和津贴，既有货币形式的，也有实物形式的，还包括劳动者所享受的公费医疗和医药卫生费、上下班交通补贴、单位支付的社会保险费、住房公积金等。对于个体经济来说，其所有者所获得的劳动报酬和经营利润不易区分，这两部分统一作为劳动者报酬处理。中国的劳动报酬数据主要有以下来源：《中国统计年鉴》《中国劳动统计年鉴》和《中国国内生产总值核算历史资料》。

二是国家统计局投入产出表（2011）对“劳动者报酬”的界定。劳动者报酬的计算公式为：劳动者报酬＝规模以上工业企业总产出×规模以上成本费用调查工业企业劳动者报酬占其总产出的比重＋实物报酬。

其中，规模以上成本费用调查工业企业劳动者报酬＝制造成本中的直接人工＋生产单位管理人员工资＋生产单位管理人员福利费＋销售部门人员工资＋销售部门人员福利费＋行政管理人员工资＋行政管理人员福利费＋支付科研人员的工资及福利费＋职工取暖费和防暑降温费＋社保费＋住房公积金和住房补贴＋劳务费＋劳动保护费中的保健补贴、洗理费＋其他直接费用、其他营业费用、其他管理费用中支付给个人和上缴给政府部分＋工会经费×60％＋董事会费×50％＋差旅费×6.5％；

实物报酬＝城镇居民来自工作单位的人均非现金收入×城镇居民年平均人数×(工业企业从业人员数/全部从业人员数)。

计算规模以上成本费用调查工业企业劳动者报酬的资料取自国家统计局工业司工业企业财务状况及产销总值。城镇居民来自工作单位的人均非现金收入用城镇住户人均非现金收入总计代替，资料取自国家统计局城市司城镇居民家庭非现金收入调查表。城镇居民年平均人数取自国家统计局人口和就业统计司人口调查资料。工业企业从业人员数和全部从业人员数取自国家统计局人口和就业统计司单位从业人员和劳动报酬情况表。

三是国际劳工组织（ILO）对劳动份额（labor share）的界定。劳动份额反映了国民收入中的劳动所得，一般用总劳动报酬（税前工资、薪金及雇主的社保缴纳）与国内生产总值（GDP）或国民总收入（GNI）的比率来表示。自从自我雇佣者的报酬被排除在劳动报酬统计之外，很多学者认为劳动份额被低估了。自我雇佣者的回报究竟是劳动报酬还是资本收益，理论界至今未达成一致。一些学者将自我雇佣者收入的1/3归于劳动报酬，1/3归为资本收益。目前这一处理方法被广泛用于工业化国家；但也有学者（如 Ann E. Harrison）指出，这一方法不适用于发展中国家。普林斯顿大学的克鲁格（Alan B. Krueger，1999）对劳动份额的统计方法也提出以下疑问，由于劳动份额是根据劳动者报酬总额计算的，那么劳动者包含哪些人？公司高管和自我雇佣者算不算劳动者？报酬包含哪些？是否包含雇员的股票收益？另外，人力资本投资收益是归于劳动报酬还是资本回报？离退休人员的健康保险是否算劳动报酬？Gomme 和 Rupert（2004）也提出，如何处理政府部门的收入？政府部门只有工资、薪酬和固定资本损耗，没有资本收入，因而把政府部门包括进来，可能会拉高劳动收入占比。如何处理房产部门的收入？统计中常将房屋租金收入全部归于资本收入，因而包括房产部门在内，可能会压低劳动收入占比。如何处理净间接税（即扣除补贴后的间接税余额）？计算劳动收入占比的分母是国内生产总值还是国内生产净值？这些问题都没有明确的答案。

四是联合国国民账户核算体系（UNSNA）对劳动者报酬统计口径的界定。劳动者报酬是企业给雇员上一个会计期间，作为工作完成回报的现金或实物支付。劳动者报酬包含雇员以现金形式获得的工资和薪金总额；现金津贴、加班工资、奖金、回扣、小费和雇主的赠予；由雇主参照消费者价格换算为货币的实物报酬，包括食宿、工作场所、机动车或者其他耐用品以及员工的免费旅游、燃料、休假及停车位等；劳动者向政府缴纳的社会保险和所得税；雇主为雇员向社会保障计划和私人基金缴纳的社会保险费；学生工作所得；雇员所获公司股票收益；劳务人员报酬所得；雇主为员工置业等提供贷款时的减免利息。

五是经济合作与发展组织（OECD）对“劳动报酬”的界定。劳动报酬是支付给雇员的以现金或实物形式体现的总薪酬，包括由雇主支付的工资、薪金和社会保障（values of social contributions）。劳动报酬构成了增加值的绝大部分，与对劳动投入的估算一样，劳动报酬为一系列重要统计数据奠定了基础，在很多国家货币政策的制定和国家间劳动力成本比较方面起了重要作用。劳动报酬包括两部分：一部分是现金或实物形式的工资与薪金，这些又具体包括社会保障、所得税等，雇员的应得报酬，乃至包括雇主实际克扣但应属于雇员的报酬；另一部分是雇主支付的社会保障费用，包括雇主向社保计划或私人社保基金为雇员缴纳的社会保险费。雇员报酬不包括志愿服务所得的报酬，比如家庭内劳动和非营利组织的工作，也不包括雇主为工资和薪金缴纳的各种税收。

综上所述，各国对劳动报酬及其份额的统计口径标准各异，但也有一些共通之处，例如劳动报酬的口径基本接近劳动力成本，对自我雇佣者的劳动报酬统计有所体现，尽管有的口径名目繁多，但工资和薪金是主体等。

（2）雇员劳动报酬。雇员劳动报酬（reward of employee）是区别于社会劳动报酬的，反映劳动者个体报酬水平的指标，包含劳动者为组织工作而得到的货币薪酬和非货币薪酬。市场经济作为一种交换经济，在为一个组织或雇主工作的过程中，劳动者之所以付出劳动，是因为他们期望能获得与个人劳动价值相符合的回报。通常情况下，可以将一位劳动者为组织工作而获得的所有他认为有价值的东西称为报酬。除了货币报酬和非货币报酬的区分外，薪酬理论通常还将报酬分为内在报酬和外在报酬。根据这两类区分，报酬的口径也有大有小，如有的人认为报酬包含薪酬和福利，有的人将报酬等同于薪酬，也有的人将报酬定义为货币薪酬。出于本研究的目的，我们将劳动报酬定义为狭义的薪酬，也就是货币报酬，或者更直接的，就是工资。

除此之外，还有必要将劳动报酬与劳动力成本（人工成本）进行区分，我国关于人工成本的定义起始于1994年，当时提出的人工成本包括从业人员劳动报酬、社会保险费用、职工福利费用、劳动保护费用、住房费用和其他人工成本等项目。国外一般将劳动力成本定义为雇主雇用劳动力所花费的全部费用。从定义来看，虽然在某些情况下，决策者更关心人工成本的变化，但由于劳动报酬是人工成本的主要组成部分，而且与人工成本其他项目有较强的关联性，因此，可以用劳动报酬的变化趋势反映人工成本的变化趋势。

3. 劳动生产率

劳动生产率是劳动者在生产运营过程中的工作效率，作为要素生产率的一种表现形式，一般用单位劳动投入产出比来表示，可分为社会（全员）劳动生产率、行业劳动生产率和个体劳动生产率等多种类型。

社会劳动生产率又称全社会劳动生产率，是指一定时期内全社会劳动者（从业人员）的劳动效率。它表明一个地区的社会生产力发展水平，是反映某地区经济实力的基本指标之一。社会劳动生产率只能采用价值量进行计算。国家统计局计算全社会劳动生产率的公式为：全社会劳动生产率＝报告期国内生产总值/报告期社会从业人员平均人数。经济合作与发展组织（OECD）将劳动生产率定义为一系列产出量与投入量的比率，对产出的度量通常由既定不变价格条件下的国内生产总值（GDP）或总增加值（GVP）来表示，通常最常用的投入量指标是工作时间、劳动力岗位和就业人数。

行业劳动生产率是指一个国家（或地区）分部门和产业（行业）劳动投入产出比率。一般认为，美国是世界上最早对产业部门劳动生产率进行规范性测算的国家。1926 年，美国劳工统计局用“人时”来衡量投入的劳动量，用“产出增加值”作为产品生产量的代表来计算劳动生产率，现在各官方机构统计报告中所公布的劳动生产率指标基本都是用该方法得出的。与其对应的另一种方法是“函数法”，该方法主要以生产函数来表达投入产出关系，并对其进行相关变换来测算劳动生产率、资本生产率与全要素生产率之间的关系，由于所使用的生产函数不同，形成了不同的方法与流派，主要有“丹尼森方法”“索洛方法”和“乔根森方法”，这些方法的应用研究也是劳动生产率测算研究的一个热点和发展趋势。①

个体劳动生产率是指组织中劳动者个体的投入产出绩效。在企业人力资源管理活动中，提高个体劳动生产率是实现组织绩效目标的途径，对劳动者来说，将劳动报酬与劳动绩效挂钩，不仅能反映其工作价值，也能促进其提高劳动效率，因此，定义个体劳动生产率能更好地反映劳动报酬与劳动生产率之间的紧密关联，对劳动者个人也更有现实意义。

（1）劳动生产率的主要计算方法。根据劳动生产率的定义，计算

① 辛永容. 1979—2008 年我国劳动生产率相关研究文献分析——基于数据挖掘的研究综述［J］. 天水行政学院学报，2009（3）：86.

劳动生产率就是合理确定产出和劳动投入两个指标，可用 $P=O/I$ 表示，其中 P、O 和 I 分别表示劳动生产率、劳动产出和劳动投入。在国民经济核算中，反映产出的指标有两个，分别是总产出和增加值，总产出是核算单位生产所有商品或服务的数量或价值。增加值是核算单位再生产过程中新增加的价值，不包括生产过程中作为中间投入的价值。劳动投入是指劳动者参与生产过程活动，可以用参加生产活动的人数来反映，也可以用所使用劳动者的工作时间来确定，或者使用劳动的价值，即劳动报酬来确定。确定了劳动产出和劳动投入之后，可以按照反映的单位不同，计算不同范围的劳动生产率，如社会（全员）劳动生产率和行业劳动生产率。

按照《中国统计年鉴》对统计指标的解释，全员劳动生产率等于国内生产总值除以平均就业人数。也可表述为：表示一定时间内（通常为统计年度内），统计区域中，平均每个从业人员在一年中所创造的产品和劳务的价值总和。

（2）劳动生产率与全要素生产率。在研究劳动生产率的诸多文献中，对全要素生产率的测度占有重要地位。全要素生产率与有着明确量纲的单要素生产率不同，一般将全要素生产率中的“投入”看作各项单要素投入的综合作用。索洛在 20 世纪 60 年代研究美国经济增长问题时发现，不能完全用要素投入解释经济增长，其差异可以用“增长余值”来表示，由此引起经济学家关于增长余值的讨论，一般认为技术进步是增长余值的重要源泉，但不是唯一源泉，因此，经济学家引入全要素生产率来表示要素投入不能解释的经济增长。

对全要素生产率进行计算，从方法论上来说一般有两种方法：一种方法是计量经济学的方法，即估计一个生产函数，然后把生产函数的参数估算出来，再计算全要素生产率的差距；另一种方法是利用指数的方法，目前这种方法在国际上已经逐渐成为主流。

（3）劳动生产率与人均劳动产出。实证文献中常用的劳动生产率的度量是人均劳动产出（增加值或者总产值），尽管从严格意义上讲，人均劳动产出与劳动生产率之间是存在一定区别的，但一方面满足严格理论要求的劳动生产率很难从现实数据中估算得到，对函数形式设定的依赖也很强，而人均劳动产出数据则相对容易获得；另一方面，Hall 和 Jones 等人所做的实证研究也证实，人均劳动产出与严格意义上的劳动生产率之间存在极强的正相关性，因此，以人均劳动产出来代替劳动生产率被文献普遍接受。

4. 单位劳动力成本

单位劳动力成本是衡量劳动者工作效率的一个指标，是平均工资与劳动生产率的比值。由于平均工资是工资总额与劳动者人数的比，劳动生产率是增加值（或总产值）与劳动者人数的比，所以，也可以表示为增加值（或总产值）与工资总额的比值。国内很多学者（如卢锋，2006；曲玥，2010；张军，2012 等）研究过中国的单位劳动力成本（unit of labor cost）问题。

正如曲玥等人所指出的，用劳动报酬来反映劳动力成本是否具有优势存在很多问题，因为劳动力成本优势不仅是一个水平概念，更是一个相对概念，应该从企业支付给劳动力的报酬与劳动力所做的贡献两个方面考虑。也就是说，即便对劳动力支付的报酬很高，但是如果劳动创造出的价值远远高于对之所支付的报酬，或者是劳动报酬的增长慢于其贡献的增长，那么，仍可以认为劳动力成本具有相对优势。因此，在分析研究劳动力成本问题时，把劳动报酬快速增长等同于劳动力成本优势的减弱是不合适的，应该将报酬与贡献两个方面同时考虑才能客观地评价劳动力成本问题。除了需要观察劳动报酬的情况以外，准确地计算劳动生产率也成为度量劳动力成本优势的重要方面。

单位劳动力成本分为水平和增速两个方面，前者用平均工资与劳动生产率的比值表示，后者用平均工资增速与劳动生产率增速的比值表示。由于人均水平都涉及了人数，因此，水平实际上就是工资总额与工业增加值的比。

5. 劳动力成本优势

本文涉及的主要概念包括劳动力成本、劳动生产率以及劳动力成本比较优势等重要概念。这些概念有的广为人知，有的常以不同外延和形式出现，有的则充满争议。因此，在研究中需要对上述概念做以下界定：

一是对劳动力成本的界定。劳动力成本即人工成本，其英文皆为labor cost，在不同国家，劳动力成本所指大意基本一致，但包含的项目不尽相同。在我国，劳动部颁发的〔1997〕261号文件规定，劳动力成本范围包括职工工资总额（劳动报酬）、社会保险费用、职工福利费用、职工教育经费、劳动保护费用、职工住房费用和其他劳动力成本支出。其中，职工工资总额是劳动力成本的主要组成部分。

为了研究具有可操作性，本文在三个层次上使用劳动力成本这一概念。第一个层次是最广义的劳动力成本，不仅涵盖劳动力成本七项构成，还包含企业支付的与员工有关的非货币成本，如假期、职业声誉等。第二个层次是通常所指的劳动力成本，即劳动力成本的七项构成。这一外延在统计上是可行的，但在实际中尚无机构发布全国的分行业劳动力成本数据，因此，在分析时需要用到第三个层次的劳动力成本概念，即劳动报酬，也就是企业支付给员工的货币工资。根据调查，在我国制造业中，员工工资总额占劳动力成本的60%～70%，因此，工资是劳动力成本的主要部分。另外，国家统计局定期发布行业工资总额数据，为开展相关定量分析提供了条件。本文在国际比较时，使用全口径的劳动力成本概念，在涉及具体行业和部分地区的劳动力成本考察时，较多使用劳动报酬，在此一并说明。

二是对劳动生产率的界定。在许多情况下，劳动报酬与劳动生产率共同决定了劳动力成本是否具有优势，因此，劳动生产率是本文使用频率较高的概念。但是，定义劳动生产率也是困难的，有的文章认为，类似人均利润、人均营业收入等，也可以作为劳动生产率的衡量指标，一些人指出应该用劳动者的边际产出代表劳动生产率，也有更多人使用人均产值、人均产量或人均增加值来测度劳动生产率。对此，董礼华（2012）等对劳动生产率及其计算方法有过专门讨论，本文在其基础上，使用行业增加值和劳动就业人数来衡量产出和投入，不考虑劳动时间和不同劳动者的质量，这实在是不得已而为之的办法。劳动生产率的计算不能解决这样的难题：如何将总产出而不是边际产出分解为劳动产出，这涉及对生产率的深入研究，本文不再做延伸讨论。

三是对劳动力成本比较优势的界定。劳动力比较优势是林毅夫等学者常提及的概念，然而，何为“劳动力成本比较优势”？探究“比较优势”之渊源，自李嘉图至克鲁格曼，说的都是机会成本，也就是成本优势，因此，劳动力比较优势本质上不是别的，就是劳动力的成本优势。

（二）中国制造业人工成本估算

根据《中国统计年鉴》估算，2016 年我国城镇单位制造业人工成本总额约为 45 379 亿元（人民币，下同）。其中，从业人员劳动报酬约 29 089 亿元，社会保险费用（按占劳动报酬的 30%比例估算）约 8 727 亿元，职工福利费用（按占劳动报酬的 14%比例估算）约 4 072 亿元，职工教育费用（按占劳动报酬的 2.5%比例估算）约 727 亿元，劳动保护费用（按占劳动报酬的 1.5%比例估算）约 436 亿元，住房费用（按占劳动报酬的 5%比例估算）约 1 454 亿元，工会经费（按占劳动报酬的 2%比例估算）约 582 亿元，其他人工成本（按占劳动报酬的 1%比例估算）约 291 亿元。

上述数据中，制造业劳动报酬总额数据来自国家统计局，其口径为城镇单位就业人员工资总额。其他人工成本分项数据，是以劳动报酬总额为基数，按照国家针对企业的社会保险、福利、职工教育费用、劳动保护费用、住房和工会经费等有关法律政策规定的比例估算得到。严格来讲，按照经验比例估算数据是不准确的，理想的做法是对人工成本各项构成原始数据进行加总。但是，从我国目前官方公开可利用的数据看，除劳动报酬外其他分项数据无法得到全国加总数据，因此只能通过估算获得。

需要说明的是，估算存在两种偏离实际的可能：一是由于除劳动报酬外的其他各项比例均为法定最低标准，有的企业在实际执行过程中可能会高于这些比例，因此存在低估的倾向；二是也有些企业未能严格遵守国家法律，因此也可能存在高估的问题。

制造业人工成本与劳动报酬具有同步增长趋势。2012—2016 年，城镇单位制造业人工成本总额增速分别为 17.54%、39.04%、9.95%、4.92%和 2.64%，增幅出现回落。结合历年城镇单位制造业就业人数，2012—2016 年，人均人工成本增速分别为 13.61%、11.48%、8.82%、10.68%和 6.31%。2012—2016 年，城镇单位制造业人工成本水平的年均增速约为 9.3%（见表 1—1）。

表 1—1　　2005—2016 年中国城镇单位制造业人工成本

（单位：亿元）

年份	人工成本总额	从业人员劳动报酬	社会保险费用	职工福利费用	职工教育费用	劳动保护费用	住房费用	工会经费	其他人工成本
2005	7 889	5 057	1 517	708	126	76	253	101	51
2006	9 417	6 036	1 811	845	151	91	302	121	60
2007	11 296	7 241	2 172	1 014	181	109	362	145	72
2008	13 258	8 499	2 550	1 190	212	127	425	170	85
2009	14 512	9 302	2 791	1 302	233	140	465	186	93
2010	17 380	11 141	3 342	1 560	279	167	557	223	111

续表

年份	人工成本总额	从业人员劳动报酬	社会保险费用	职工福利费用	职工教育费用	劳动保护费用	住房费用	工会经费	其他人工成本
2011	23 448	15 031	4 509	2 104	376	225	752	301	150
2012	27 562	17 668	5 300	2 474	442	265	883	353	177
2013	38 323	24 567	7 370	3 439	614	368	1 228	491	246
2014	42 137	27 011	8 103	3 782	675	405	1 351	540	270
2015	44 213	28 342	8 502	3 968	709	425	1 417	567	283
2016	45 378	29 089	8 727	4 072	727	436	1 454	582	291

备注：

1. 从业人员劳动报酬即职工工资总额，统计口径为分行业城镇单位就业人员劳动报酬。

2. 社会保险费用：以劳动报酬为基数，企业养老保险缴费比例约为20%，医疗保险缴费比例约为6%，失业保险缴费比例约为2%，工伤保险缴费比例约为1%，生育保险缴费比例约为1%，企业合计缴费比例约为30%。

3. 职工福利费用：根据《企业所得税法实施条例》第四十条规定，企业发生的职工福利费支出，不超过工资薪金总额14%的部分，准予扣除。

4. 职工教育费用：根据财税〔2006〕88号文件规定，对企业当年提取并实际使用的职工教育经费，在不超过计税工资总额2.5%以内的部分，可在企业所得税前扣除。

5. 劳动保护费用：按工资总额的1.5%核算。

6. 住房费用：按经验值估算。

7. 工会经费：根据《中华人民共和国工会法》规定，凡建立工会组织的，按每月全部职工工资总额的2%计提。

第二章
制造业劳动报酬增长与劳动生产率同步提高研究

1912 年的秋天，在美国密歇根州福特汽车公司总部办公室里，福特召集有关人员开了一个意义重大的会议，会议讨论的核心议题是，如何提高生产效率以满足不断增长的市场需求。1910 年新厂房开始使用后，面对急剧扩大的市场，福特为急速扩大的订单伤透了脑筋。会议上，管理者们决定参考泰罗的理论，在福特汽车公司全面推行流水线生产。

经过改革，1914 年福特汽车公司的生产再次实现了翻番，可是在此期间工人的数量不仅没有增加，反而从 14 336 人减少为 12 880 人。与成倍增长的产量和滚滚流入福特等人腰包的钞票形成鲜明对比的是，工人劳动强度的加大和收入的降低。1913 年，福特汽车公司的工作队伍流动率高达 380%，年底时，公司每增加并稳定 100 个工人，招聘的定额必须要达到 963 人。

福特汽车公司的高管之一库兹恩斯向福特建议，将工人的工资由 2.3 美元/日增加到 5 美元/日。经过研究，1914 年 1 月 5 日，福特汽车公司董事会通过决议，郑重宣布实行“五美元工作日”：任何合格的福特汽车厂工人不论年纪和工种，工资都翻一倍。

在接下来的三年里，福特汽车公司的税后纯利分别为 3 000 万、2 400 万和 6 000 万美元。仅以 1914 年为例，按照福特宣布的“利润共享原则”，这一年工人得到总共 1 120 万美元的工资。尽管劳动强度极大，可是工人们还是愿意到福特的工厂工作，劳动力的流动率降低了 90%，每天无故旷工的工人比重从原先的 10%下降到了 3‰。

尽管伴随“五美元工作日”制度的还有苛刻的纪律要求，但福特汽车厂的工人收入大幅增加。据统计，1914 年年初，福特汽车厂的工人用于家庭生活的费用为 325 万美元，两年后这一数字增加到 2 000 多万美元。当地贫困户的比例从 20%降到了 2%，工人在银行的人均存款额从 196 美元增加到 750 美元。

许多年后，管理学家将“五美元工作日”制列为“福特制”的重要特征，而经济学家将其作为效率工资理论的经典案例写入教科书。①

…………

一百年后的今天，遍布中国大江南北的许多制造业企业也面临着福特当年的抉择，是招聘更多的工人，还是提高工资。

一、研究背景

2015 年年底，中央经济工作会议提出，2016 年经济社会发展主要

① 根据解力夫和张光勤的《福特家族（七）：五美元工作日》改编，原载：新浪汽车，http://www.sina.com.cn 2004/05/13。

是抓好去产能、去库存、去杠杆、降成本、补短板五大任务。2017年3月，李克强总理在政府工作报告中指出，要用改革的办法深入推进“三去一降一补”，着眼促进企业降成本，出台减税降费、降低“五险一金”缴费比例、下调用电价格等举措。

经历了30多年的经济高速增长，中国的一些结构性矛盾开始凸显，其中收入分配差距不断扩大成为社会关注的焦点，城乡居民缩小贫富差距的愿望十分迫切，老百姓“涨工资”的呼声也越来越高。另外，2008年国际金融危机以来，我国制造业企业面临着土地、能源、环保、原材料和劳动力等要素成本不断上涨的局面，在国内外竞争日益加剧的大环境下，如何控制劳动力成本，成为很多制造业企业亟待破解的难题。

工资——涨还是不涨，在劳动者、企业和政府之间，如何找到利益共同点，努力实现“劳动报酬增长与劳动生产率提高同步”，也许可以成为各方都可以接受的一个解决方案。对此，我们将研究的焦点集中到解读“劳动报酬增长与劳动生产率提高同步”这一重大方针上来。

从宏观层面看，近年来我国的劳动报酬占初次分配比重不断降低，企业营业盈余和政府财税份额不断上升，很多学者指出，这是当前我国国民收入分配不合理的重要表现。实现劳动报酬与劳动生产率同步提高，将有助于提高我国劳动报酬占初次分配比重，优化政府、企业和劳动者之间的国民收入分配关系。

从微观层面看，实现劳动报酬与劳动生产率同步提高，可以使劳动所得与劳动创造的新增价值挂钩，体现按劳分配，也能够促进多劳多得和实现激励相容，保障职工与企业共享发展成果，从而有利于企业处理好生产和分配的关系。

从当前我国所处的国际经济环境来看，劳动报酬和劳动生产率能否同步提高，将关系到我国能否在全球经济格局中继续保持劳动力成本优势，关系到我国参与全球经济竞争等重要问题。

因此，无论是从政策、理论还是实践角度看，研究“劳动报酬与劳动生产率提高同步”问题都具有重要意义。基于以上研究意义，本章拟提出并尝试回答以下问题：

一是从理论上看，劳动报酬增长与劳动生产率提高究竟存在怎样的关系？这其中有三个理论问题：

第一，能否将劳动生产率提高作为劳动报酬增长的主要依据？影响行业和企业劳动生产率提高的因素有很多，劳动贡献只是其中一个方面，如果劳动生产率的提高是因为技术、管理等其他因素带来的，那么劳动报酬是否也应该增长？

第二，如何解读中央政策文件中的“同步”，是同速度、同数量，还是同方向？是名义量上的同步，还是实际量的同步？不同行业、地区、规模和所有制类型的企业，是否都得同步，同步的力度是不是可以不同？工资是刚性的，如果劳动生产率降低（负提高）了，劳动报酬能不能“同步降低（负增长）”？

第三，劳动报酬增长与劳动生产率提高的关联性有多大？其中，需要分析：影响劳动报酬增长的因素有哪些？影响劳动生产率提高的因素有哪些？在影响二者变化的因素中，有哪些是共同的，有哪些是不同的？在何种机制下，这些影响因素的变化才能引起劳动报酬和劳动生产率的同步变化？

二是从实证角度看，近年来我国劳动报酬和劳动生产率的变化趋势是怎样的？回答这一问题需要明确：如何界定劳动报酬和劳动生产率？如何合理地测度劳动报酬和劳动生产率？近年来我国劳动报酬的增长与劳动生产率的提高幅度分别有多大？在我国，影响劳动报酬和劳动生产率的因素是如何变化的？对比国外代表性国家，我国劳动报酬和劳动生产率的变化在国际上处于何种水平？

三是在我国如何实现劳动报酬与劳动生产率同步提高？需要系统研究：以制造业为例，在我国实现劳动报酬与劳动生产率同步提高需要具备哪些经济社会条件？实现“同步提高”的路径有哪些？从政府和市场定位的角度，应从哪些方面促进劳动报酬与劳动生产率同步提高？

在当前阶段研究劳动报酬与劳动生产率同步提高的问题，有其特殊的时代背景。一方面，党中央、国务院在这个时期提出“两同步”指导方针，有一系列经济社会体制改革等方面的深层次考虑；另一方面，围绕着中央收入分配调控政策的出台，无论是地方政府、企业，还是普通劳动者，都会关心这个政策与上个政策有何不同？对于理论和政策研究者，也需要回顾政策演变的过程。因此，有必要花一些篇幅梳理“两同步”方针提出的来龙去脉和时代背景。

近年来，党和政府提出一系列政策举措，其中提出“两同步”取代过去的“两低于”指导原则，这一变化在以下纲领性文件中有所体现：

一是中国共产党的十八大报告提出，到2020年，实现国内生产总值和城乡居民人均收入比2010年翻一番，努力实现居民收入增长和经济发展同步、劳动报酬增长和劳动生产率提高同步。党的十九大报告提出，坚持在经济增长的同时实现居民收入同步增长、在劳动生产率提高的同时实现劳动报酬同步提高。

二是国家“十二五”规划纲要提出，要实现城乡居民收入普遍较快增加，努力实现居民收入增长和经济发展同步，劳动报酬增长和劳动生产率提高同步。其中，“两同步”的提出是对20世纪以来我国工资分配领域中“两低于”原则的重大方向性调整，也将成为未来一段时期内调整我国收入分配格局的重要指导原则。国家“十三五”规划纲要进一步指出，改革中要正确处理公平和效率关系，坚持居民收入增长和经济增长同步、劳动报酬提高和劳动生产率提高同步，持续增加城乡居民收入。

关于“同步提高”的表述在近期党和国家的重大文件中频繁出现，表明“同步提高”已不再是理论界探讨层面的概念，已经成为官方认可的调节企业收入分配关系的指导方针。围绕着政策解读和贯彻，需要加强研究。

一是近年来我国收入分配差距问题突出。收入分配关系不合理主要体现为：城乡、地区、行业、群体之间的收入分配差距持续扩大，具体到工资收入分配领域，行业间、地区间、群体间工资收入差距整体上也呈拉大趋势，这种不合理已成为制约经济发展方式转变和社会和谐稳定的突出障碍，不利于发展成果由人民共享。理顺收入分配关系，急需深化工资收入分配制度改革，探索和构建合理的工资收入分配关系，使之成为经济增长的推动力和社会和谐稳定的基石。

二是我国劳动报酬占国民收入比重呈现先下降后缓慢上升的情况。从统计数据看，2007—2013 年，居民部门的劳动者报酬由 49.49%降至 39.74%，下降 9.75 个百分点；政府部门的生产税净额由 11.68%增加至 14.81%，增加 3.13 个百分点；企业部门的固定资产折旧和营业盈余（资本收益）由 38.83%增至 45.45%，增加 6.62 个百分点。2013 年，我国劳动报酬比重回升到 46%左右，2016 年达到 47%，近年来比重维持在 46%～48%之间。张车伟等学者认为，1978—2007 年我国劳动报酬占比相对平稳，在 39%～45%之间；而肖文、周明海利用资金流量表数据并进行调整后，反映出 1993—2007 年我国劳动报酬占比在 50%～60%之间比较平稳，但自 2005 年后下降明显；还有一部分研究成果认为，我国的劳动报酬占比变动是呈 U 型趋势的，如李稻葵利用跨国数据，罗长远和张军利用我国省级数据的实证研究都证实了劳动收入份额随经济发展的 U 型规律。二者都认为人均 GDP 达到 3 000 美元（2000 年名义汇率）左右时为 U 型曲线的最低点，其后我国劳动收入份额将进入上升通道。

从制造业的情况来看，制造业内部平均劳动报酬差异呈现逐步扩大趋势，只在 2006 年有所减缓。而劳动报酬比重的差异呈现“上升→

下降→上升→下降”的波浪式运动趋势。[①]

三是劳动力成本上升带来诸多经济社会影响。有观点认为，首先，劳动力成本上升成为通货膨胀的推动因素。其中，有分析认为名义工资的增长率相当于实际劳动生产率的增幅加上通胀率，如果劳动生产率提高幅度低于工资上涨幅度，就生成通胀或挤压利润空间，引发成本推动型通货膨胀。因此，如果工资上涨与劳动生产率之间“剪刀差”不断扩大，就会造成中国经济增速的放缓。这种分析思路也认为，合理的工资上涨速度应该是与劳动生产率的增长同步的，所以近年来国家出台的相关政策文本中，开始注意工资与劳动生产率的关系。其次，对企业（尤其是中小企业）而言，劳动力成本上升带来生产经营压力。2008 年金融危机之后，我国沿海地区制造业企业（尤其是中小、小微企业）普遍反映用工成本急剧上升，这一变化使得原本“融资难”“市场萎缩”和“原材料上涨”等多重压力并存的制造业企业雪上加霜。如何处理好工薪劳动者工资正常增长与企业控制人工成本之间的矛盾，已经成为摆在政府、企业经营者和学者们面前的重要课题。本章研究框架和思路如图 2—1 所示。

四是相比发达国家，制造业劳动报酬提高暂不影响我国劳动力成本优势。据美国劳动统计局 2009 年 4 月发行的《劳动评论月刊》数据显示，2009 年中国劳动力每小时的工资为 0.81 美元，仅为美国同期劳动力每小时工资水平的 2.7％、日本的 3.4％、欧盟的 2.2％。尽管

① 丁梓楠. 第二产业内部劳动报酬差异研究［J］. 企业经济，2011（9）：130-132.

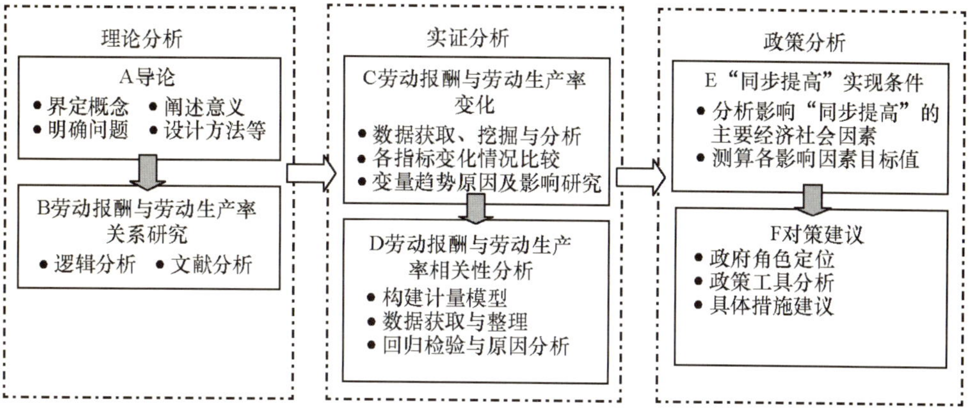

图 2—1　研究框架和思路

这是 10 年前的数据，但是中国和发达国家劳动力成本之间存在着巨大差距，仍是显而易见的事实。即便中国再次上调工资，也很难赶上发达国家的水平。目前中国的个人收入仅占 GDP 的 40%，远远低于国际水平，甚至比中国 2000 年 51%的比例还要低 10 个百分点。从欧洲方面的情况来看，根据布兰查德（Blanchard）等人的研究，欧洲国家劳动生产率近年来有下降的趋势，欧洲人均工作时数的下降主要是由于对休闲的偏好。欧洲大多数国家失业救助高，享受时间长，工会力量强大，集体谈判决定工资机制，劳动力保护制度严格，劳动力市场僵化，收入税等税率较高，这些都在很大程度上解释了欧洲不断攀升的失业率。

根据世界银行的数据，自 1990 年以来，中国制造业的生产力年增长率保持在 10%～15%之间，但生产力的增长并没有完全真实地反映在工人的工资收入上。这表明中国单位劳动力成本增加缓慢，也意味着在未来一段时期，工资上调仍有一定空间，劳动力成本优势暂时不会削弱。①

综合欧美发达国家的情况，如何在当前全球产业分工格局现实条件下，确定我国制造业劳动力成本的合理区间，在维持劳动力成本优势的前提下，尽可能地提高工薪劳动者的报酬，这不仅关乎制造业亿万职工利益，也关系到国家产业结构调整和升级。

五是相比其他发展中国家，我国制造业劳动力成本上升会影响外商投资和本地就业。随着以中国为代表的发展中国家劳动力成本上升，近年来，制造业有开始向周边发展中国家转移的趋势。以制鞋业为例。2000 年，中国生产了全世界 40%的耐克鞋，全球第一，越南当时的份额只占 13%。随后，中国的产量逐年下滑，越南的产量逐年提升。2009 年，中国和越南的耐克鞋产量基本持平，都占全世界的 36%。2010 年，局面发生逆转，越南取代中国成为世界最大耐克鞋生产国。据《2012 年世界投资报告》统计，2011 年流入东南亚的外国直接投资为 1 170 亿美元，比上年增长了 26%，而中国的这一增长率同期不到 8%。

随着发达国家开始重新振兴实体经济，解决本国就业问题，一些制造业甚至有回流发达国家的趋势。据 2011 年年底波士顿咨询集团发布报告称，随着中国劳动力成本上升、人民币升值和美国制造业劳动生产率提升，中国制造业传统比较优势正在迅速削弱，未来 5 年美国

① 罗来军，等. 工资水平、劳动力成本与我国产业升级 [J]. 当代经济研究，2012 (5): 35-41.

自华进口 30%的份额都将由美国本土生产。①

二、关于"两同步"的已有研究

"提高劳动生产率"是经济学和管理学领域的经典命题之一，从某种程度上讲，亚当·斯密的《国富论》和泰勒的《科学管理原理》回答的都是"如何提高劳动生产率"的问题，此后从不同角度研究劳动生产率的文献可谓浩如烟海。劳动报酬（或工资）则是劳动经济学、劳动关系学和人力资源管理学的核心概念之一，与其相关的研究成果也很多。但是，正如张军（2012）所言："在绝大多数场合，两者都是被分别研究的，很少有人在一个统一的框架下谈及两者之间的相互联系，最近学界与政府关于提高劳动者工资的一些意见却不得不让学界对劳动生产率与工资之间看似简单的关系进行更为深入的思考。"

围绕"我国劳动报酬增长与劳动生产率提高"问题，近年来的研究成果主要集中在以下方面：

1. 关于劳动报酬与劳动生产率同步提高的意义

蔡昉（2011）指出，提高劳动生产率是经济增长可持续引擎，也是产业结构调整的基础和动力。然而，在不同的发展阶段上，劳动生产率提高的方式不尽相同。根据预测，我国劳动年龄人口将于"十二五"时期停止增长并绝对减少，意味着长期给中国经济增长提供人口红利的人口结构将发生根本性的变化，也意味着中国将进入一个新的

① 杨长勇. 中美制造业竞争力比较研究［J］. 宏观经济管理，2012（11）：87.

发展阶段。这要求从依靠传统人口红利实现的增长模式，加快转向依靠人才红利的增长模式，保持劳动生产率的持续提高。这种转变与中央提出的加快转变经济发展方式的要求也是完全一致的。

在人口红利消失，或劳动力短缺的情况下，增加资本投入时，要求设备本身也包含技术进步，要求操作者素质的提高。这意味着只有加大对各类人才的需要，才能够适应科技进步、工艺创新和操作过程协调的要求。另外，这些因素也要通过企业的优胜劣汰和产业结构的调整发挥作用。而这整个过程的结果，就是全要素生产率的提高。只有通过改善全要素生产率并提高其对经济增长的贡献，才能持续提高劳动生产率。人们所讨论的人口红利概念虽然是指富有生产性的人口结构，对储蓄率和劳动力供给这两个经济增长条件产生的正面影响，但是，劳动力供给中实际上是包含着人力资本因素的。在加大人才培养力度的前提下，人口年龄结构的变化并非要对人力资本积累产生负面影响；相反，人口结构变化还创造了一些新的条件有利于扩大和深化教育，这可以被看作是从人力资本方面创造经济增长新源泉的红利。

程承坪等（2012）运用1980—2008年的统计数据，通过工资增长对中国制造业国际竞争力影响的实证研究，发现工资增长会正向影响中国制造业的国际竞争力，即当前适当提高劳动者工资有利于而不是降低中国制造业的国际竞争力，这种影响在短期内很显著，长期则保持在均衡的水平，全要素生产率并没有对制造业国际竞争力的提高产生显著的影响，究其原因是长期以来我国劳动者工资水平较低，小幅度的工资增长并不足以促使劳资双方提高人力资本投资水平。因此，应逐步提高制造业劳动者的工资水平。

罗来军等（2012）发现，从1997年开始我国制造业职工平均工资已经进入较快增长阶段，在未来一段时期仍将继续延续工资上涨趋势。虽然中国的工资水平上调了，而且幅度也不小，但是同国际水平相比，中国的工资水平仍然很低，因此中国并不会因新一轮的工资上涨而丧失劳动力成本优势。我国长期的低工资水平和低劳动力成本妨碍了技术进步和产业升级。产业企业赢利依赖低工资导致研发投资不足与创新不足；劳动密集型经济的较快发展弱化了我国高技术产业的发展，以至于存在较高的外部依赖；基于低劳动力成本的“世界工厂”式生产使我国多数行业处于国际分工低端；低劳动力成本致使产业提高效率的动力不足；长期低工资水平遏制工人整体素质提升；等等。我国工资水平和劳动力成本的适度提升，将会通过拉动机制、推动机制和关联机制促进我国的产业升级，从而提升我国产业和企业的劳动生产率和国际竞争力。用工成本的提升，将扭转我国产业企业过度依赖低劳动力成本进行赢利的模式，促进它们加大研发投资，重视技术进步，提高产品的附加值，注重扩大产业规模和产业集中度，提升产业运营效率，从而有利于改善我国产业在国际分工体系和全球产业链的地位。

2. 关于我国制造业劳动报酬增长和劳动生产率提高的估算

都阳和曲玥（2010）对比通常将工资或劳动报酬等同于劳动力成本情况的做法，将劳动生产率纳入了分析框架，认为劳动力成本优势是劳动报酬和劳动生产率之间的相对关系。通过对2000—2007年中国规模以上制造业企业数据的测算，发现劳动报酬的增长伴随着劳动生产率更快的增长。有关中国制造业劳动力成本优势减弱的说法都是基于劳动报酬快速上涨的情况，却对同样影响劳动力成本优势的劳动生产率没有或很少给予充分考虑。根据计算，我国制造业虽然在2000—2007年经历了劳动报酬的快速增长，但是由于劳动生产率的更快增长，所以劳动力成本并未上升。在产业结构方面，可以在劳动要素价格上涨的情况下，调整资本和要素的使用比例，并进一步实现产业结构的升级，由一直所依靠的劳动密集型产业逐步向资本密集型产业转化，这样就可以在一定程度上抵消劳动报酬上涨带来的劳动成本提高。

曲玥（2010）的另外一项研究发现，运用中国2000—2007年制造业的劳动生产率数据计算的总体劳动生产率增长速度很快，这一快速增长主要是由技术进步而非要素投入驱动的。劳动生产率的快速提高源自劳动密集型产业自身生产率的进步，并没有从产业结构转换上获取劳动生产率的提高。依赖劳动密集型产业的东部沿海地区劳动生产率的增长已有所放缓，而后起的中西部地区依赖资本密集型产业则显现出强劲的发展势头。由此看来，依赖劳动密集型产业的发展来实现经济发展的源泉已逐渐耗尽，我国制造业未来的发展和劳动生产率的提高需要产业结构的升级和调整。随着刘易斯转折点的到来，不能依赖劳动密集型产业的发展，而是要实现产业升级，资本密集型产业的劳动生产率的增长空间比较大，而劳动密集型产业的劳动生产率水平在长期内很难有更大的发展。

陈维佳和伍晓鹰（2011）利用两次中国经济普查数据建立了分行

业分地区数据库并检验了中国29个省28个制造业部门的平均劳动者报酬、劳动生产率和单位劳动力成本在1995—2004年间的变动趋势。研究结果发现，在总量层面上，劳动生产率的增长通常比平均劳动者报酬的增长快，因此导致中国所有地区的单位劳动力成本显著下降。并且对较发达的地区来说，较不发达地区的劳动生产率增长比劳动力成本增长更快，因此导致在这一时期，全国各省和地区间的单位劳动力成本出现收敛。比较单一行业，地区间的增长速度和收敛趋势呈现出显著差异。对数回归分析证明，劳动密集型行业在平均劳动者报酬、劳动生产率和单位劳动力成本上更可能趋于收敛，而资本或者技术密集型行业往往趋于发散。该发现由一个收敛回归分析进一步证明，由于市场不完善或制度障碍导致的资源配置不当可能是单位劳动力成本发散的主要因素。

Szirmai、柏满迎和任若恩等（2002）经过对部门从业人员人数等变量进行调整，构造出了中国15个制造业部门1980—1999年间劳动生产率的时间序列。发现20世纪90年代以来制造业劳动生产率确实经历了较工资水平更为快速的增长，仅在1998年和1999年落后于工资水平的增速。

中国制造业劳动生产率的增长在20世纪90年代展示了令人瞩目的加速。即使对生产率变化采用最小心的估计，在90年代的劳动生产率增长也是80年代初速度的两倍。除了其他因素之外，这与集体和国有企业的过剩劳动力的快速分流有关，在乡及乡以上的企业中生产率增长的同时伴随着产出增长率的显著放缓。

卢锋（2006）在 Szirmai 等研究的基础上，进一步把数据扩展到1978—2004 年间，证实虽然在 1978—1990 年间，中国制造业劳动生产率的年均增长率仅有 1.85%，但在进入 20 世纪 90 年代以后，制造业的劳动生产率增速大幅提升，其中 1991—1994 年间的年均增长率达到 13.1%，而 1994—2004 年间的年均增长率则达到 15.5%，均高于同期人均 GDP 和工资的增速。

在卢锋的研究中，以 1978 年为 100，职工平均工资指数到 2004 年上升到 526，年均增长 6.59%，对比服务业指数的 606 来看，制造业人均工资指数上升到 474，表明我国制造业劳动报酬增速低于服务业劳动报酬增速。对比劳动生产率的情况来看，20 世纪 80 年代初期，服务业和制造业工资增长速度都超过本部门劳动生产率，90 年代以来，我国制造业劳动力成本呈下降趋势，指数从 1990 年年初的 125 下降到 2004 年的 68，表明工资增长滞后于劳动生产率的提高。

安永咨询公司 2012 年的《势在必行：提高中国生产率》报告指出，历史纵向比较，改革开放对中国劳动生产率的提高起到了很大的促进作用，中国 2011 年的劳动生产率是 1980 年的 8 倍，按照平价购买力计算，2010 年的中国实际劳动生产率也比 1990 年增长 1 倍以上。但横向比较的结果是，中国的劳动生产率水平不仅比发达国家要落后数十年，甚至比不上拉美以及印度、泰国和摩洛哥等国家。中国企业亟须提高劳动生产率以保持赢利增长，提高劳动生产率对中国未来经济发展至关重要，以资本驱动的增长是不可持续的，而提高劳动生产率将是释放中国经济潜力的关键所在。

3. 关于我国劳动报酬与劳动生产率关系的研究

张军和刘晓峰（2012）在对工资和劳动生产率之间的理论关系以及可能的影响因素进行梳理的基础上，利用国家统计局1998—2007年间对国有及规模以上非国有制造业企业的调查数据，对中国制造业企业工资与劳动生产率现状、两者之间的关联以及可能的影响因素进行了分析。文章发现，20世纪90年代末以来，中国制造业企业的劳动生产率都在较大程度上高于其工资水平，并且两者之间的差距有随时间扩大的趋势，而劳动生产率与工资之间的正相关性则有所下降。企业的所有制结构对于企业劳动生产率和工资之间的关联有着显著的影响，而企业的规模、劳均固定资本存量，以及参与国际贸易的程度也是较重要的影响因素。

姚先国和曾国华（2012）的研究认为，1999—2007年间我国劳动力成本与地区劳动生产率之间都呈稳定的正相关关系，表现出劳动力成本提高促使劳动生产率加速上升的趋势。当前我国尚处在“合理激励”区域，离“过度激励”还很远，提高劳动者收入有利于生产效率的提升。因此，现阶段应大力提高劳动者收入，鼓励企事业单位增加职工工资，力争在今后一段时期内实现职工工资增长、劳动者报酬增长和居民收入增长都同步于甚至高于经济增长率。

党国英（2012）使用1992—2008年29个省、市、区的动态面板数据，采用系统GMM方法对我国劳动生产率在工资形成机制中的作用及区域性差异进行了分析。就全国层面的工资方程来说，结果显示，工资具有很强的“黏性”特征，下期工资严重依赖于上期的工资水平；

劳动生产率对我国的工资具有一定的正面影响，但是其影响程度还较低，说明我国工资形成机制的市场化水平有待进一步提高。从东、中、西部各地区的回归结果来看，不同地区的工资形成机制存在一定差异。一方面，工资自发上升的冲动（各地区工资方程的截距项）不同；另一方面，不同地区的工资对劳动生产率、失业率、国有经济垄断、工会力量以及通货膨胀等经济变量的反应系数及显著性也各不相同。因此，劳动生产率在工资形成机制中的作用还不够显著，需要建立企业职工工资正常增长机制，实现工资与劳动生产率的同步增长，提高我国工资形成机制的市场化水平。

李平（2010）系统分析了工资上涨促进劳动生产率提升的作用机理并提出了“工资门槛”假说，借助中国29个省市的面板数据进行实证检验，结果发现工资上涨在促进劳动生产率提升中的作用不断增强，其中工资上涨通过技术进步对劳动生产率的作用显著，但通过人力资本对劳动生产率的作用尚不显著。进一步遵循内生门限回归方法测算了工资上涨促进劳动生产率提升的门槛值为1 269万元，跨过门槛值的8个省份，工资在促进劳动生产率中发挥的作用比其他省份及全国平均水平显著。

工资上涨能够促进劳动生产率的提升，而且工资促进劳动生产率存在门槛效应，长期以来中国实行低工资的发展战略，企业依靠廉价劳动力存在很大的生存空间，因此企业缺乏技术及人力资本投入的动力，难以实现经济的持续发展。依靠技术创新和人力资本来提升劳动生产率是经济持续发展的必然选择，技术进步在经济增长中的作用有所提高，但总的来说中国技术创新能力仍较弱，因此，中国要通过各种措施保护和鼓励企业进行技术创新活动，还要通过多层次的发展教育和职业培训来提高劳动者素质，为经济增长提供人力资本支持。

涂正革和肖耿（2006）的研究发现，在1996—2002年间中国38个工业行业大中型企业的劳动生产率增长中，资本积累对劳动生产率提高的主导作用意味着资方在要素分配中占相对优势的谈判地位。叶援（2004）利用C-D生产函数对技术进步及资本装备率的提高和劳动生产率进步的影响进行了测算，发现劳动生产率对工资是富有弹性的，工资的提高推动了劳动生产率的进步，这是提高劳动生产率的一种有效激励手段。

国外学者对劳动报酬（工资）与劳动生产率关系的研究结论并不一致，大部分实证分析结果显示二者具有某种程度的相关性，但也有少数国家的数据不支持二者之间的必然联系。其中，支持二者之间存在相关关系的研究成果主要有：

Seguino（2007）从外国直接投资对工资和生产率影响的角度，分析了工资和生产率的相互关系，认为工资和生产率的增长率之间有一种潜在的正效应。Liu和Sakamoto（2005）研究了在中国台湾地区手工业中相对低廉的工资和效益工资对劳动生产率的影响。研究中发现效益工资对劳动生产率并没有纯粹的正效应，工资结构对劳动生产率有重要影响。Bester和Petrakis（2009）发现，在自由竞争行业外生的工资率决定了公司在劳动生产率方面的投入，公司的单位劳动力成本和供给依赖于工资的增长率而不是工资率。Jefferson和Rawski

(2001) 研究发现，在不同所有制企业之间，工资的形成与水平，以及与劳动生产率之间的关系等存在着明显的差异，同时，政府对不同性质企业与部门的干预程度也明显不同。Hall 和 Jones (1999) 所做的实证研究证实，劳均产出与严格意义上的劳动生产率之间存在极强的正相关性，因此，以劳均产出代替劳动生产率被文献普遍接受。Chatrerji 和 Sparks (1991) 研究了实际工资、生产率和周期的关系，指出总生产率的波动直接影响实际工资与工作努力的程度和结果。Murphy 利用雇员-雇主面板数据的实证分析显示，公司内部的工资差异与劳动生产率正相关。Marquetti (1999) 发现 1869—1996 年间的美国以及 1965—1990 年间的 38 个国家的工资和劳动生产率的相关性随机游走，这个结论证实了真实工资的增长会促使那些寻求利润的资本家使用提高劳动生产率作为常规手段来保护他们的利润。Koninings 和 Patrick 直接验证了工资与生产率、惩罚性解雇率及产品市场份额变化等指标间的相互关系，并证实了工资对于生产效率的促进作用。Krueger 和 Campell 等人也通过对企业类型的研究侧面分析了工资与生产效率之间的关系。Akerlof 指出，企业通过设定一个相对较低的工作标准，使工人容易达到标准，获得更高的工资，而工人也会以提高努力程度作为回报，工人在与企业的交易中采用互赠礼物的方式。

认为工资和劳动生产率之间并不存在明显关系的研究有：Bruce (2005) 利用加拿大 1961—1995 年数据，证实部门间相对生产率和相对工资水平并没有直接关系。Huizinnga 等对荷兰的研究认为，工资增长会对劳动生产率产生短期的提升作用，长期来看是没有效果的。

4. 关于劳动报酬与劳动生产率同步提高的实现方式研究

蔡昉（2011）指出，我国政府可通过推动产业结构变化获得资源重新配置效率，实现行业内部生产要素向生产率更高的企业集中，减少阻碍改善全要素生产率因素等手段，促进劳动报酬和劳动高生产率的同步提高。赵登辉和林康等（2011）运用江苏省投入产出表数据和经济普查数据，通过计算国民经济各部门的劳动生产率和人均收入，比较了劳动生产率增长和收入增长的同步性和匹配性，分析了各行业的收入增长空间，提出各部门收入增加的分类途径和政府配套政策。李平等（2010）建议，通过运用要素替代效应、技术创新效应、人力资本投入效应、效率工资效应及创造性破坏效应等机制促进劳动生产率提升，同时消除工资上涨促进劳动生产率提升的“门槛效应”，引导企业尽快走出“低工资低劳动生产率陷阱”。丁元（2007）针对改革开放以来广东省不同所有制单位职工工资差距不断扩大的情况，建议政府应积极推进职工工资收入分配制度改革，通过调整最低工资进一步抑制和缓解分配不公的问题，适当控制和缩小不同所有制单位职工的工资收入差距。

本章数据来源主要有两个。一个来源是国家统计局公开发布的《中国统计年鉴》《中国工业统计年鉴》《中国劳动统计年鉴》和《中国高技术产业统计年鉴》等。分析制造业平均工资和劳动生产率的水平、增速和比例等问题时，主要依据这些数据。

另一个来源是中国工业企业数据库。该数据库由国家统计局建立，它的数据主要来自样本企业提交给当地统计局的季报和年报汇总。该数据库的全称为“全部国有及规模以上非国有工业企业数据库”，其样本范围为全部国有工业企业以及规模以上非国有工业企业，其统计单位为企业法人。这里的“工业”统计口径包括“国民经济行业分类”中的“采掘业”“制造业”以及“电力、燃气及水的生产和供应业”三个门类，主要是制造业（占 90%以上）。这里的“规模以上”要求企业每年的主营业务收入（即销售额）在 500 万元及以上，2011 年该标准改为 2 000 万元及以上。基于上述统计口径的数据库自 1998 年开始采集，多数学者使用的工业企业数据库涉及的年份在 1999—2007 年之间。由于该数据库的主要成分为制造业企业，在统计口径上与其他国家的产业分类比较一致，而且一些变量（例如资本、研发投入和出口交货值）更容易度量，因此使用者通常析出该数据库中的制造业企业。

制造业的统计口径包括从农副食品加工业、食品制造业到工艺品及其他制造业、废弃资源和废旧材料回收加工业等 30 个大类（二位数行业），对应于《国民经济行业分类与代码》（GB/T 4754—2011）中的代码 13～43（不含 38）。1999—2007 年中国工业企业数据库包括了 200 多万个观测值，每年的样本企业数量从 1999 年的大约 16 万家逐年递增到 2007 年的大约 33 万家。在 9 年样本期内，包括上市公司，总共有大约 55 万家企业出现。

工业企业数据库是最全面的企业数据库。该数据库包括企业的两类信息，即企业的基本情况和企业的财务数据。企业的基本情况包括法人代码、企业名称、法人代表、联系电话、邮政编码、具体地址、所属行业、注册类型（所有制）、隶属关系、开业年份和职工人数等指标。企业的财务数据则包括流动资产、应收账款、长期投资、固定资产、累计折旧、无形资产、流动负债、长期负债、实收资本、主营业务收入、主营业务成本、营业费用、管理费用、财务费用、营业利润、利税总额、广告费、研究开发费、工资总额、福利费总额、增值税、工业中间投入、工业总产值和出口交货值等指标。全部指标约为130个。

三、劳动报酬与劳动生产率关系的理论研究

理解“劳动报酬增长与劳动生产率提高同步”，首先要回答的一个问题是：劳动报酬与劳动生产率之间是什么关系？

直观地看，劳动生产率是衡量劳动贡献的一个指标，劳动生产率提高意味着劳动贡献增加，相应地，按照按劳分配的原则，劳动报酬就要增加；反过来，在其他条件不变的情况下，劳动报酬增加，一般而言劳动者的工作积极性就会提高，相应地，劳动生产率也会提高。因此，二者是相辅相成的关系。

但是劳动生产率的提高是一个很复杂的问题，它既是劳动者绩效的体现，同时也包含很多非劳动因素。不能简单地认为，劳动生产率的提高完全是因为劳动者更努力或者能力更强，技术设备、工艺流程、管理水平等都可能引起劳动生产率的提高；反过来讲，如果其他生产经营条件得不到改善，即便是劳动者再努力，或者劳动报酬增加，劳动生产率也未必提高。因此，劳动生产率与劳动报酬之间并不是决定

与被决定的关系。

另外，从经济活动环节看，劳动生产率是生产过程中要解决的问题，劳动报酬多少则是分配问题，劳动生产率提高多少，与分配份额增减并无必然联系，在现实中，也可以看到有很多企业并没有将劳动生产率作为给员工付薪的依据。因此，严格地看，二者之间并不存在因果关系。

那么，劳动报酬与劳动生产率是否存在相关关系？从逻辑上来看，如果二者之间存在关联性，那么，必然存在一种影响二者同步变化的机制，这种机制的存在取决于两个条件：一是影响劳动报酬变化的因素也影响着劳动生产率变化，或者说，二者之间存在相同的决定因素；二是决定二者变化的共性因素，其变化也是同方向的。如果具备了上述两个条件，那么，劳动报酬和劳动生产率就会出现同步变化。当然，在劳动报酬的决定因素中，劳动生产率是一个重要变量，而劳动报酬也是劳动生产率的重要影响因素，如果不考虑其他条件，也可以简单认为二者存在关联性。

基于以上思路，我们计划从三个方面回答本章开头提出的问题。首先，回顾不同经济学理论流派对该问题的解释。其次，分别研究劳动报酬和劳动生产率的决定因素。最后，推导出二者之间的关联机制。

（一）不同理论视角的解释

1. 马克思主义分配理论

马克思在继承了古典政治经济学基础上，发展了工资理论，并在其理论体系中谈到了工资与劳动量的关系，所谓的劳动量也可以理解为劳动产出或劳动效率。这一理论首先是继承。马克思承认工资是劳动的价格，是由劳动力供求关系决定的，他在《资本论》中指出，工人的工资表现为劳动的价格，表现为对一定劳动支付一定量的货币，劳动的市场价格也就是围绕着劳动的必要价格上下波动的价格。[①] 马克思认为供求关系还不能完全解释工资的决定，他批判说“古典政治经济学毫无批判地采用劳动的价值、劳动的自然价格等自然范畴，把它们当作所考察的价值关系的最后的、恰当的用语，结果就陷入了无法解决的混乱和矛盾中”[②]。

马克思认为，“同任何其他商品的价值一样，劳动力的价值也是由生产从而再生产这种独特物品所必要的劳动时间决定的。就劳动力代表价值来说，它本身只代表在它身上对象化的一定量的社会平均劳动。劳动力只是作为活的个人的能力而存在，活的人要维持自己，需要有一定量的生活资料，因此，生产劳动力所必要的劳动时间，可以归结为生产这些生活资料所必要的劳动时间”[③]。马克思首先强调了劳动者生存成本对工资的决定意义，从成本角度理解劳动者的报酬是实际的，因为无论是何种厂商，其工资支付首先要满足劳动者在当时条件下的生存，这一原则至今仍是企业确定工资标准的重要依据，而对劳动者而言，无论其劳动生产率如何，他得到的报酬水平必须要满足基本生

① 参见：马克思. 资本论［M］. 北京：人民出版社，2011：613.
② 参见：马克思. 资本论［M］. 北京：人民出版社，2011：617.
③ 参见：马克思. 资本论［M］. 北京：人民出版社，2011：198.

活消费。同时，马克思还强调了名义工资与实际工资的区别，也就是指出了生活资料价格上涨等对工资支付的影响。

在马克思看来，劳动力的价值和剩余价值是由三个规律决定的：第一，无论劳动生产率如何变化，无论产品量和单个商品的价格如何变化，一定长度的工作日总表现为相同的价值产品；第二，劳动力的价值和剩余价值按照相反的方向变化，劳动生产力的提高或降低，按照相反的方向影响劳动力的价值，按照相同的方向影响剩余价值；第三，剩余价值的增加或减少始终是劳动力价值相应地减少或增加的结果，而不是这种减少或增加的原因。① 从马克思这段关于工资规律的论述中可以看出，劳动生产率与劳动力的价格变化是反向的，也就是说，在社会总产量不变的情况下，社会劳动生产率提高会导致单位劳动时间减少，单位劳动时间减少使得劳动力的价值降低。马克思在《资本论》第一卷中的多个地方提到劳动价值与劳动生产力的反向关系，尤其提到了伯明翰和伦敦的例子。也许在当时的确存在类似现象，但从现实情况看，这一论断值得商榷②，更符合逻辑的推断是：随着

① 参见：马克思．资本论［M］．北京：人民出版社，2011：594-596.

② 这一关系让人联想起另一个有争议的论断，那就是“劳动生产率与商品价值之间的关系”。马克思在《资本论》中指出：“劳动生产力越高，生产一种物品所需要的劳动时间就越少，凝结在该物品中的劳动量就越小，该物品的价值就越小。相反地，劳动生产力越低，生产一种物品的必要劳动时间越多，该物品的价值就越大。可见，商品的价值量与实现在商品中的劳动的量呈正比变动，与这一劳动的生产力呈反比变动。”（参见：马克思．资本论（第一卷）［M］．北京：人民出版社，2004：53-54）。马克思关于劳动生产力（率）的上述论断遭到了很多人的质疑，如果其成立，需要许多假设条件，而在现实中反例似乎更多，详细的讨论可参见：程恩富，马艳，孟捷，等．劳动生产率与价值量关系新探［M］．上海：上海财经大学出版社，2011：148-155.

劳动生产率的提高，在单位时间内创造的价值量增加，也就是劳动参与创造的价值更多，进而劳动力的价值（工资）也是增加的。

另外，在《资本论》专门讨论工资的第六篇中，马克思指出："工资的实际运动显示出一些现象，似乎证明被支付的不是劳动力的价值，而是它的职能即劳动本身的价值。"① 也就是说，工资支付不仅要考虑劳动力的价值，更要考虑劳动的价值。他深入分析了计时工资和计件工资，并指出计件工资会引起资本家和工人经常不断的斗争，原因是资本家以此来降低劳动价格，或是增加劳动强度。

总体而言，马克思在《资本论》中关于工资与劳动生产率关系的论述主要体现在以下方面：

首先，承认工资是劳动力的价值。劳动力的价值首先取决于劳动力再生产的需要，也就是要满足劳动者基本生活条件。从劳动力生活成本的观念来看，工资与劳动生产率没有直接联系。

其次，工资还取决于劳动本身的价值。劳动的价值取决于商品的价值量，商品的价值量取决于社会必要劳动时间。社会必要劳动时间越多，商品的价值越大，劳动价值也越大。在一定总产量条件下，劳动生产率与劳动时间是反向关系，因此，得出了劳动生产率与工资呈反向关系的结论。

最后，无论是计时工资还是计件工资，其本质都是一样的，都是资本家变相剥削工人的形式，在资本家眼中劳动生产率与工资是没有关系

① 参见：马克思. 资本论［M］. 北京：人民出版社，2011：621.

的，因此，工资也成为工人阶级反对资本家剥削的重要原因和手段。

2. 边际工资理论

边际学派认为，在完全竞争市场中，企业根据边际劳动生产率确定工人工资水平，其最优决策条件为边际收益等于边际成本，在生产函数中表现为劳动变量的系数，这也是目前主流经济学理论关于工资决定的解释。在这一理论中，资本和劳动的生产率都是递减的，边际资本生产率决定利息，边际劳动生产率决定工资，在其他条件不变的情况下，劳动生产率随劳动量的增加而递减，工人的工资取决于最后一个单位工人的劳动生产率。在一定的资本数量下，工资水平取决于工人人数，企业雇用工人越多，工资水平越低。这一结论与均衡理论一致，但其理论依据与推理过程完全不同。

进一步地，根据边际递减规律，可以分析不同产业组织条件下企业工资决定的最优条件，其中，产业组织类型又可以根据买方市场和卖方市场进行细分。买方市场是指企业（劳动需求方），根据企业产品竞争程度，可分为完全竞争市场、垄断竞争、寡头垄断和完全垄断市场。卖方市场是指劳动者（劳动供给方），根据不同行业（地区）工会组织程度，可分为有工会市场和无工会市场。

在完全竞争市场上，产品价格是一定的，企业对劳动力的需求，主要根据消费者对产品的需求和劳动者的边际产量。在其他条件不变的情况下，随着企业雇佣人数的逐渐增加，总产量开始增加，超过一定产量后，总产量会减速增长，当劳动者雇佣人数持续增加到一定程度时，边际劳动生产率为负，总产量最终会下降。这一规律表明，劳动生产率取决于资本有机构成，在资本、技术等其他生产要素既定的情况下，劳动生产率会随着劳动者数量的增加而降低。

在垄断竞争或者寡头垄断的情况下，企业的产品在同行业中具有价格影响力，但不足以控制整个行业的产品定价。由于整个行业的产品需求曲线是向下倾斜的，在这一条件下企业为了出售更多产品，可以选择降低价格，或者为了维持价格水平控制产量。同完全竞争市场相比，虽然劳动力的边际产量没有变化，但边际产品价格可以下降，所以按照边际收益等于边际成本的最优条件，在劳动力数量不变的情况下，工资是可以下降的，或者在工资不变的情况下，企业可以雇用更多工人。更现实的情况是，追求利润最大化的企业通过产品定价影响边际收益，而同时压低边际成本，也就是边际产品价值不等于劳动边际产品收益，这样处于垄断竞争条件下的企业可以同时影响产量、价格和雇佣人数。

在完全垄断的情况下，企业控制了整个行业的定产和定价权，产品需求曲线是一条向右下方倾斜的曲线，产品市场的需求限制了垄断者通过市场势力获取利润的能力，垄断企业可以通过调整产品数量或价格实现利润最大化。不同于完全竞争市场的是，垄断企业受生产要素市场的影响很小，所以在劳动力雇用和工资决策方面有更大的自由度。

以上只考虑了产品市场的情况，无论是完全竞争还是完全垄断市场，工资与劳动生产率的关系还取决于劳动力市场。具体地说，作为需求方的企业面临的是无限供给的劳动力市场还是有限供给的劳动力市场。在一些行业或者地区，当雇主具有一定程度的买方垄断权力时，就能按照低于边际产品收益的价格确定工资率，而这一工资率低于劳动者的边际生产率。也存在卖方垄断的情况，如一些地区的行业工会垄断了劳动力资源，通过设定一系列条件，把工资率抬高到完全竞争条件下的水平之上，其中工资率有可能高于边际劳动生产率，而这是以将非工会成员挤出就业市场为代价的。劳动力市场的工会组织程度及其谈判势力将影响工资和劳动生产率水平，具体情况将在下节讨论。

上述分析表明，边际学派并不认为工资决定于边际劳动生产率，而是认为工资是围绕边际劳动生产率上下浮动，在不同产业组织类型中，工资可能高于、低于或等于完全竞争条件下的边际劳动生产率水平。另外，边际劳动生产率定价也取决于很多假设条件，如劳动力是同等质量的、工资是主要成本、其他生产要素构成比例不变等。

3. 谈判工资理论

谈判工资理论认为，工资是由劳资双方谈判决定的。从其工资决定的逻辑看，工资高低更多取决于劳资谈判地位，而劳资谈判地位又取决于劳动力市场双方的供求关系。劳动生产率可以作为劳资谈判的依据之一，但不起主要作用。

谈判工资理论在应用层面体现为工资集体协商，目前国内无论是学术界还是政府部门（尤其是各级工会）对工资集体协商都抱有很大的热情，通过集体协商而实现劳动报酬与劳动生产率同步提高也是一个理想的方案。但从实际运行层面来看，在我国工资集体协商的效果并不明显，以劳动生产率作为谈判条件的利益诉求得到多大程度的满足也难以保障。

工资集体协商之所以得到各界认可，除了其具有广泛的理论基础（如利益集团理论、工资谈判理论等）外，国外的实践和国际组织的推动也功不可没，但若深入分析工资谈判的逻辑，就会发现其中存在诸多理论缺陷。

一是谈判主体构建难。国内学者在论及工资集体协商开展不起来时，一个重要理由是工会组织发展不起来，集体协商缺少主体。然而，按照阿罗、奥尔森等关于集体行动的理论，无论是工会还是企业行会的组织都面临个体利益加总为群体利益的困难，而且个体规模越大，利益加总越困难。其中，劳动者因劳动生产率提高而要求加薪的利益诉求，在劳资谈判过程中容易出现信息损失、扭曲甚至搁置等问题。

二是谈判信息成本高。在工资谈判中，劳资双方需要了解对方的信息，如工会希望给工会成员增加工资，其前提是要了解雇主的经营信息，雇主作出工资决策，需要了解市场价位和工人的生产率，但在现实中谈判双方难以避免信息不对称，尤其是对工人而言，很难掌握雇主真实的财务状况，对于其中劳动生产率的提高及其对利润的贡献更难以测度。

基于上述两点原因可以认为，在工资谈判中，劳动生产率可以作为工资增长的重要依据，但在理论上需要解决集体行动和信息不对称两个问题。一个理想的模型是由雇主与工人进行个体工资协商，例如可借鉴绩效管理的思路，根据事前协商明确任务后付薪，从而减少利益加总和信息不对称的问题。

4. 效率工资理论

效率工资理论结合了信息经济学和管理学的研究成果，认为工资不仅是劳动生产率的结果，更是促进劳动生产率提高的手段。福特汽车公司在20世纪初的实践，很好地验证了这一理论，本章也介绍了该案例的大概，表明工资信号在筛选高素质工人和提高工人生产积极性方面的确发挥了作用。

效率工资理论的基本观点是，工人的生产率取决于工资率，工资率提高将有助于吸引高技能的工人，高技能的工人一方面带来了高的生产率，另一方面可以节省劳动力成本，原因是用少的高素质劳动力替代了多的低技能劳动力。对企业而言，由高工资带动的高生产率，进而带来的高产出和高利润率，不仅能够弥补高工资支出，而且还可以创造出更多利润。

按照效率工资理论，工资与劳动生产率的关联可以通过几个机制来实现。

一是激励机制。基于X人性假设，工人是有惰性的，企业为了监督工人，需要支付较多的监督成本。为了尽可能减少监督成本，最好能设计一种工人自我激励的机制，也就是一种合理的利润分享制度。给予高工资的允诺是自我激励机制的一种信号。具体而言，工人怠工和逃避工作的程度与被解雇的代价成反比，被解雇的代价是怠工被发现的概率和因被解雇而发生损失的函数。在工作努力程度方面，工人比雇主具有更完备的信息，或者说雇主和工人在工作过程中的信息是不对称的，为了监督工人雇主需要委托管理者来进行监督，而管理者也会追求自我利益最大化，因此会出现委托-代理问题。通过支付高工资可以有效实现工人的自我监督，降低工人怠工的概率。

另外，如果所有企业都支付市场出清工资，那么劳动力就会处于充分就业状态，其被解雇的代价就为零，由于被解雇后可以很快在其他地方找到收入相当的工作，所以工人选择努力工作的机会成本最小。

二是逆向选择机制。在现实中，雇主面对的是一个异质性劳动力市场，由于工人之间在劳动技能和生产率方面存在巨大差异，一般来说，工人的能力与保留工资具有正相关关系，高生产率的工人愿意接受的保留工资比低生产率的工人工资要高。因此，薪酬策略会影响招聘到的工人的质量。在同等工资水平条件下，雇主可以设计一套筛选机制，来筛选出高技能的劳动者，在筛选成本高昂的情况下，雇主可以选择设定高工资标准来吸引高素质的劳动者（如高学历、高技能和有工作经验等）。另外，如果雇主支付较低水平的工资，那么，具有高生产率潜质的求职者应聘的概率会降低，同时，工资降低会导致更多的高生产率工人退出企业。因此，工资作为一种价格信号，具有筛选功能和避免逆向选择的功能。

三是劳动力流动机制。效率工资不仅在外部劳动力市场上具有筛选甄别作用，在组织内部劳动力市场上也具有引导作用。对于一个追求利润最大化的企业而言，控制劳动力成本是提高利润率的重要方面，工资作为变动成本主要与企业雇佣人数有关，因为依附在每个工人身上的不仅是货币工资，还有一系列招聘、培训、福利、社会保险以及辞职等成本，因此，有效控制雇佣人数和减少辞职率会为企业减少劳动力成本支出。企业通过支付较高的工资，有效降低辞职率，尤其是减少高素质劳动力的流失。

综合以上三种机制，可以认为在效率工资理论中，高工资与高劳动生产率是密切相关的。除此之外，在企业具体人力资源管理实践中，高工资也会增强员工满意度和忠诚度，减少因工资产生的劳动纠纷等。效率工资理论以一种激励兼容的视角，将员工利益与企业发展结合起来，摆脱了传统观念中将雇主与工人的利益对立起来的看法，对当下中国企业处理劳动关系问题尤其有参考价值。

5. 其他理论

在与工资决定有关的理论中，还有其他一些重要的理论流派，如均衡工资理论、人力资本理论、分享工资理论等，从这些理论中也可以发掘劳动生产率与工资之间的关联性。

首先，“均衡”是新古典经济学关于市场定产定价最重要的概念。在新古典经济学范式下，无论是产品市场还是生产要素市场，产量和价格都取决于供求关系。对于劳动力市场而言，工资取决于劳动力供给和需求。其中，在需求不变的情况下，供给增加，工资降低；在供给不变的情况下，需求增加，工资提高。工资更多地与就业有关，而较少与劳动生产率有关。需要关注的是，工资、劳动生产率和就业之间的关系，一般认为，工资与劳动生产率的提升都会对就业产生“挤出”效应。那么，在其他条件不变的情况下，劳动生产率的提高会使雇主减少雇佣人数，也就是劳动力需求降低，劳动者会为仅有的就业机会增加竞争，从而可能会降低对工资的期望。按此逻辑，在一定条件下，劳动生产率的提高会使工资降低。

其次，按照人力资本理论的基本假设，劳动者之间是不同质的，对个体而言，人力资本投资的水平决定了其工资收入水平，收入之所以与人力资本投资有关，是因为一般而言更高的学历和技能意味着更高的劳动生产率（产出）水平。另外，工资收入的提高会增加劳动者继续人力资本投资的机会，例如，增加下一代接受更好教育的机会，提升下一代的工作技能。因此，在人力资本理论中，工资收入与劳动生产率之间相互推动。

微观层面，人力资本理论给企业的启示是，劳动力不再是“成本”而是“资本”。通过追加对劳动者的培训，可以提升劳动者技能素质，提高人力资本回报率，进而为企业带来更多收益。这种观念的转变对企业、劳动者和社会都有积极意义。宏观层面，一个国家的人力资本水平决定了其生产力水平，第二次世界大战后日本和德国经济的迅速复苏是一个实证。为了调整产业结构和实现产业升级，可以由政府主导增加教育、健康、医疗和职业培训等人力资本投资，提升整个国家的劳动生产率水平。

至此，通过回顾各种工资理论，我们考察了工资与劳动生产率之间的关系，基于不同假设和逻辑，得出二者之间不同的联系，这些结论的成立都需要极其严格的条件。上述理论都是从一个角度解释问题，在现实中，用其中任何一个理论都不可能很好地回答工资与劳动生产率的关系。然而，这种理论探讨仍是有意义的，因为正是这些不同的结论，证明了工资与劳动生产率之间的关系十分复杂。

（二）劳动报酬的决定因素分析

在我们的分析框架里，分析劳动报酬（工资）和劳动生产率的决定因素至关重要，因为只有正确理解这些因素，才能把握劳动报酬和劳动生产率的变化规律，只有分别掌握二者各自的变化规律，才能理解二者是否具有同步变化的基础。①

我们首先分析决定劳动报酬的因素，有些因素我们已经在工资决定理论中提及，在此我们以行业为单位系统梳理工资的影响因素。②影响行业工资的因素很多，我们认为行业的劳动力供求关系、人均产出水平、技术装备水平、人力资本水平、市场竞争水平（或者说是产业组织程度）、（多数企业的）所有制类型和规模、工会力量、税负程度、对外开放程度等是重要的。

1. 劳动力供求关系

劳动力供求关系是决定工资的首要因素，越是市场经济发育成熟的国家，这一因素体现得越明显，而在一些转型国家和市场经济发育不充分的国家，由于价格信号在一定程度上被扭曲，尽管供求规律也发挥作用但并不充分。例如，在我国计划经济的一段时期，全国上下统一实行八级工资制，无论劳动力供求关系如何，无论劳动者素质和

① 除非二者都是“一棵树上的果实，会随着枝干的成长而同时成熟”，否则，就需要分别考察二者的发展轨迹。从理论上看，生产率属于生产问题，劳动报酬属于分配问题，二者的关系更像是两棵不同的树，同步增长但规律不同。

② 需要特别说明的是，个人、企业、行业和国家（社会）的工资决定因素是不同的，限于篇幅我们不可能一一讨论，而且我们接下来重点分析的是制造业劳动报酬，所以在本节集中讨论行业工资的影响因素。

生产率高低，都按照等级领工资，劳动力资源配置达不到最优。

关于供求规律本文不再展开论述，需要说明的是在当前我国深化改革的转型时期，在劳动力市场发育仍不成熟的阶段，由供求关系确定工资水平仍存在一些障碍，主要体现为劳动力市场分割现象仍很突出。

首先，存在“体制内”和“体制外”两个市场。不同所有制类型组织的工资决定机制差异较大，在民间仍存在所谓“体制内”和“体制外”的区分。在外资、民营企业等所谓“体制外”单位中，工资的价格信号作用发挥相对充分；在党政机关、事业单位和一些国有企业，劳动者的价值并没有完全通过工资来体现，其中隐性收入、福利、社会保险、职务消费等因素发挥了替代作用。[①] 另外，劳动力在两个市场之间的流动存在壁垒，一般而言，从“体制内”单位到“体制外”单位流动容易，反之则困难。

其次，存在“人才”和“劳动力”两个市场。尽管近年来一些政府部门力推人力资源市场整合，淡化不同劳动者群体之间的区别，但在中央文件中仍将“人才”作为一个群体单独对待，其前提是“人才”与“劳动力”的供求规律是不同的。

最后，由户籍、身份造成的市场分割。具体而言，在同一个企业里，按照户籍和身份对员工可以有三类划分：本地户籍职工和外地户

① 从“劳动报酬”的定义看，广义的劳动报酬是包含诸如福利、社会保险和奖金等因素的，但在一个完备的劳动力市场中，这些因素是显性的，而在我国，很多“体制内”的报酬是隐性的，这一现象本身造成了劳动力价格的扭曲。

籍职工、城市工人和农民工、正式工和劳务派遣工。与这三类区分并存的是一系列歧视性待遇，如工资、户口、社会保险等差别化。三类区分形成了三个细分劳动力市场，各个劳动力市场的供求关系并不相同，而且市场之间存在着明显的界限，劳动力流动存在着诸多障碍。

从宏观来看，在我国，劳动力供求关系对工资起决定作用，但由于各种类型的劳动力市场分割，实际上工资信号和供求规律的作用受到了影响。

2. 技术和人力资本水平

技术水平对劳动报酬的影响是间接的，可以通过两个方面理解二者之间的关系。

一是技术水平能提升生产率。在其他条件不变的情况下，技术水平越高的行业或企业，一般生产率越高，高生产率带来高产出，高产出意味着可供分配的资源多。因此，技术水平通过生产率和产出两个中间变量影响了劳动报酬。

二是技术密集型行业集聚了高技能人力资本。根据人力资本与收入的正相关关系，一般人力资本投资水平越高，工资水平越高。技术密集型行业往往也是高技能人力资本聚集的行业，在企业中，技能等级越高的职工往往技能工资越高，因此，行业和企业的技术水平影响劳动报酬。在我国，通过各种行业工资比较，也可以发现科学技术服务、IT、高端制造业等行业的工资水平高于社会平均水平。

3. 产业组织与竞争程度

在新古典经济学范式中，产业组织类型是指一个产业（行业）的竞争或垄断程度。在上文中我们分析了不同市场条件下，边际工资的决定机制有差异，在实证中也可以发现，完全竞争市场中的工资更接近市场出清时的均衡水平，垄断市场对产品市场有定价权，工资水平会偏离均衡工资。尤其在我国，垄断行业的高工资特征更加明显。

垄断行业高工资有其必然性，也更容易引起争议，其中必然性体现在：一是垄断行业存在垄断利润，企业只要处于垄断地位，都会不可避免享有一定的垄断利润；二是在我国一部分垄断企业承担了公共服务职能，如电力、公路、铁路等基础建设领域，一些岗位存在补偿性工资因素；三是垄断行业吸引了更多人才，这些人才即便在完全竞争市场中其薪酬也是很高的。

我国垄断行业的高工资在社会上引起过较大争议，主要体现为：一是行政原因造成的垄断扭曲了市场环境，本身不具有合法性，其高收入也受到严重质疑。有些观点认为，垄断行业过高的工资，实际上挤占了国家利益，作为国民资产的代理人，薪酬分配比重高在客观上构成了对全民应得份额的剥夺。二是垄断行业内部分配秩序失范，有些岗位薪酬畸高，与社会平均工资和低收入群体工资的差距过大，引起民众不满。

4. 企业产权和控股类型

不同所有制类型的企业工资差距有多大？行业中多数企业的所有制类型是否影响整个行业的工资水平？根据国家统计局公布的工资数据，2016 年全国城镇非私营单位就业人员年平均工资为 67 569 元，同年，全国城镇私营单位就业人员年平均工资为 42 833 元。可见，所有制类型造成了较大的工资差异。

在我国，所有制类型是影响工资的一个特殊因素。根据邢春冰（2005）的研究，对比国有企业、大型集体企业、小型集体企业以及私营企业，教育回报率在民营部门增加得较为明显，在其他部门则没有增加。1997 年，民营部门教育回报率明显高于其他部门，民营经济工资决定机制与其他部门不同。

陆正飞和王雄元（2012）的研究结果表明，国有企业支付了更高的职工工资，而且这一结论在控制了行政垄断、企业规模和职工教育背景等因素之后依然成立。进一步区分国有企业控制级别和职工工资类别后发现，与非国有企业相比，国有企业普通职工工资显著更高。其中，中央政府控制的国有企业普通职工工资显著高于地方政府控制的国有企业普通职工工资，而地方政府控制的国有企业普通职工工资又显著高于非国有企业普通职工工资；国有企业高管薪酬与非国有企业高管薪酬并无显著差异，但中央政府控制的国有企业高管薪酬显著高于地方政府控制的国有企业和非国有企业高管薪酬。

5. 企业效益和薪酬制度

劳动报酬是劳动要素参与分配的结果，劳动要素参与分配的多少取决于总产出和分配率，在一定分配比例下，产出越多，劳动报酬越多。人均产出是劳动生产率的体现，产出的最大化一方面要依靠投资规模（包括固定资产投入和劳动力的投入），更重要的是取决于产出效率，包括资本回报率和劳动生产率。

在我国，长期以来坚持“生产决定分配”的观念，在“十二五”

规划出台之前，国家对企业工资宏观调控一直坚持的是“工效挂钩”和“两低于”的原则。其中，“工效挂钩”是指企业工资总额同经济效益挂钩，具体形式又分为含量法和系数比例法两种形式。一般情况下，挂钩工资增长幅度取决于经济效益增长幅度，当经济指标增长超过一定幅度时，需适当降低工资浮动比例，或者工资增长幅度低于挂钩经济指标的增长幅度，有专家统计工资挂钩系数一般为0.7∶1。“两低于”则是指工资总额增长速度应低于经济效益增长速度，平均工资增长速度应低于劳动生产率增长速度。在1992年国务院发布的《全民所有制工业企业转换经营机制条例》中明确规定了工资增长要低于劳动生产率的提高。

在当时的经济社会背景下，这些提法具有一定合理性和积极意义，主要的考虑是国家经济基础相对薄弱，为了提高企业竞争力和维持可持续发展，需要将更多的产出投入到扩大再生产中（如购买更先进的设备，扩大生产规模，提升技术水平等），在分配方面实际是牺牲了一部分劳动要素的利益。随着国家经济实力的增强，企业竞争力的不断提高，尤其是在劳动报酬占初次分配比重有所降低的情况下，党的十七大以来，国家为了调整收入分配格局，提出由“两同步”取代原来的“两低于”原则，实际上是在鼓励企业在增强经济效益的同时，倾向加大劳动要素参与分配的力度，使职工共享企业发展成果。

6. 工资集体协商情况

在劳动力市场发育完善的地区，工资水平主要是劳资双方工资集体谈判的结果。自1949年国际劳工组织通过集体谈判公约以来，工资集体谈判已经成为市场经济国家调整企业工资福利的通行准则，但目前我国劳动力市场发育仍不成熟，工资集体协商机制也很不健全。即便是在形式上已经开展工资集体协商的企业，工资谈判究竟在多大程度上影响了企业工资决定，仍是个问题，在我国工资谈判真正发挥作用还有很长的路要走。

一是工会基层工作还存在一些短板和薄弱环节，比如，在一些非公有制经济组织、社会组织等新领域新阶层中，还存在工会组织没有覆盖的盲区；有些基层工会组织虽然建起来了，但活力不足，对青年职工、农民工等群体吸引力还不够；国有企业在改革改制过程中，存在随意撤销工会组织、合并工作机构的问题；在供给侧结构性改革的推进过程中，企业民主管理作用发挥还不够充分；各级厂务公开协调领导机构存在弱化倾向。

二是在维护企业职工报酬利益方面，工会作用有待加强。企业工会主席一般由经营管理层任命，使得工会干部很难真正代表和维护职工利益。调研发现，目前我国很多企业的工会组织在加强职工思想道德建设、宣传企业文化以及丰富职工文化娱乐活动等方面发挥了一定作用，在劳动者维权和组织集体协商方面难以发挥实际功能。另外，在企业重大管理决策制定方面，企业工会在民主管理和企业决策中的作用有待加强。

三是企业工资集体协商覆盖面窄。2011年年初，全国总工会制定了“两个普遍”三年规划，明确到2013年年底已建工会企业工资集体协商制度覆盖率达到80%的目标。但是，从执行效果来看，以

2013 年 6 月全国总工会的统计数据为例，全国签订集体合同覆盖企业 584.8 万家，覆盖职工 2.76 亿人，签订工资专项集体合同 130.2 万份，覆盖企业 324 万家，覆盖职工 1.5 亿人，离目标还有一定差距。

四是工资集体协商中劳资双方事实地位不平等。首先，在我国劳动力供大于求和工会组织不完善的前提下，劳动者在集体谈判中整体上仍处于弱势地位。其次，劳资双方的知情权也不平等，企业经营者对企业成本、利润和分配比例方面拥有更多信息，信息不对称加剧了劳动者谈判的弱势地位。

五是企业工资集体协商执行难。当前开展工资集体协商面临的最大问题是相关法律规定的刚性不足、缺乏对企业所有者或者经营者相应的制约手段。另外，我国各地区经济发展不平衡、最低工资标准不统一、工资发放形式不一致、企业的性质多种多样、企业工会组织不健全、不同利益方的诉求各异等都影响了工资集体协商的实施力度和效果。

六是各方对工资集体协商认识不到位。社会上往往认为工资集体协商就是给职工涨工资，这种认识上的偏颇导致地方行政不倡导、企业经营者不愿谈、地方工会不主动、企业工会不积极、劳动者不敢谈，因此，工资集体协商的推进工作一直进展缓慢。

7. 其他因素

现实中影响工资的决定因素和机制很复杂，除了上述因素外，还有一些因素需要考虑。

一是其他生产要素成本。劳动要素参与分配除了受到产出影响外，还与资本、技术、管理等其他生产要素参与分配的比例有关。在产出一定的情况下，其他生产要素成本分配比例的提高，会减少劳动报酬的份额。一般而言，在劳动密集型企业人工劳动力成本比重较高，在技术密集型企业研发成本比重较高，在资本密集型企业资本成本比重较高。

二是工资政策。工资政策对劳动报酬最直接的影响体现为最低工资政策的调整。对企业而言，最低工资是其制定薪酬制度重要的参考因素；对一些贫困家庭和低收入劳动者而言，最低工资标准的变化对其生活质量影响较大。

三是税收政策。税收是政府参与初次分配的主要方式，也是企业经营的重要成本，政府税收力度的加大会挤占企业利润空间，影响到企业分配额度，进而降低劳动报酬比重。另外，税收也是财政政策和产业政策的重要手段，例如，国家扶持某个产业的发展一般会考虑税收减免，因此，对不同行业而言税收会影响工资分配。

四是对外开放程度。如果考虑国际经济环境，那么国际劳动力市场工资变化会带动国内工资水平。例如，在中国企业海外并购的过程中，需要根据当地的工资水平确定薪酬政策，而这就涉及国内外工资接轨的问题。再如，在长三角、珠三角外向型经济发达的地区，外资企业招工不仅考虑中国内地的劳动力成本，还会对比邻近的东南亚、南亚等地区的工资水平。

综上所述，我们在一定的范围内讨论了劳动报酬的决定因素，确定这些因素是讨论劳动报酬变化的基础。我们认为，劳动报酬是否增长以及增长幅度多大是上述因素变动的结果，而这些因素对劳动报酬增长的影响程度有多大，将在实证分析中验证。

（三）劳动生产率的决定因素分析

劳动生产率可以分为个体劳动生产率、企业劳动生产率、行业劳动生产率和社会劳动生产率。根据我们的研究目的，重点讨论行业劳动生产率和社会劳动生产率的决定因素。在分析过程中，我们也会思考相关问题，如为什么有的行业比其他行业有更高的劳动生产率，影响劳动生产率的因素中有哪些也同时影响劳动报酬等。同样，影响劳动生产率的因素也很多，我们只能列出最主要的因素，这些因素是投资（资产）规模、技术进步、管理水平、产业组织类型、产业政策、人力资本水平和所有制类型等。

1. 投资规模

投资规模决定了企业资产规模，资产规模从根本上决定了企业的规模。一般而言，企业规模越大，专业化分工越细，劳动生产率越高。根据中国人民银行调查统计司课题组的研究①，规模经济效应在劳动生产率变化中得到充分体现，且大、中、小型企业呈阶梯型分布。5 000 户被调查企业的数据显示，大型企业的劳动生产率年均增速高达 21.35%，分别比中型和小型企业高出 3.63 个和 13.19 个百分点。从

① 中国人民银行调查统计司课题组. 企业劳动生产率快速提高　技术进步发挥重要作用——中国人民银行 5 000 户企业劳动生产率调查 [J]. 中国金融，2006 (20).

劳动生产率水平变动趋势分析，1995—2001年不同规模企业差别不大，2002年以后逐渐分化，大型企业提升速度迅速加快，这与近年来大型企业资本投入增大密切相关。

2. 技术进步

技术进步有狭义和广义之分，狭义的技术进步主要是指生产工艺、中间投入品以及制造技能等方面的革新和改进。具体表现为对旧设备的改造和采用新设备改进旧工艺，采用新工艺使用新的原材料和能源对原有产品进行改进，研究开发新产品，提高工人的劳动技能等。从广义上讲，技术进步是指技术所涵盖的各种形式知识的积累与改进。

在经济学中，技术进步分为中性技术进步和非中性技术进步，其中中性技术进步又分为希克斯中性、哈罗德中性和索洛中性等形式，分别对应于生产增长型、劳动增长型和资本增长型技术进步。技术进步的一个重要表现是提高了劳动生产率，降低了劳动消耗，从而节约了成本，使现有的资本和劳动被转换成更多的产出，进而促进经济的增长。

根据中国人民银行2006年的研究，1995—2005年，5 000户企业技术进步年均增速为10.07%，增长很快。从技术进步对劳动生产率的贡献率来看，企业劳动生产率水平提高中的50.2%是由技术进步带来的。

3. 管理水平

管理水平对劳动生产率的影响体现在三个方面，分别是国家宏观治理水平、产业资源整合水平和企业管理水平。党的十八届三中全会公报指出的全面深化改革总目标中，首次提出“推进国家治理体系和治理能力现代化”，这就是要提升政府效率和对社会的治理水平。国家治理不仅是国家机关对社会的管理，还包括正确处理国家机关之间的关系、国家与公民之间的关系以及公民与公民之间的关系，是全面有效协调社会关系的概念，涉及如何进行更好的权力配置、提高政府自身的管理水平等方面。[①]

企业管理水平对劳动生产率的提升影响最为直接，又可分为公司治理和管理制度两个方面。现代企业制度要求产权清晰、权责明确、政企分开、管理科学，其中产权界定尤为关键。一般认为，生产决定分配，但从制度经济学的视角看，清晰的产权界定是生产的前提，一个明确了剩余控制权和剩余索取权的企业，也就意味着界定了董事会、股东、管理者、劳动者之间的权责关系，劳动者在明确自身所承担的风险、参与分配的比例等后，会形成最有效的激励机制，从而产生最大的劳动生产率。

另外，按照管理学一般假定，劳动生产率的提高取决于资源配置方式和企业各项管理制度的适用性。具体而言，包括企业战略管理、市场定位、组织结构建设、人力资源管理、资本和财务运营、生产流程、信息化水平、企业文化建设等方面。[②]

① 参见：大公网. 首提国家治理体系. http://news.takungpao.com/paper/q/2013/1113/2033724.html,2013-11-13.

② 从企业调研的情况看，为了提高劳动生产率，相比经济学理论，企业管理者更重视管理理论和方法，也表明管理要素对劳动生产率的重要性。根据笔者的经验，人力资源管理水平的高低尤其是薪酬水平的高低，对劳动生产率有较大影响。

4. 产业组织类型

产业组织程度，也就是市场竞争或者垄断程度。一般而言，在其他条件不变的情况下，竞争越充分的行业，劳动生产率也越高；垄断程度越高的行业，劳动生产率水平相对较低。主要原因在于，处于高度竞争的行业，单个企业在原材料采购、劳动力雇用、产品生产和销售等方面，面临更多约束，由于不掌握定价权，需要通过提高生产率等成本倒逼机制，实现赢利。而处于垄断行业的企业，一般控制了价值链上下游的定价权，即便是（甚至有意）降低劳动生产率水平，仍然可以在一定程度上控制市场实现利润最大化。

在政府对经济干预力度较大的国家，如日本、韩国和北欧国家等，通常运用产业政策调整经济结构，通过给予某些产业优惠或者限制政策扶持或控制产业发展。其中涉及就业、环保、原材料、进出口和税收等方面，受到产业保护的产业中劳动生产率水平一般较高，受到政策调控的产业劳动生产率一般较低。

另外，从产业关联角度看，在其他条件不变的前提下，劳动生产率的提高，会导致产品中劳动力成本的下降，产品成本降低，从而促使价格水平下降或抑制价格上涨。一般而言，上下游劳动生产率的差异阻碍了价格的传导，下游企业劳动生产率水平明显高于上游企业。其中的重要原因，是上下游企业之间的差距发挥着抑制价格上涨扩散的作用。

5. 人力资本水平

人力资本水平代表了劳动力的素质，劳动力的学历、健康状况、技能水平、工作熟练程度以及迁移能力等，都是影响劳动生产率的因素。

人力资本理论尤其强调了“干中学”“知识溢出”和“人才集聚”等对劳动生产率的作用。根据“学习曲线”，随着劳动者个人工作经验的增加，个体的生产率会先提高后下降。对人力资本进行投资的企业，不仅可以通过生产积累经验提高生产率，而且所获得的新知识也会被其他厂商学习，通过模仿和再创新加速全社会生产率的提高。另外，人力资本存在正外部性，主要体现在一个人接受教育或者培训，他的家庭、他所在的组织乃至全社会都会受益，同时，人才集聚会产生“1＋1＞2”的效果，一些企业、城市和地区正是通过人才集聚进入跨越式发展轨道的。

6. 其他因素

除了上述因素外，还有一些因素需要考虑。一是所有制类型。在我国，国有企业一般承担了更多的社会责任，为了解决就业、社会稳定问题，很多国有企业较少裁员，因而容纳了大量劳动力。劳动生产率形成关系中，职工人数与劳动生产率成反比例关系，在其他因素不变的情况下，职工人数越少，劳动生产率越高，随着国有企业改革和减员增效改革不断深入，下岗职工人数大幅增加，企业职工平均人数呈直线下降趋势，而同时劳动生产率增长速度大幅提高。二是在开放经济条件下，国际技术溢出对劳动生产率的影响。一国生产率的提高不仅依赖于本国的 R&D 的投入存量，而且还依赖于外国 R&D 的溢出。

(四) 劳动报酬与劳动生产率关联的数学分析

1. 基于“柯布-道格拉斯”生产函数的推导

对于劳动生产率与工资之间的关联性，一个基本分析框架来自生产函数，以柯布-道格拉斯（Cobb-Douglas）函数为基础。

$$Y=F(K,L)=AK^{a}L^{1-a} \qquad \text{式（2—1）}$$

假设在完全竞争市场中，均衡工资水平由边际产出决定：

$$w=MPL=(1-a)A(K/L)^{a}=(1-a)Ak^{a} \qquad \text{式（2—2）}$$

劳动生产率由人均劳动产出表示：

$$APL=F(K,L)/L=AK^{a}L^{-a}=Ak^{a} \qquad \text{式（2—3）}$$

根据式（2—2）和式（2—3）得到劳动生产率与工资的关系是：

$$APL=(1-a)w \qquad \text{式（2—4）}$$

这与张军（2012）的结论是一致的，在完全竞争市场中，基于“柯布-道格拉斯”函数推导的工资与劳动生产率保持一定比例，这一比例与劳动（或资本）投入的系数有关，而且该系数小于1。如果不考虑资本成本，假设边际成本等于劳动力成本，那么，根据边际收益等于边际成本的最优决策条件，工资水平应该低于边际劳动生产率。

2. 基于“生产与分配关系”的推导

上述结论只是考虑了工资与劳动生产率的关系，而我们更关心的是工资增长与劳动生产率增长的关系。仍依据“柯布-道格拉斯”生产函数，并假设生产全部用于分配，则可以分别得到劳动生产率变动和工资变动的方程。假定企业生产函数的形式为：

$$Y=AF(K,L) \qquad \text{式（2—5）}$$

其中，Y 表示企业的产出，A 表示企业的生产规模或技术因素等，K 表示企业的资本投入，L 表示企业的劳动力投入。仍选择“柯布-道格拉斯”生产函数作为其具体形式，则企业的生产函数表示为 $Y=AK^{\alpha}L^{\beta}$，其中 $\alpha+\beta=1$，也就可以将生产函数写作 $Y=AK^{\alpha}L^{1-\alpha}$。

根据全微分公式，企业产出的增加值是由劳动力的增加带来的产出增加与资本增加带来的产出增加以及技术和规模等增加带来的产出增加之和：

$$\Delta Y=MPL\times\Delta L+MPK\times\Delta K+F(K,L)\times\Delta A \qquad \text{式（2—6）}$$

其中，MPL 表示劳动的边际产出率，MPK 表示资本的边际产出率。用产出的增加量比当年的产出量，则产出的增加率为：

$$\begin{aligned}\frac{\Delta Y}{Y}&=\frac{MPL}{Y}\times\Delta L+\frac{MPK}{Y}\times\Delta K+\frac{\Delta A}{A}\\&=\frac{MPL\times L}{Y}\times\left(\frac{\Delta L}{L}\right)+\frac{MPK\times K}{Y}\times\left(\frac{\Delta K}{K}\right)+\frac{\Delta A}{A}\\&=(1-\alpha)\left(\frac{\Delta L}{L}\right)+\alpha\left(\frac{\Delta K}{K}\right)+\frac{\Delta A}{A}\end{aligned} \qquad \text{式（2—7）}$$

由于劳动生产率是单位产出，因此，需要考察劳动投入的平均生产量。我们用 $y=\frac{Y}{L}$ 表示劳动生产率，用 $k=\frac{K}{L}$ 表示人均资本投入，根据全微分方程，则企业的产出增加为：

$$\frac{\Delta Y}{Y}=\frac{\Delta y}{y}+\frac{\Delta L}{L}$$ 式（2—8）

也就是说，企业的产出增加是人均产出增加和劳动力人数投入增加两方面的原因造成的。

同理，企业的资本投入增加为：

$$\frac{\Delta K}{K}=\frac{\Delta k}{k}+\frac{\Delta L}{L}$$ 式（2—9）

也就是表示企业的资本投入增加分为人均资本投入增加和劳动力数量增加两方面。

由前面的式（2—7）可得：

$$\frac{\Delta Y}{Y}-\frac{\Delta L}{L}=\alpha\left(\frac{\Delta K}{K}-\frac{\Delta L}{L}\right)+\frac{\Delta A}{A}$$ 式（2—10）

代入式（2—8）和式（2—9）后得到：

$$\frac{\Delta y}{y}=\alpha\frac{\Delta k}{k}+\frac{\Delta A}{A}$$ 式（2—11）

其中 k 为人均资本投入，也是资本—劳动比率。所以，劳动生产率的增长与资本—劳动比率、技术进步有关。

上述分析只考虑了企业的生产，下面考虑分配。由于企业的产出包括企业的销售量和存货量，为了分析方便，我们忽略库存不计，考虑市场出清的情况。当企业完成销售以后，企业需要考虑的问题是如何对产出或收入进行分配，如劳动报酬、企业折旧与盈余以及政府税收三个方面，得到：

$$Y=T+I+W$$ 式（2—12）

其中，Y 表示企业的总产出，I 表示企业折旧与盈余，W 表示劳动报酬，T 表示政府税收。对其进行人均化处理，也就是将每一项都除以企业的劳动力数量得：

$$\frac{Y}{L}=\frac{T}{L}+\frac{I}{L}+\frac{W}{L} \qquad \text{式（2—13）}$$

我们沿用小写字母表示人均，则式（2—13）可表示为：

$$y=t+i+w \qquad \text{式（2—14）}$$

我们假设企业的税率是一定的，企业的再投资比率是一定的，所以企业发放给工人的工资也是一定的。我们假设企业的税率为 λ，企业的再投资比率为 γ，企业支付给工人的工资比率为 θ，则人均工资为 $w=\theta y$，从而得到工资增长与劳动生产率增长之间的关系为：

$$\frac{\Delta w}{w}=\theta\frac{\Delta y}{y} \qquad \text{式（2—15）}$$

将企业生产与分配联系起来可以发现：工资增长与劳动生产率的增长取决于分配率 θ，而且影响工资增长的因素与影响劳动生产率增长的因素是一致的。根据“柯布-道格拉斯”生产函数，人均资本增长率和技术进步率共同影响了工资与劳动生产率的增长。这一结论印证了之前分析的结果，也就是的确存在共同影响工资与劳动生产率的因素，其中，工资增长率参见如下公式：

$$\begin{cases}\dfrac{\Delta y}{y}=\alpha\dfrac{\Delta k}{k}+\dfrac{\Delta A}{A}\\[2ex] \dfrac{\Delta w}{w}=\theta\dfrac{\Delta y}{y}\end{cases}\Rightarrow\frac{\Delta w}{w}=\theta\left(\alpha\frac{\Delta k}{k}+\frac{\Delta A}{A}\right)$$

$$=\theta\alpha\frac{\Delta k}{k}+\theta\frac{\Delta A}{A}$$ 式（2—16）

其中，θ 表示劳动报酬所占企业产出的比重或者份额，α 表示资本产出率。

另外，如果我们考虑外部市场，也就是产品价格和其他要素价格等因素，可以进一步得到工资增长与劳动生产率增长的另一种关系。基于利润、收入与成本的关系，得到：

$$R=B-C$$ 式（2—17）

其中，R 表示利润，B 和 C 分别表示收益和成本。

假设市场出清，也就是收入是产出 Y 与产品价格 p 的函数，得到：

$$Yp=C+R$$ 式（2—18）

假设生产成本由劳动力成本、资本成本和税收成本构成，则得到成本函数：

$$C=wl+rk+it$$ 式（2—19）

其中，w 和 l 分别表示工资和劳动量，r 和 k 分别表示利率和资本量，i 和 t 分别表示税率和税收量。

根据式（2—18）和式（2—19）得到工资方程为：

$$w=(Yp-rk-it-R)/l$$ 式（2—20）

在企业各要素投入量不变的情况，工资增长率的方程为：

$$\frac{\Delta w}{w}=\frac{(\Delta Y\Delta p-k\Delta r-t\Delta i-R)}{l}$$ 式（2—21）

根据式（2—8）和式（2—21）得到工资增长率和劳动生产率增长率的关系为：

$$\frac{\Delta w}{w}=\frac{Y}{l}\times\Delta p\times\left(\frac{\Delta y}{y}\right)-\frac{k}{l}\times\Delta r-\frac{t}{l}\times\Delta i-\frac{R}{l}\quad 式（2—22）$$

该公式表明，工资增长率与人均产出、产品价格变化、劳动生产率变化、人均资本、资本价格变动、人均税收量、税率变化和人均利润等有关。其中，与劳动生产率变化是正向关系。

四、制造业工资与劳动生产率的变化（2009—2016 年）

本章重点讨论两个方面的内容：一是运用《中国统计年鉴》《中国劳动统计年鉴》《中国工业统计年鉴》和《中国高技术产业统计年鉴》的数据，考察 2009 年以来我国制造业工资与劳动生产率的水平及增长情况；二是运用中国工业企业数据库的截面数据，分别考察劳动生产率变动对工资变动的影响程度，以及工资变动对劳动生产率变动的影响程度。

（一）制造业工资与劳动生产率的增长

关于制造业工资增长与劳动生产率提高的分析，首先，我们分别考察制造业工资和劳动生产率的变化；其次，我们比较制造业工资和劳动生产率的水平和增长情况。本节使用的数据，除特别注明外，均来自国家统计局官方公布的数据，工资的定义与国家统计局的口径一致。

1. 制造业工资增长情况

本章所指的工资是城镇单位就业人员平均工资，也就是城镇单位就业人员平均每人所得的以货币形式表现的劳动报酬。[①] 按照国家统计局的统计口径，工资不仅是就业人员实际拿到手的部分，还包括个人实际支付的、由单位代扣代缴的社会保险费、住房公积金和个人所得税。2009 年以前，城镇单位就业人员工资统计未包含城镇私营单位，之后国家统计局开始分别发布城镇非私营单位和城镇私营单位的平均工资数据。[②] 目前，城镇单位就业人员平均工资的计算方法为：

$$\text{城镇单位就业人员平均工资}=\frac{\text{报告期城镇单位就业人员工资总额}}{\text{报告期城镇单位就业人员平均数}}$$

（1）制造业名义工资增长。根据表 2—1 可知，2016 年制造业城镇非私营单位平均工资 59 470 元，制造业城镇私营单位平均工资 42 115 元，均低于当年全行业平均工资水平。2009—2016 年，制造业城镇非私营单位和私营单位平均工资的年均增速分别为 12.05%和 13.59%。2011 年以来，制造业平均工资增速呈现放缓趋势，其中，2016 年制造业城镇非私营单位平均工资增速为 7.49%，创 2008 年金融危机以来历史新低。

① 关于劳动报酬和工资的界定，参见：国家统计局编. 中国主要统计指标诠释（第二版）[M]. 北京：中国统计出版社，2013：395-397.

② 我国官方统计口径存在一定局限，主要体现在 2009 年之前没有包括私营部门的工资，而 2009 年之后也是分开发布，由于私营部门工资水平可能较低，因此，工资统计可能存在水平高估的问题。

表 2—1　　2009—2016 年全行业与制造业就业人员名义工资水平及增速情况

年份	城镇单位就业人员平均工资（元）	城镇单位平均工资增速（%）	城镇私营单位就业人员平均工资（元）	城镇私营单位平均工资增速（%）	制造业城镇非私营单位平均工资（元）	制造业城镇非私营单位平均工资增速（%）	制造业城镇私营单位平均工资（元）	制造业城镇私营单位平均工资增速（%）
2009	32 244	11.58	18 199	—	26 810	9.86	17 260	—
2010	36 539	13.32	20 759	14.07	30 916	15.32	20 090	16.40
2011	41 799	14.40	24 556	18.29	36 665	18.60	24 138	20.15
2012	46 769	11.89	28 752	17.09	41 650	13.60	28 215	16.89
2013	51 483	10.08	32 706	13.75	46 431	11.48	32 035	13.54
2014	56 360	9.47	36 390	11.26	51 369	10.64	35 653	11.29
2015	62 029	10.06	39 589	8.79	55 324	7.70	38 948	9.24
2016	67 569	8.93	42 833	8.19	59 470	7.49	42 115	8.13

数据来源：根据相关年份《中国统计年鉴》数据整理。

总量方面，2016 年城镇单位就业人员工资总额达到 120 075 亿元，同期，制造业城镇单位就业人员工资总额约为 29 089 亿元，约占城镇单位就业人员工资总额的 24.2%。对比 2009 年，城镇单位就业人员工资总额为 40 288 亿元，同期，制造业城镇单位就业人员工资总额为 9 302 亿元，占全行业工资总额比例的 23.1%。在过去的 20 多年里，我国制造业劳动报酬总量有较大幅度增加，但相比全国城镇单位劳动报酬的增速仍然落后。

如图 2—2 所示，这一趋势从 2005 年之后体现得更明显。2005 年之前制造业工资总额增长缓慢，全行业工资总额增长较为明显，此后，全行业工资总额增长迅速，与制造业工资总额增长的差距越来越大。出现这一情况的原因可能有两个方面：一是制造业内部的原因。长期以来，我国制造业劳动用工成本较低，随着产业升级和技术改造，设备替代劳动的情况开始出现。二是制造业之外的原因。其他行业（如建筑业、第三产业）等发展更为迅速，是全行业工资总额增长的主要推动因素。

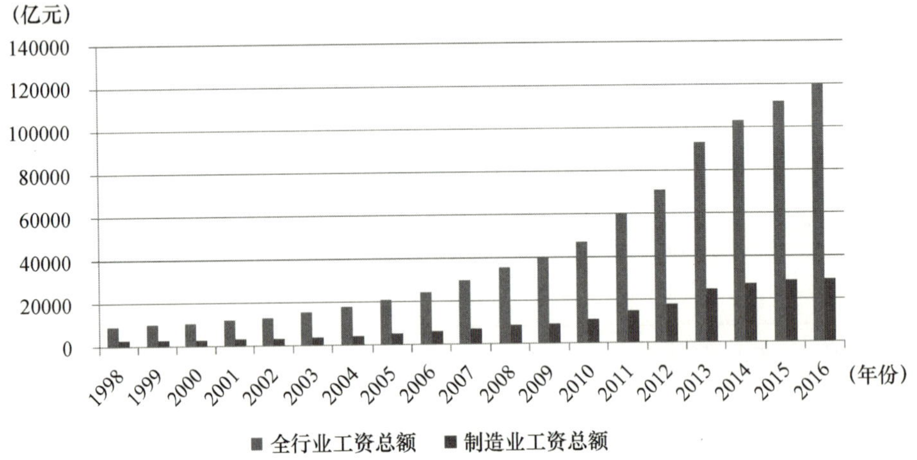

图 2—2　1998—2016 年制造业与全行业城镇单位名义工资总额情况对比

数据来源：根据相关年份《中国统计年鉴》数据整理。

根据图 2—3 所示，制造业平均工资与全行业平均工资水平的差距也逐年扩大。分阶段看，2000—2005 年，二者工资水平基本同比例增加，2006 年之后二者之间的水平差距开始拉大，其中，2010 年差距最大，达到 5 623 元。如果只观察制造业工资水平，可以得出其常态增长的结论，但如果对照社会平均工资水平，就可以发现其相对水平在下降。名义工资水平的变化取决于工资总额的变化和就业人数的变化。

通过前面的分析发现，制造业相对全行业工资总额增长是缓慢的，而制造业就业人数占比相对稳定，自 2003 年以来一直维持在 28%左右（2003 年统计口径发生变化，之前比重约为 12%）。因此，可以认为工资水平增长相对缓慢主要是由工资总额增长缓慢造成的。

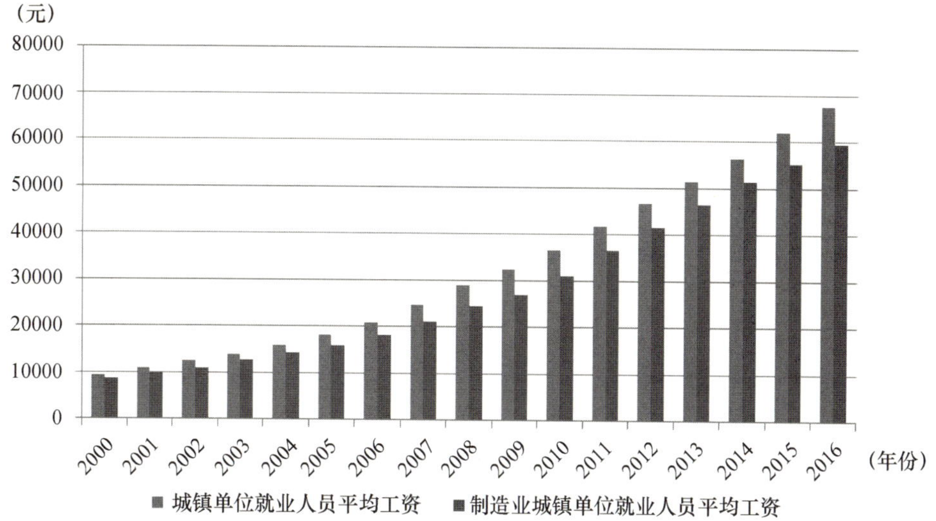

图 2—3　2000—2016 年制造业与全行业城镇单位就业人员名义工资水平情况对比

数据来源：根据相关年份《中国统计年鉴》数据整理。

增长方面，由图 2—4 可以看出，制造业城镇单位就业人员平均工资基本呈现波动增长趋势。需要说明的是，2000 年之前的剧烈波动与统计口径变化有关，我国工资统计对象 1998 年之前不区分在岗职工和下岗职工，之后的统计仅包括在岗职工，这一变动可能对工资增长率带来一次高估的影响。在图 2—4 中体现为单年工资增速由上年 5.16%猛增到 19.06%，对比来看，由于制造业的下岗职工比较集中，因此，这一口径变动对制造业工资统计影响较大，1999 年口径调整后直至2008年，工资增速在13%上下浮动。2009年，因受当时国内外经济形势的影响，又出现了一次工资增速降低的情况，之后工资增长加速至18.6%，2012年增速恢复到13%的水平，2015年和2016年，制造业工资增长速度下降到7%左右。

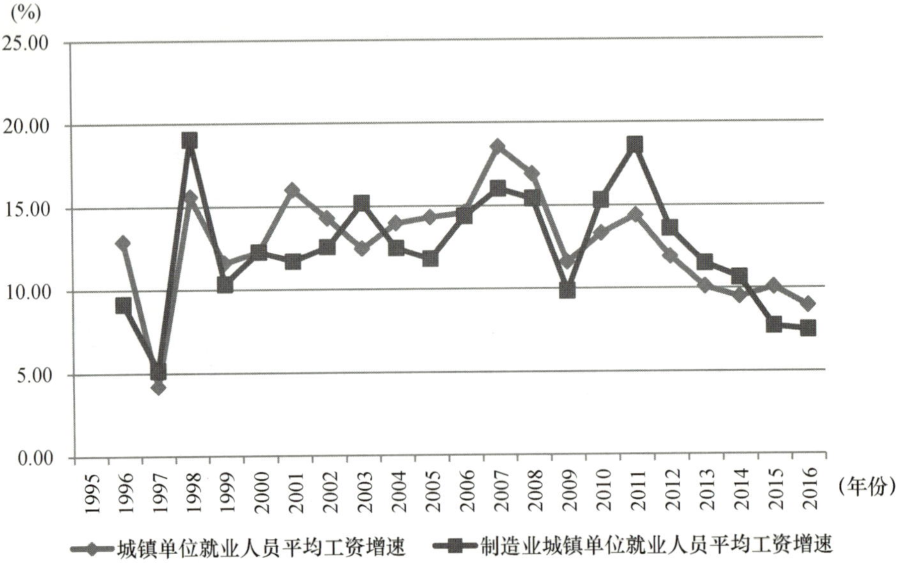

图2—4 1995—2016年制造业和全行业城镇单位就业人员名义工资增速情况对比

数据来源：根据相关年份《中国统计年鉴》数据整理。

（2）制造业实际工资增长。在现实生活中，实际工资变动对劳动者的影响更直接，考虑到物价变动因素，我们通过“城市居民消费价格指数”对名义工资（货币工资）进行调整得到实际工资。① 其中，

① 国家统计局统计的消费价格指数包括居民消费价格指数、城市居民消费价格指数和农村居民消费价格指数。在这里我们使用“城市居民消费价格指数”，主要是为了与“城镇单位就业人员工资”的口径相匹配。

分别以上年为100和1978年为100得到两组实际工资数据。

根据表2—2，以上年为基数，调整得到2016年制造业城镇非私营单位实际工资水平为58 247元，私营单位实际工资为41 249元，分别是2009年的2.15倍和2.37倍。以1978年为基数（1978年的平均货币工资为615元），调整得到2016年制造业城镇非私营单位实际工资水平为8 791元，私营单位实际工资为6 225元，分别是2009年的1.83倍和2.01倍。与表2—1中的名义工资对比，除个别年份外，以上年为基数的实际工资低于名义工资水平。

表2—2　　2009—2016年制造业城镇非私营单位和私营单位实际工资水平　　（单位：元）

年份	制造业城镇非私营单位实际工资水平（上年＝100）	制造业城镇私营单位实际工资水平（上年＝100）	制造业城镇非私营单位实际工资水平（1978年＝100）	制造业城镇私营单位实际工资水平（1978年＝100）
2009	27 053	17 417	4 801	3 091
2010	29 957	19 467	5 365	3 486
2011	34 820	22 923	6 042	3 978
2012	40 555	27 473	6 683	4 527
2013	45 254	31 223	7 262	5 010
2014	50 312	34 920	7 869	5 462
2015	54 506	38 372	8 350	5 878
2016	58 247	41 249	8 791	6 225

数据来源：根据相关年份《中国统计年鉴》数据整理。

由表2—3可知，由于物价变动有高有低，调整后的实际工资增速与名义工资增速相比，有的年份增速加快，有的年份增速减慢。整体来看，2009—2016年（以1978年为基准）的实际工资年均增速逐年降低。其中，2016年城镇非私营单位就业人员实际工资增速降到6.69%，制造业城镇非私营单位就业人员平均工资增速降到5.29%。与全行业相比，制造业城镇非私营单位就业人员实际工资水平低于全行业平均水平，年均增速（9.02%）略高于全行业年均增速（8.14%）。如图2—5所示。

表2—3　　2009—2016年制造业和全行业城镇非私营单位就业人员实际工资水平及增速情况

（1978年=100，单位：元）

年份	城市居民消费价格指数	城镇非私营单位就业人员实际工资	城镇非私营单位就业人员工资增速（%）	制造业城镇非私营单位就业人员平均工资	制造业城镇非私营单位就业人员平均工资增速（%）
2009	558.4	5 774	12.60	4 801	10.86
2010	576.3	6 340	9.80	5 365	11.73
2011	606.8	6 888	8.65	6 042	12.63
2012	623.2	7 505	8.95	6 683	10.61
2013	639.4	8 052	7.29	7 262	8.65
2014	652.8	8 634	7.23	7 869	8.36
2015	662.6	9 361	8.43	8 350	6.11
2016	676.5	9 988	6.69	8 791	5.29

数据来源：根据相关年份《中国统计年鉴》数据整理。

根据图2—6，以上年为100进行调整，得到2016年制造业城镇非私营单位就业人员实际工资增速为6.86%，城镇私营单位就业人员实际工资增速为7.50%，增速快于非私营单位。以上年为基数的实际工资反映了扣除当年物价水平后的情况，其增速曲线具有先上升后下降的特征，以2012年为拐点，之后实际工资增速持续下降。

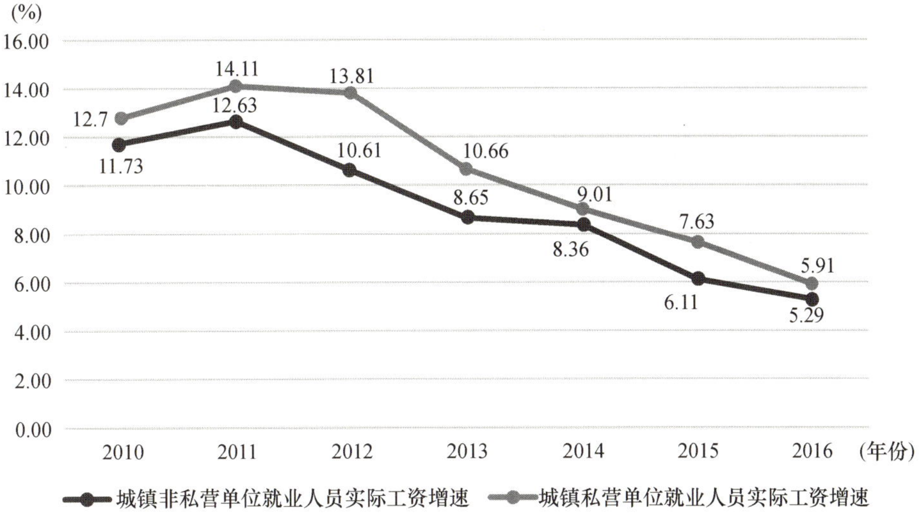

图 2—5　2010—2016 年制造业城镇非私营单位和私营单位就业人员实际工资增速情况对比（1978 年＝100）

数据来源：根据相关年份《中国统计年鉴》数据整理。

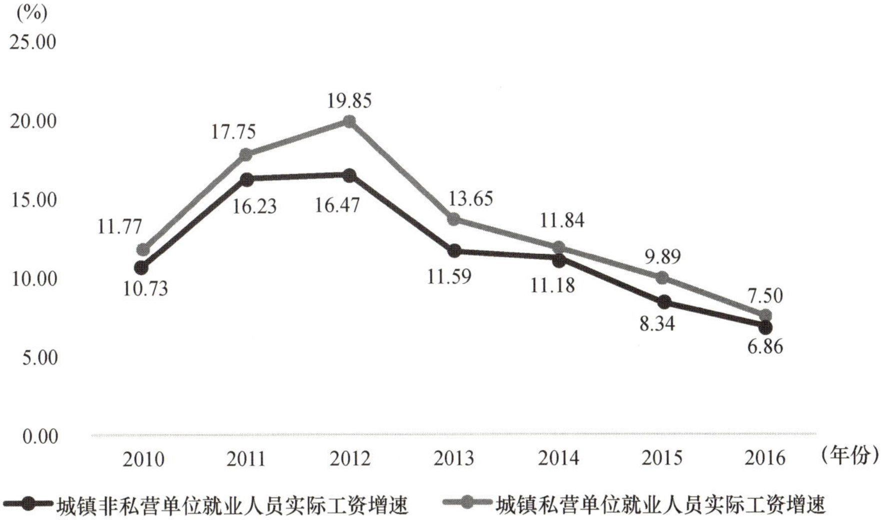

图 2—6　2010—2016 年制造业城镇非私营单位和私营单位就业人员实际工资增速情况对比（上年＝100）

数据来源：根据相关年份《中国统计年鉴》数据整理。

通过图 2—4、图 2—5 和图 2—6，对比制造业名义工资和实际工资增速的变化情况，并结合城镇单位工资变化的情况，可以发现，2009 年以来的工资水平是持续增长的，但增长速度具有一定周期性特点。以 2010—2014 年为例，周期内呈现出一条先增后降的“倒 U 型曲线”。

2. 制造业劳动生产率增长情况

我们已经在第一部分导论中介绍了“劳动生产率”的定义，在对制造业劳动生产率进行测度之前，仍需明确其具体的计算方法、统计口径和数据来源，在此我们参考国家统计局核算司董礼华的文章①，并结合从《中国统计年鉴》得到的数据，作如下界定：

一是将制造业工业（或行业）增加值作为衡量劳动产出的主要指标，部分内容涉及制造业工业（或行业）总产值，数据来源为《中国统计年鉴》的分行业增加值统计。②

二是将劳动力数量作为衡量劳动投入的指标，数据来源为《中国高技术产业统计年鉴》关于“制造业从业人员年平均人数”的统计。③

① 董礼华. 劳动生产率及其计算方法 [J]. 中国统计，2012 (3)：32-33.

② 行业劳动产出有两种表现形式：行业总产值和行业增加值。一般认为，使用增加值比总产值更科学，具体原因可参见董礼华（2012）的文章。

③ 行业劳动投入一般有三种表现形式：劳动力数量、劳动投入时间和劳动报酬。按照董礼华的分析，劳动力数量和劳动报酬都存在一定程度的缺陷，最好使用劳动投入时间作为反映劳动投入的指标，目前国际上也大多采用劳动时间。但是，由于我国官方统计中对劳动时间的统计十分匮乏，而劳动就业人数统计比较成熟，因此，我们只能选择劳动力数量来度量劳动投入。

另外，还需要说明的一点是，《中国统计年鉴》中有关于制造业“城镇单位就业人员数（年底数）”，《中国高技术产业统计年鉴》中有关于“创造业从业人员年平均人数”的统计，由于后者包括“城镇”和“非城镇”，在口径上与制造业增加值一致，因此，我们使用后者反映劳动力数量。但这一口径也带来一个问题，由于在上文的“工资”数据统计中，统一使用的是城镇单位就业人员的平均工资水平，而劳动生产率反映的是全口径（含“城镇”和“非城镇”）平均水平，因此二者在可比性方面仍不理想，具体调整将在下文说明。

三是关于制造业劳动生产率增长速度的计算，我们使用剔除价格因素的不变价格计算增加值，在计算不变价格增加值时，只考虑总产出的价格，不考虑中间产品的价格，也就是使用单缩法计算。①

（1）制造业名义劳动生产率增长。由表2—4可知，2015年制造业名义劳动生产率水平按增加值口径为23.75万元/人，是2009年的1.67倍。同名义工资相比，2016年制造业城镇非私营单位工资为5.95万元/人，是同期人均劳动创造价值的25%（按人均增加值口径）。增速方面，2009年以来，按增加值口径计算的制造业名义劳动生产率年均增速为8.9%。其中，2015年的制造业劳动生产率增速为5%。

表2—4　　2008—2015年制造业名义劳动生产率水平

年份	制造业行业总产值（亿元）	制造业行业增加值（亿元）	行业从业人数（万人）	按产值计算的劳动生产率（元/人）	按增加值劳动生产率（元/人）
2008	441 358	102 539	7 732	570 820	132 616
2009	479 200	110 119	7 720	620 725	142 641
2010	609 558	130 325	8 391	726 443	155 315
2011	733 984	150 597	8 054	911 329	186 984
2012	807 382	169 807	8 524	947 187	199 210
2013	—	181 868	8 614	—	211 130
2014	—	195 620	8 647	—	226 229
2015	—	202 420	8 520	—	237 582

数据来源：制造业行业总产值和增加值来源于《中国统计年鉴》，制造业行业从业人数来源于《中国高技术产业统计年鉴》。

① 劳动生产率增长速度既可以按照当年价格计算，也可以按剔除价格因素的不变价格计算。增加值受到价格因素影响较大，而这部分影响并不反映劳动生产率的贡献，因此，在计算劳动生产率时，应该剔除价格波动的影响。

由图 2—7 和图 2—8 可以判断，制造业名义劳动生产率尽管持续增长，但各年增幅波动情况差异较大。从水平情况看，制造业劳动生产率稳步提升，按增加值口径，从 2008 年的 13.26 万元/人增加到 2015 年的 23.76 万元/人。从增速情况看，2008—2015 年间制造业名义劳动生产率增速波动较大，个别年份增速达到 20％以上，其他年份保持在 5％～10％的区间内。

图 2—7　2008—2015 年制造业名义劳动生产率水平变化趋势

数据来源：根据相关年份《中国统计年鉴》数据整理。

（2）制造业实际劳动生产率增长。考虑产品价格因素，分别以上年和 1985 年为基数对制造业名义劳动生产率进行调整。根据表 2—5 可知，2015 年调整后的实际劳动生产率分别为 25.06 万元/人（上年＝100）和 6.61 万元/人（1985 年＝100），分别是 2008 年的 2 倍和 1.9 倍。增速方面，2009—2015 年制造业实际劳动生产率年均增速为 10.6％（上

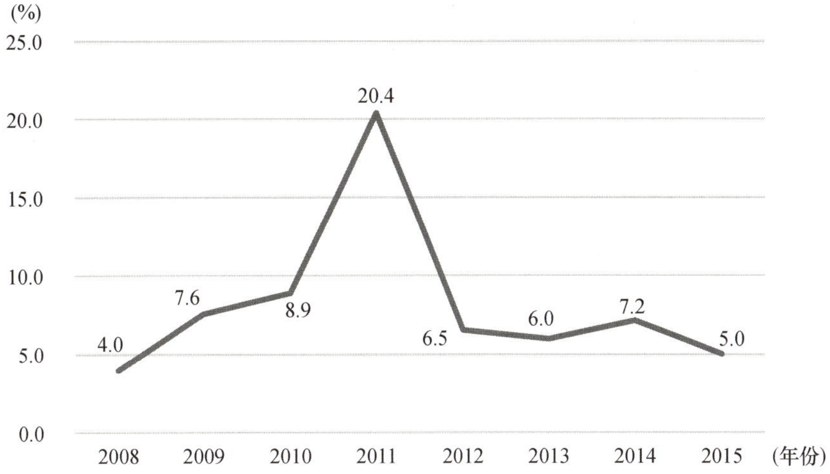

图 2—8 2008—2015 年制造业名义劳动生产率增速情况

数据来源：根据相关年份《中国统计年鉴》数据整理。

表 2—5 2008—2015 年制造业实际劳动生产率水平

年份	名义劳动生产率（增加值口径，元/人）	工业品出厂价格指数（上年＝100）	工业品出厂价格指数（1985 年＝100）	实际劳动生产率（上年＝100，元/人）	实际劳动生产率（1985 年＝100，元/人）
2008	132 616	106.9	378.2	124 057	35 065
2009	142 641	94.6	357.8	150 784	39 866
2010	155 315	105.5	377.5	147 218	41 143
2011	186 984	106	400.2	176 400	46 723
2012	199 210	98.28	393.4	202 696	50 638
2013	211 130	98.1	385.9	215 220	54 711
2014	226 229	98.1	378.6	230 611	59 754
2015	237 582	94.8	358.9	250 614	66 197

数据来源：根据国家统计局《中国统计年鉴》相关数据整理。

注：从 2011 年起工业品出厂价格指数改为工业生产者出厂价格指数。

年＝100）和9.5％（1985年＝100）。其中，以上年为100计算，2009年实际劳动生产率增长最快，2010年出现负增长；以1985年为100计算，2009年增速最快，2010年增速最慢。相比名义劳动生产率，由于受到出厂品价格影响，而且出厂品价格随经济周期变化浮动比较明显，所以，制造业实际劳动生产率的增速浮动也很大。由图2—9可以看出，实际劳动生产率水平基本是持续增长的，但增速波动较大，尤其是2009年以来，增速出现交替升降的情况，而自2010年经历了较大的跌幅之后，增幅水平基本维持在15％以下。

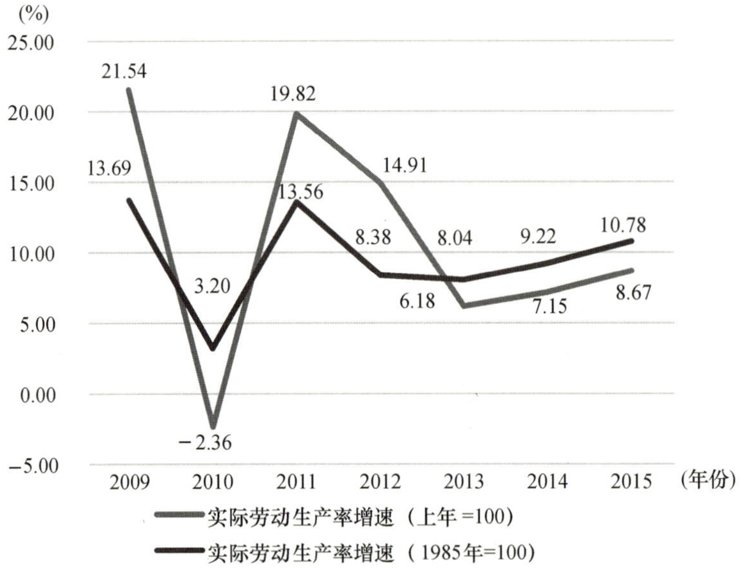

图2—9　2009—2015年制造业实际劳动生产率增速情况

数据来源：根据《中国统计年鉴》相关数据整理。

3. 制造业工资与劳动生产率增长比较

基于上述分别对工资和劳动生产率变化趋势的考察，我们以水平、增速和单位劳动力成本作为测度是否同步的标准，比较劳动报酬增长与劳动生产率增长的情况。

（1）制造业名义工资和名义劳动生产率增长比较。通过比较制造业工资与劳动生产率的水平可以发现，2009 年以来，制造业单位劳动力成本在 0.19～0.23 之间，人均劳动报酬水平与劳动生产率的比基本维持在 20%左右。从水平变化情况看，由图 2—10 所示，2006—2015 年间制造业劳动生产率出现了较快速的增长，相比而言，制造业工资增长较慢。2010 年之后，制造业城镇单位平均工资和劳动生产率都出现增速下降的情况，其中，工资增速下降较快，劳动生产率增速在多数年份低于工资增速。从水平情况看，可以认为工资与劳动生产率是同步增长的，至少可以认为二者实现了同方向的增长，因为自 2009 年以来工资和劳动生产率没有出现水平下降的情况。

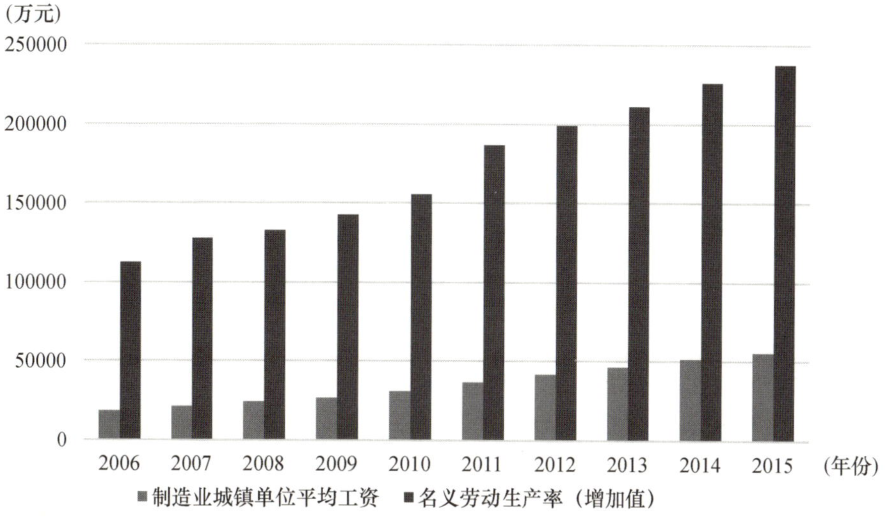

图 2—10　2006—2015 年制造业名义平均工资与名义劳动生产率水平变化趋势

数据来源：根据《中国统计年鉴》相关数据整理。

增速方面，1995 年以来，制造业名义工资年均增长 13.06%，制造业名义劳动生产率年均增长 15.30%，名义劳动生产率增速快于名义工资增速。分年份看，由于按增加值口径测算的制造业劳动生产率增速波动幅度较大，二者之间的增速变化关系不是线性的，名义单位劳动效能变动率的幅度在 0.28～3.9 之间，表明有的年份工资增速快于劳动生产率增速，有的年份则相反。见表 2—6。

表 2—6　2006—2015 年制造业名义工资和名义劳动生产率水平比较　(单位：元/人)

年份	制造业城镇单位就业人员名义平均工资	制造业名义劳动生产率（按增加值口径）	单位劳动力成本
2006	18 225	112 199	0.16
2007	21 144	127 574	0.17
2008	24 404	132 616	0.18
2009	26 810	142 641	0.19
2010	30 916	155 315	0.20
2011	36 665	186 984	0.20
2012	41 650	199 210	0.21
2013	46 431	211 130	0.22
2014	51 369	226 229	0.23
2015	55 324	237 582	0.23

数据来源：根据《中国统计年鉴》相关数据整理。

根据表 2—7 可知，2000 年以来，制造业名义工资与名义劳动生产率的增长对比可以分为三个阶段：2000—2004 年，制造业名义工资增速低于名义劳动生产率增速；2005—2010 年，制造业名义工资仍维持两位数增长，而名义劳动生产率增速降低，个别年份出现个位数增长，其间工资增长快于劳动生产率增长；2011—2015 年，除个别年份外，制造业平均工资增长速度快于劳动生产率增长速度，以 2015 年为例，制造业城镇单位名义工资增速约为 7.70%，名义劳动生产率增速约为 5.0%。

表 2—7 2000—2015 年制造业名义工资和名义劳动生产率增速对比 (%)

年份	制造业城镇单位名义工资增速	制造业名义劳动生产率增速（增加值口径）
2000	12.27	20.8
2001	11.70	15.2
2002	12.55	15.7
2003	15.18	22.5
2004	12.47	30.8
2005	11.81	10.9
2006	14.38	10.8
2007	16.02	13.7
2008	15.42	4.0
2009	9.86	7.6
2010	15.32	8.9
2011	18.60	20.4
2012	13.60	6.5
2013	11.48	6.0
2014	10.64	7.2
2015	7.70	5.0

数据来源：根据国家统计局《中国统计年鉴》相关数据整理。

（2）制造业实际工资和实际劳动生产率增长比较。以 1978 年为基数调整后的制造业实际工资和实际劳动生产率都出现了水平“缩水”，二者之间的水平关系更为稳定，实际单位劳动力成本维持在0.1～0.13之间，尤其是2010年以来，制造业实际平均工资基本为实际劳动生产率的13%左右，也可以认为调整后的劳动要素分配率实际也降低了。见表2—8。

表2—8　　2000—2015年制造业实际平均工资与实际劳动生产率水平比较　　（单位：元/人）

年份	制造业城镇单位就业人员实际平均工资（1978年=100）	制造业实际劳动生产率水平（1985年=100）	实际单位劳动力成本
2000	1 836	14 112	0.130
2001	2 037	16 465	0.124
2002	2 316	19 478	0.119
2003	2 643	23 320	0.113
2004	2 878	28 752	0.100
2005	3 167	30 400	0.104
2006	3 569	32 692	0.109
2007	3 963	36 058	0.110
2008	4 331	35 065	0.124
2009	4 801	39 866	0.120
2010	5 365	41 143	0.130
2011	6 042	46 723	0.129
2012	6 683	50 638	0.132
2013	7 262	54 711	0.133
2014	7 869	59 754	0.132
2015	8 350	66 197	0.126

数据来源：根据国家统计局《中国统计年鉴》相关数据整理。

根据表 2—8 和图 2—11 可知，2000—2015 年，实际劳动生产率水平变化也大于实际平均工资水平的变化，2015 年实际劳动生产率是 2000 年的 4.69 倍，实际平均工资是 2000 年的 4.54 倍，而且绝对差距也在扩大，2000 年二者相差 12 276 元，2015 年绝对值差达到 57 847 元。从二者实际水平的变化情况看，除个别年份外，如 2008 年劳动生产率出现下降外，制造业实际平均工资与实际劳动生产率的水平是持续增长的，从变化方向角度，也基本可以认为制造业实际平均工资与实际劳动生产率是同步增长的。

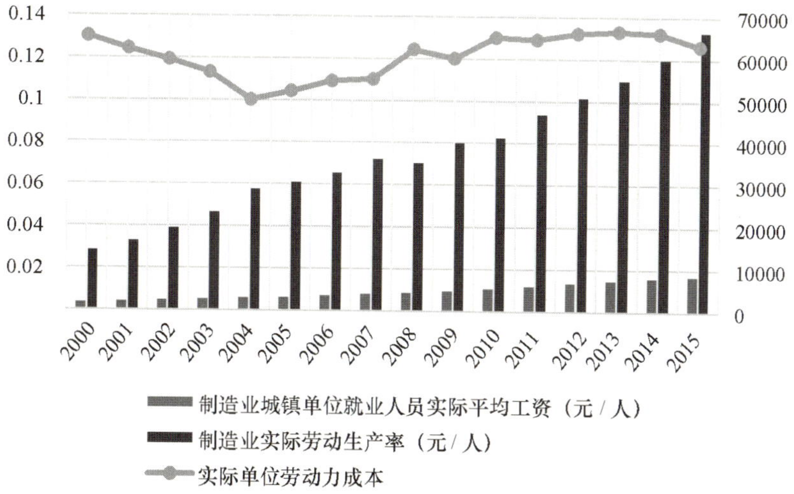

图 2—11　2000—2015 年制造业实际平均工资与实际劳动生产率的水平变化情况

数据来源：根据《中国统计年鉴》相关数据整理。

根据表 2—9 可知，2000—2015 年，制造业实际工资年均增速为 10.63%，制造业实际劳动生产率年均增速为 10.85%，实际劳动生产率增速快于实际工资增速。2000—2004 年，制造业实际工资增速慢于实际劳动生产率增速；2005—2008年，制造业实际工资增速快于实际劳动生产率增速；2010—2015年，由于制造业实际劳动生产率增速变化浮动较大，对比二者增速有快有慢。

表2—9　　2000—2015年制造业实际工资与实际劳动生产率增速情况对比　（%）

年份	制造业实际工资增速（按1978年＝100基数调整）	制造业实际劳动生产率增速（按1985年＝100基数调整）
2000	11.37	17.53
2001	10.93	16.68
2002	13.69	18.29
2003	14.15	19.73
2004	8.88	23.29
2005	10.05	5.73
2006	12.70	7.54
2007	11.02	10.30
2008	9.29	－2.75
2009	10.86	13.69
2010	11.73	3.20
2011	12.63	13.56
2012	10.61	8.38
2013	8.65	8.04
2014	8.36	9.22
2015	6.11	10.78

（二）制造业劳动生产率对工资影响的实证分析

为了验证制造业实际工资与劳动生产率之间的关系，我们分别建立两个方程：一是劳动生产率对工资影响的方程，二是工资对劳动生产率影响的方程。在两个方程的回归分析中，又分为两步：第一步是不考虑其他因素，单独考察二者之间的关系；第二步是加入控制变量后考察二者之间的关系。在本节中，我们首先考察制造业劳动生产率对工资的影响。

1. 数据来源

我们在本节使用的数据来自《中国工业企业数据库》，2011 年该数据库样本涵盖了工业企业样本数据 58.6 万条，涵盖了采掘业、制造业、电力、燃气和水的生产和供应业等门类，对于该数据的介绍可参见导论[①]。其中，我们针对行业代码 4 位数制造业提取数据 51 万余条。由于我们重点考察的是制造业企业工资与劳动生产率的影响因素，因此主要使用 2011 年的横截面数据，经过整理得到可用数据 45.5 万条[②]。数据的基本情况见表 2—10 至表 2—14。

表 2—10　　样本企业轻重工业分布情况

代码	代表类型	频率	百分比（%）
1	重工业	202 532	44.5
2	轻工业	252 757	55.5
合计		455 289	100.0

① 对该数据库更详细的讨论可参见：聂辉华，江艇，等. 中国工业企业数据库的使用现状和潜在问题 [J]. 世界经济，2012（5）：142-158.

② 数据整理主要做了如下工作：一是筛除了信息为 null 的数据，二是筛除了资产总计、主营业务收入、工资总额填写为 0 的数据，三是筛除了年平均工资低于 5 000 元的数据。

表 2—11　　样本企业规模分布情况

代码	代表类型	频率	百分比（%）
1	大型	4 172	0.9
2	中型	45 879	10.1
3	小型	405 238	89.0
合计		455 289	100.0

表 2—12　　样本企业登记注册类型分布情况

代码	代表类型	频率	百分比（%）
110	国有企业	7 962	1.7
120	集体企业	16 951	3.7
130	股份合作企业	9 487	2.1
141	国有联营企业	162	0
142	集体联营企业	340	0.1
143	国有与集体联营企业	473	0.1
149	其他联营企业	360	0.1
151	国有独资公司	1 292	0.3
159	其他有限责任公司	63 454	13.9
160	股份有限公司	9 451	2.1
171	私营独资企业	46 878	10.3
172	私营合伙企业	8 874	1.9
173	私营有限责任公司	177 168	38.9
174	私营有限股份公司	8 505	1.9
190	其他企业	898	0.2
210	合资经营企业	17 077	3.8
220	合作经营企业	2 077	0.5
230	港澳台独资	24 181	5.3

续表

代码	代表类型	频率	百分比（%）
240	港澳台投资股份	501	0.1
310	中外合资经营	24 903	5.5
320	中外合作经营	2 555	0.6
330	外资独资企业	31 002	6.8
340	外商投资股份	738	0.2
合计		455 289	100.0

表 2—13　　样本企业隶属关系

代码	代表类型	频率	百分比（%）
10	中央	4 240	0.9
20	省（自治区、直辖市）	9 920	2.2
40	地（区、市、州、盟）	17 757	3.9
50	县（区、市、旗）	23 295	5.1
61	街道	5 427	1.2
62	镇	19 208	4.2
63	乡	4 183	0.9
71	居委会	807	0.2
72	村委会	9 263	2.0
90	其他	361 189	79.3
合计		455 289	100.0

表 2—14　　样本企业地区分布情况

代码	频率	百分比（%）
110000	16 908	3.7
120000	12 795	2.8
130000	22 985	5.0

续表

代码	频率	百分比（%）
140000	6 190	1.4
150000	6 880	1.5
210000	39 903	8.8
220000	8 221	1.8
230000	6 269	1.4
310000	41 500	9.1
320000	80 325	17.6
330000	93 528	20.5
340000	12 162	2.7
350000	27 112	6.0
360000	8 340	1.8
370000	16 118	3.5
410000	10 115	2.2
420000	7 406	1.6
430000	8 328	1.8
440000	26 677	5.9
450000	397	0.1
460000	57	0
500000	336	0.1
510000	1 502	0.3
520000	172	0
530000	284	0.1
540000	10	0
610000	322	0.1
620000	116	0
630000	39	0
640000	74	0
650000	218	0
合计	455 289	100.0

2. 模型与变量

为了验证劳动生产率对工资的影响，我们首先建立二者的一元线性回归方程，见式（2—23）。

$$\log(wage)=\beta_0+\beta_1\log(productivity)+\varepsilon \quad \text{式（2—23）}$$

其中，*wage* 表示制造业平均工资，*productivity* 表示制造业劳动生产率。制造业平均工资由制造业企业应付工资总额与行业平均人数相除得到，制造业劳动生产率由工业增加值除以行业平均人数得到。为了消除非线性和体现增长，分别对工资和劳动生产率取对数。在不考虑其他因素的情况下，这一方程可以简单地说明劳动生产率对工资的影响。

在此基础上，我们根据变量的数据可得性引入一系列控制变量，得到多元回归方程，见式（2—24）。

$$\log(wage)=\beta_0+\beta_1\log(output)+\beta_2\log(asset)+\beta_3 research+\beta_4 edu+\beta_5 location+\beta_6 size+\beta_7 ownership+\varepsilon \quad \text{式（2—24）}$$

其中，*output* 表示劳动生产率，由工业增加值除以行业平均人数得到；*asset* 表示企业投资规模，由企业人均总资产为代理变量。*research* 表示企业研发经费，代表企业技术进步；*edu* 表示企业培训经费投入，代表企业人力资本水平；*location* 表示企业所在地区，为以省份代码代表的虚拟变量；*size* 表示企业规模，是以规模代码表示的虚拟变量；*ownership* 表示企业所有制，是企业所有制代码代表的虚拟变量。

由 Eviews7.0 得到相关系数及各项结果。

3. 回归与检验

根据表 2—15 和表 2—16，式（2—1）和式（2—2）均通过 t 检验和 F 检验。

表 2—15　　式（2—1）的回归结果与检验

Variable	Coefficient	Std. Error	t-Statistic	Prob.
LOG（PRODUCTIVITY）	0.293 535	0.000 879	333.950 7	0
C	1.537 723	0.003 26	471.745 1	0
R-squared	0.176 398	Mean dependent var		2.550 984
Adjusted R-squared	0.176 396	S. D. dependent var		0.947 223
S. E. of regression	0.859 629	Akaike info criterion	2.535 373	
Sum squared resid	384 778.4	Schwarz criterion	2.535 415	
Log likelihood	−660 086.1	Hannan-Quinn criter.	2.535 385	
F-statistic	111 523.1	Durbin-Watson stat	1.247 811	

表 2—16　　式（2—2）的回归结果与检验

Variable	Coefficient	Std. Error	t-Statistic	Prob.
LOG（OUTPUT）	0.268 924	0.000 863	311.637 4	0
LOG（ASSET）	0.142 603	0.000 984	144.873 6	0
RESEARCH	0.001 01	3.24E-05	31.148 95	0
EDU	0.038 522	0.000 859	44.870 63	0
LOCATION/10 000	−0.000 386	0.000 105	−3.669 936	0.000 2
SIZE	−0.058 826	0.002 707	−21.731 11	0

续表

Variable	Coefficient	Std. Error	t-Statistic	Prob.
OWNERSHIP	0.001 527	1.71E-05	89.251 61	0
C	1.032 827	0.010 359	99.700 95	0
R-squared	0.387 75	Mean dependent var		2.755 768
Adjusted R-squared	0.387 74	S. D. dependent var		0.806 977
S. E. of regression	0.631 435	Akaike info criterion		1.918 374
Sum squared resid	181 525.2	Schwarz criterion		1.918 568
Log likelihood	−436 699.4	Hannan-Quinn criter.		1.918 429
F-statistic	41 191.17	Durbin-Watson stat		0.465 111
Prob（F-statistic）	0			

4. 结论

根据表 2—15 和表 2—16，得到式（2—25）和式（2—26）。

$$\log(wage)=1.537\,7+0.293\,5\log(productivity) \quad 式（2—25）$$

$$\log(wage)=1.032\,8+0.268\,9\log(output)+0.142\,6\log(asset)+0.001\,0research+0.038\,5edu-0.000\,3location-0.058\,8size+0.001\,5ownership \quad 式（2—26）$$

上述结果表明，在不添加控制变量的情况下，制造业劳动生产率每增加 1 个单位，工资增加 0.29 个单位。从生产与分配的角度看，劳动产出的约 30%分配给劳动者，而其他 70%由其他要素获得，也说明了劳动生产率的提升是诸多生产要素共同作用的结果。

在考虑人均资产、技术、人力资本、地区、所有制和企业规模的情况下，制造业劳动生产率每增加 1 个单位，工资增加 0.27 个单位。工资增长与人均资产、企业研发、培训有正相关关系，由于很多制造业企业（尤其是规模较小的样本企业）研发经费和培训经费为 0，因此在方程中相关系数较小。几组虚拟变量的结果表明，发达地区（地区代码较小）比欠发达地区（地区代码较大）、规模以上比规模以下、外资企业比国有企业的劳动生产率对工资影响更大。

（三）制造业工资对劳动生产率影响的实证分析

1. 模型与变量

分别建立一元线性回归方程式（2—27）和多元回归方程式（2—28）如下：

$$\log(productivity)=\alpha_0+\alpha_1\log(wage)+\varepsilon \quad 式（2—27）$$

$$\log(productivity)=\alpha_0+\alpha_1\log(wage)+\alpha_2\log(asset)+\alpha_3 managefee+\alpha_4 edu+\alpha_5 research+\alpha_6 location+\alpha_7 size+\alpha_8 ownership+\varepsilon \quad 式（2—28）$$

其中，*productivity* 表示制造业劳动生产率；*wage* 表示制造业平均工资；*asset* 表示人均资产；*managefee* 表示人均管理费用，代表企业的管理水平，企业管理水平越高，人均管理费用越低；*edu* 和 *research* 分别表示企业人力资本和技术进步，企业培训经费和研发投入作为其代理变量；*location*、*size* 和 *ownership* 分别表示企业所在地区、企业规模和所有制的虚拟变量。由 Eviews7.0 得到的回归系数和检验结果如下。

2. 回归与检验

根据表 2—17、表 2—18，式（2—27）和式（2—28）均通过 t 检验和 F 检验。

表 2—17　　式（2—27）的回归结果与检验

Variable	Coefficient	Std. Error	t-Statistic	Prob.
LOG（WAGE）	0.970 9	0.002 025	479.368 4	0
C	0.771 277	0.005 816	132.616 6	0
R-squared	0.335 426	Mean dependent var		3.446 852
Adjusted R-squared	0.335 425	S. D. dependent var		1.352 81
S. E. of regression	1.102 831	Akaike info criterion		3.033 643
Sum squared resid	553 736.6	Schwarz criterion		3.033 691
Log likelihood	−690 590.1	Hannan-Quinn criter.		3.033 656
F-statistic	229 794	Durbin-Watson stat		1.192 852
Prob（F-statistic）	0			

表 2—18　　式（2—28）的回归结果与检验

Variable	Coefficient	Std. Error	t-Statistic	Prob.
LOG（WAGE）	0.610 478	0.002 203	277.141 2	0
LOG（ASSET）	0.421 207	0.001 439	292.680 9	0
MANAGEFEE	0.001 617	2.61E-05	61.948 25	0
EDU	0.024 888	0.001 35	18.439 44	0
RESEARCH	−0.000 414	5.13E-05	−8.058 922	0
LOCATION/10 000	0.022 831	0.000 16	142.918 7	0
SIZE	0.087 177	0.004 205	20.731 44	0
OWNERSHIP	−0.001 762	2.67E-05	−66.051 83	0
C	−0.870 371	0.016 442	−52.937 45	0

续表

Variable	Coefficient	Std. Error	t-Statistic	Prob.
R-squared	0.474 805	Mean dependent var		3.446 852
AdjustedR-squared	0.474 796	S. D. dependent var		1.352 81
S. E. of regression	0.980 394	Akaike info criterion		2.798 296
Sum squared resid	437 602.9	Schwarz criterion		2.798 514
Log likelihood	−637 007.7	Hannan-Quinn criter.		2.798 358
F-statistic	51 449.82	Durbin-Watson stat		1.227 38
Prob（F-statistic）	0			

3. 结论

根据表 2—17、表 2—18，得到式（2—29）和式（2—30）。

$$\log(productivity)=0.7712+0.9709\log(wage)$$

式（2—29）

$$\log(productivity)=-0.8703+0.6104\log(wage)+0.4212\log(asset)+0.0016managefee+0.0248edu-0.0004research+0.0028location+0.0871size-0.0017ownership$$

式（2—30）

上述结果表明，在不添加控制变量的情况下，制造业工资每增加1个单位，劳动生产率增加 0.97 个单位，可见工资对劳动生产率的提升具有非常明显的作用。结合企业生产经营的实际情况，也可以印证劳动者的投入产出弹性非常高。

在考虑人均资产、管理水平、技术、人力资本、地区、所有制和企业规模的情况下，制造业平均工资每增加 1 个单位，劳动生产率增加 0.61 个单位。在增加了其他解释变量的情况下，二者之间的相关性有所减弱，但这一系数仍可以说明工资增长对劳动生产率提升的作用很明显。

从其他变量与劳动生产率的关系看，人均资产、人力资本和人均管理费用与劳动生产率有正相关关系，而企业研发投入则显示为负相关，这一结果与理论相悖，其原因很可能是样本企业中很多研发费用为 0，影响了回归结果，这也表明当前我国制造业整体研发水平较低。几组虚拟变量的结果表明，在中西部地区、规模以下企业和外资、私有企业中，工资对劳动生产率影响更大。

五、制造业劳动报酬与劳动生产率同步提高对策研究

劳动报酬与劳动生产率能否实现同步提高，事关制造业 30 多万家企业、8 000 多万名工薪劳动者和亿万名国内外消费者。[①] 从理论和实证角度，我们已经论证了劳动报酬与劳动生产率之间存在同步变化的机制，但是，从现实情况看，实现二者的同步提高需要进行各方面的权衡。

正如蔡昉在 2013 年 11 月 15 日的“中国—欧洲就业与发展”论坛上所指出的，工资上涨固然是好事，但绝非越快越好。无论在任何时期，合理的界限是工资上涨速度不应该超过劳动生产率提高的速度。

① 根据《中国高技术产业统计年鉴 2012》的数据，截至 2011 年，我国制造业企业数达到 301 489 户，年均从业人数达到 8 054 万人。

从理论上说，劳动生产率提高的作用，就是抵消劳动力短缺和成本提高对企业造成的压力。如果劳动生产率能够按照一定的速度和幅度提高，就足以弥补劳动力不足造成的生产能力下降，保持经济增长速度。虽然中国的劳动生产率表现，在国际比较中颇为不凡，但由于劳动力短缺现象过于突出，工资上涨的速度有快于劳动生产率提高速度的趋势。我们希望看到的是，在工资增长与劳动生产率提高保持同步的情况下，那些生产率提高速度低于平均水平，因而在工资增长中竞争力逐步减弱的企业感受到压力，甚至难以继续生存。生产率提高的企业则在竞争中胜出，整个经济结构经过优胜劣汰实现升级。如果工资上涨超过劳动生产率的提高速度，则制造业比较优势乃至竞争力的下降速度过快，没有足够的调整和改善时间，会使过多的企业面临困境，投资撤离和企业大规模外迁，反而不利于顺利转型。①

近年来，虽然党中央、国务院在关于收入分配改革的几乎各项纲领性文件中都提到“两同步”，但对履行相关职能的国家部委、地方政府和广大企业而言，如何在实际经济运行和政策调控中切实落实这一指导方针，仍面临相当多的问题。

从企业层面看，不同地区、行业、规模和所有制类型的企业对“同步提高”的承受力是不同的，一些中小、小微企业应对各种要素成本上涨的能力本来就较弱，如果硬性遵照同步提高的要求，那么生产

① 参见：蔡昉. 工资上涨过快将压垮中国制造业. http://www.ce.cn/macro/more/201311/15/t20131115_1756223.shtml. 原文引自：蔡昉，等. 中国人口与劳动问题报告（No.14 从人口红利到制度红利 2013 版）/人口与劳动绿皮书. 北京：社会科学文献出版社，2013：86-87.

经营就会面临更大的困难。而且，企业在经营过程中要考虑利润、投资和市场等诸多因素，薪酬分配只是其中一个方面，能否考虑劳动生产率还要结合企业各方面实际情况。

对广大工薪劳动者而言，他们从个体层面是希望“涨工资”的，但是劳动力成本上升对劳动者群体也可能产生不利影响，体现为对就业的挤出、对产品价格的推动以及工作（如工作强度和压力）对劳动者要求的提高等。近年来，我国建筑业农民工工资上涨较快，但其高收入是以高强度工作和长时间加班为代价的，其中有些农民工为了多赚钱，忽视了对自身劳动权益的维护，造成了工伤、职业病等危害。

对政府而言，党的十八届三中全会将市场在经济中的地位由“基础性”改为“起决定性作用”。党的十九大报告指出，要着力构建市场机制有效、微观主体有活力、宏观调控有度的经济体制。劳动报酬能否实现与劳动生产率同步提高，应充分尊重企业和市场的决策，除了在必要环节适度干预，如促进劳动力市场发育、保障劳动者合法权益等，应尽量减少对企业微观经济行为的干预，有关部门在工资分配调控方面也应该重新定位，给企业的收入分配更多自主权。

基于以上考虑，我们认为实现劳动报酬与劳动生产率同步提高，关键不在于某一项具体的政策设计，而应该在界定政府与市场边界基础上，从各方面创造实现“同步提高”的有利环境。针对现阶段我国制造业的产业特点，我们认为应该以产业升级为主线，统筹考虑劳动力成本和劳动效率，实现“需求推动人力资本提升”。按厉以宁的说法，就是实现从原来的人工红利（数量）向新的人口红利（质量）转变。[①] 因此，本部分主要讨论我国制造业“同步提高”的实现条件、路径选择和政府作用。

（一）我国制造业“同步提高”实现条件分析

实现劳动报酬与劳动生产率“同步提高”，是一个政策目标，也是一个分配结果，达到这一目标或实现这一结果需要关注其过程和条件。从当前我国制造业发展现状来看，未来一段时期内，实现“同步提高”需要以下宏观经济社会条件支撑。

1. 保持经济较快增长

工资增长取决于生产的增长和分配比例的增加。从宏观来看，劳动报酬增加关键在于国民收入的增加，对此各主流经济学理论基本上认可这样的观点：财富的创造与财富的分配紧密联系在一起，只有生产出来的财富才能用于实际收入分配，生产率水平的高低从本质上决定了工资和利润等分配率水平的高低。因此，无论是一个行业，还是一个地区，其经济产值的增长对于其工资收入水平有着决定性意义。

党中央、国务院在关于收入分配体制改革的重要纲领性文件中也提到，居民收入增长要与经济增长同步。经济增长理论普遍认为，生产要素投入是促进区域经济发展的首要条件，后来索洛在他建立的经济增长模型中进一步提出了技术进步要素的重要性，并加入了这一外

① 参见：厉以宁. 中国经济双重转型之路［M］. 北京：中国人民大学出版社，2013：256.

生变量。此外，20 世纪中后期逐步兴盛的人力资本理论也提出了人力资本投资对于经济社会发展的重要程度。因此，要实现工资与劳动生产率同步提高，首先就要提高地区和行业经济产值，例如扩大固定资产投资规模，扩大人力资本投资规模，按照有利于技术进步的要求规划各类投资项目，不断调整优化产业结构，引进技术和管理较为先进且附加值较高的国际国内投资项目等。

2. 扩大要素投入规模

长期以来，国内学术界围绕"我国经济增长是应该继续依靠要素投入还是依靠技术进步"开展了广泛的争论，其中，一个比较流行的观点是，未来的经济增长要学习西方发达国家，如美国、日本和西欧，大力发展技术自主创新，转变经济增长方式，摆脱单纯依靠要素投入的粗放式经济增长。

然而，实际上这里存在着某种误解，因为即使在美国经济学家之间，关于投入在美国经济增长因素中的作用大小也是有明显分歧的。在他们研究的时间段 1947—1985 年，Solow、Kendrick 和 Abramovitz 的结果相似，他们都认为生产率是主要的增长原因，而 Tinbergen、Maddison 等人的研究恰恰认为投入的增加是经济增长的主要原因。在这里特别值得提出 Jorgenson 及其合作者的研究，他们的研究无论在理论基础、计算方法和统计数据的搜集处理上都代表目前国际上的最新研究水平，他们的结果也同样明确地表明美国经济增长中，由于生产率（相当于技术进步）的进步所占的贡献不到25%。[①]

从上述结论看，我国目前经济增长模式需要统筹考虑技术进步和要素投入。围绕上述争论，也有学者（如陈志武[②]等）指出目前我国应该加快实现产业转型升级，强化自主知识产权，向全球产业链上游转移，尽快减少对低成本劳动力优势的依赖。我们认为，尽管我国制造业劳动力成本不断上升，但劳动力成本优势并没有丧失，未来一段时期内还应继续依靠劳动力投入。在推动经济较快增长的过程中，不仅要继续依赖劳动力成本优势，还要继续扩大各类投资，如发挥政府和民间资本的积极性，增加固定资产、资本、知识产权等各方面的投入。

3. 加快产业结构升级

改革开放以来，我国制造业整体素质明显改善，但发展方式仍较为粗放。主要表现在：自主创新能力不强，关键核心技术和装备主要依赖进口；资源能源消耗高，污染排放强度大，部分“两高一资”行业产能过剩问题突出；规模经济行业产业集中度偏低，缺少具有国际竞争力的大企业和国际知名品牌，中小企业发展活力有待进一步增强；产业集聚和集群发展水平不高，产业空间布局与资源分布不协调；一般加工工业和资源密集型产业比重过大，高端制造业和生产性服务业

① 参见任若恩在天则双周论坛上的演讲：从ICP、ICOP到KLEMS——收入与生产率国际比较研究的演进，见：中国全要素生产率的行业分析与国际比较·中国KLEMS项目[M]. 北京：科学出版社，2013：3.

② 参见：陈志武.“低劳动力成本优势”必须终结. http://www.clssn.com/html/Home/report/27758-1.htm. 需要说明的是，以我们掌握的文献看，认为应该长期保持和利用我国劳动力成本优势的学者居多，如林毅夫、樊纲、蔡昉等知名学者。

发展滞后。

未来实现我国制造业产业结构升级[①]和劳动报酬同步提高，已经具备诸多国内外有利条件，体现为：城镇化进程和居民消费结构升级为工业转型升级提供了广阔空间，资本、技术、劳动力等各类要素市场逐步健全，市场配置资源的深度和广度不断拓展。国际上，我国生产总值和贸易额占世界经济比重越来越高，全球化背景下的科技创新步伐加快，随着信息技术与先进制造技术的融合，我国制造业技术进步具备了后发优势。另外，我国经济的大国规模效应、产业链完整、基础设施优良等优势将继续存在。这些因素都将影响制造业产业升级和工资同步提高的实现。

4. 合理调整分配政策

实现工资与劳动生产率同步提高，经济增长、要素投入和产业结构等固然重要，但发展成果能否落实到广大工薪劳动者身上，还要取决于国家收入分配政策。根据劳动工资研究所 2012 年的一项研究[②]，合理的工资收入分配关系是在公平处理资本与劳动利益分配关系的前提下，以劳动力、管理、技术等劳动要素分别获得自身应得劳动报酬为基础进行比较的结果。目前，国内学术界普遍认为我国收入分配关

① 按照国家《工业转型升级规划（2011—2015 年）》的定义，升级就是要通过全面优化技术结构、组织结构、布局结构和行业结构，促进工业结构整体优化提升，转型是通过转变工业发展方式，加快实现由传统工业化向新型工业化道路转变。

② 参见：苏海南主编. 合理调整工资收入分配关系［M］. 北京：中国劳动社会保障出版社，2013：67. 所谓合理的工资收入分配关系，应该是符合社会主流认识判断的薪酬分配关系，其中要剔除非市场、非劳动因素，同时参考现实中存在的人们价值判断能够接受的薪酬分配量化比例关系。

系不合理，但大多数研究都没有回答究竟什么是合理的收入分配关系。

改革开放以来，我国制造业劳动生产率增长总体来看是迅速的，但工资增长在一段时期内慢于劳动生产率增长，这一局面只是近三年才开始发生变化。其中，收入分配关系不利于劳动要素是一个原因，这一点反映为一段时期内我国劳动报酬占初次分配比重有所下降①。"同步提高"是在当前我国收入分配改革大背景下提出来的，未来实现"同步提高"也离不开收入分配改革的其他方面，其中，合理调整工资收入分配关系尤为重要，按照劳动工资研究所 2012 年的测算，2020 年一个可以争取的工资合理分配关系见表 2—19。

表 2—19　　2020 年合理的工资收入分配量化比例

类别	到 2020 年应达成的合理的工资收入分配量化比例
行业薪酬分配比例关系	3.8 倍左右
不同地区公共部门工资分配量化比例	1.8 倍左右
企业高管与职工薪酬分配量化比例	国有企业高管与职工 6 倍左右，与社会平均工资 10 倍左右 上市公司高管与职工 10 倍左右，与社会平均工资 15 倍左右
不同身份工薪劳动者薪酬分配量化比例	农民工、劳务派遣工、编制外人员与城镇非私营单位在岗职工平均工资之间合理的薪酬分配量化比例分别设定为 0.8：1，0.85：1，0.9：1
其他方面工资收入分配量化比例	朝合理的量化比例迈进

资料来源：苏海南主持《合理调整工资收入分配关系》课题。

① 代表性成果参见：白重恩，钱震杰. 国民收入的要素分配：统计数据背后的故事 [J]. 经济研究，2009 (3)：27-41.

5. 创造良好外部环境

2008年国际金融危机以来，世界经济格局发生了重大变化，其中，对我国产业结构升级既带来了挑战，也蕴含着机遇，对中国制造业转型升级而言，能否抓住一系列重要契机，也关乎同步提高的实现。按照国家工业和信息化部副部长苏波的观点①，目前，我国可创造和利用的外部经济机遇体现在三个方面。

一是倒逼效应为转变制造业发展方式提供了重要机遇。倒逼效应，是指因国际市场需求收缩、出口受阻以及比较优势的变化，激化制造业自身的结构性问题，逼使政府和企业痛下决心解决经济结构中的深层次矛盾。长期以来，中国工业发展过于依赖出口，不仅消耗大量资源，加剧环境污染，还容易受到外部环境变动的冲击。欧债危机和发达国家回归制造业造成的倒逼效应，客观上为中国制造业转变发展方式创造了有利条件，企业和政府都将有更大的压力和动力来增加创新投入，降低资源消耗，增强可持续发展的内生动力。

二是重构效应为企业"走出去"进行海外并购创造了有利时机。重构效应，是指由于受到国际金融危机和欧债危机的影响，国际投资结构发生了重大变化，国际企业竞争格局重新洗牌，新兴经济体获得了对发达国家企业进行收购兼并的良机。危机造成了金融市场动荡、股票价格低迷、欧美等国的一些优质资产大幅缩水、部分企业经营困难甚至破产。而中国经济所受冲击较小，外汇储备充足，企业实力不

① 参见：苏波. 中国制造业的战略选择［J］. 瞭望，2012（5）. http://www.miit.gov.cn/n11293472/n11293832/n11293907/n11368223/14591203.html.

断提升。中国企业可以充分利用这一机遇，积极发掘国际产业投资机会，在量力而行、理性选择、控制风险的前提下加快海外并购步伐。

三是赶超效应为战略性新兴产业破茧而出提供了难得的发展良机。赶超效应，是指危机往往催生一批新技术和新产业，在这些领域，发达国家的控制地位尚未形成，技术路线还有多种选择，这将为中国赶超发展赢得宝贵时机。当前，以绿色、节能、环保为特征的新兴产业群迅速崛起，成为各国经济竞争新的制高点。中国可充分利用赶超效应，着力把扶植新兴产业发展作为政策着力点，加快构建国际竞争新优势，掌握未来发展主动权。

（二）我国制造业“同步提高”实现路径分析

1. “三种”路径选择

在制造业实现同步提高的路径选择中，有三种选择。

第一条路径是以劳动报酬增长为主线，在当前我国收入分配改革进入攻坚阶段的背景下，切实提高低收入群体和扩大中等收入群体的工资收入，尤其对一些长期压低劳动力成本的传统制造业，甚至要采取一些补偿机制弥补历史欠账，实现劳动报酬较快增长，也就是要求劳动报酬与劳动生产率不仅同方向增长，而且劳动报酬增长的速度要快于劳动生产率的增长。①

第二条路径是以提高劳动生产率为主线，在当前我国劳动力仍供

① 从理论上看，在劳动报酬与劳动生产率增长速度关系方面，劳动报酬增速可以快于、等于和慢于劳动生产率增长，但在经济运行实际过程中，劳动报酬增速恰好等于劳动生产率增速的概率很低。

大于求的情况下，以稳定就业规模和改善企业经营环境为目标，控制劳动力成本上涨，在追求高生产率的同时适度增长工资，也就是要求劳动报酬和劳动生产率同方向增长，劳动生产率的增长速度仍可以快于劳动报酬的增长速度。

第三条路径是以“产业升级—技术进步—人力资本提升—劳动生产率和劳动报酬共同提高”为逻辑主线，追求劳动报酬与劳动生产率的同步提高，这一路径既不侧重劳动报酬的增长，也不侧重劳动生产率的提高，而是侧重制造业产业的整体可持续发展，强调的是一种“需求拉动型同步提高”。沿着这一路径，产业升级是战略目标，这一目标符合行业总体利益，而劳动报酬和劳动生产率是实现战略目标的手段。

上述三种路径侧重点不同。第一条路径是站在劳动者角度，强调通过“提低”和“扩中”实现收入分配改革的政策目标，近三年来工资与劳动生产率之间的关系正体现了这一路径。第二条路径更多从“保护”企业角度出发，在当前制造业企业发展面临诸多困境的情况下，适度减缓劳动力成本上涨压力，确保企业渡过难关并继续发挥就业吸纳功能。第三条路径是从制造业发展趋势角度考虑，以中国制造业提升竞争力和参与国际竞争为出发点，倒逼企业扩大技术需求，通过技术进步扩大对高技能劳动者的需求，通过高工资信号吸引更多劳动者到技术性岗位上来，进而促进劳动者自发提升工作能力和素质。

在路径选择过程中，需要同时考虑兼顾企业、劳动者和社会等多方主体，尤其要避免劳资双方出现零和博弈，在同步提高过程中维护各方利益。因此，我们认为第三条路径是理想路径，在产业升级主线下，配合产业转移这一辅线，可以以沿海地区的高端制造业为龙头，带动内陆地区实现产业协同发展，同时，实现各地区工资和劳动生产率的提高。

厉以宁在《中国经济双重转型之路》一书中也强调，中国的制造业面临要素成本上升、国际市场需求萎缩、赢利能力弱、融资难度加大、技术升级基础薄弱和品牌低端等问题。应对上述问题的根本出路在于自主创新和产业升级，而且，自主创新和产业升级的主体是企业，政府可以起到规划引导和协调的作用。其中，结合中国制造业的特点，应该实施“扬我所长、避我所短”的战略。①

2. 主路径的四个步骤

结合上述逻辑主线，我们认为实现同步提高的具体路径可以分为四步。

第一步，结合我国要素资源比较优势，追求适合我国制造业特点的自主创新和技术进步模式。② 地处我国沿海发达地区的制造业企业

① 参见：厉以宁. 中国经济双重转型之路［M］. 北京：中国人民大学出版社，2013：258-260. 关于“扬我所长、避我所短”的具体阐述参见该书第 262～264 页。

② 对于自主创新和技术进步的理解，不能只停留在高端技术层面上，经济学意义上的创新含义很丰富，既包括组织、流程、工艺、营销等多个方面的创新，也包括技术工艺的改造，世界创新史上类似集装箱、类似日本企业的技术改造等，同样具有较高的价值。从中国制造业的自主创新角度看，可以借鉴以下模式：第一，“高起点自主创新”模式，如沈阳华晨在开发和引入国际技术资源的基础上，走自主创新和品牌相结合的发展策略，推出了“中华”“尊驰”“骏捷”等中高端自有品牌。第二，通过合资或者跨国并购取得外资方的研发中心以及技术库，并在此基础上进行研发创新。如联想收购美国 IBM 的个人 PC 业务，获得了 IBM 在美国与日本的个人 PC 技术研发基地以及 1 000 多个专利。第三，与外资公司成立技术研发中心，借助外资的技术资源提升内资企业的技术研发能力。如波导与 SAGEM 合作进行手机的技术开发和生产，快速进入手机市场。第四，先发展次核心技术，再逐步进入核心技术的创新。如奇瑞在推出成本低下、美观实用的“风云”和“QQ”系列汽车之后才把研发重心放在发动机上，对核心技术进行创新。参见：中国三星经济研究院邱罡研究员的文章，www.serichina.com。

是该步骤的主要力量，随着沿海发达地区的制造业产业升级，该地区的制造业企业开始大规模使用更先进的设备，劳动力需求开始下降，企业对劳动力知识和技能的要求开始提高，产业升级后的企业愿意支付给高素质工人更高的工资，并提供更高层次的培训，目的是提高企业的劳动生产率。这一过程也是筛选劳动力的阶段，高素质劳动者留下来创造更多产值，低端劳动力有的被挤出转移到次发达地区或本地其他劳动密集型行业，有的通过追加人力资本投资进入高端劳动力市场。

第二步，在成本推动和技术带动情况下，产业以梯度和雁阵模式向次发达地区转移。地处中西部和内陆地区的制造业是该阶段的主要力量，在沿海发达地区发展高端制造业的同时，中低端制造业和配套产业开始转移，寻找劳动力成本、土地成本、资本成本更低的地区，这些企业转向内陆后吸引了中低端劳动力内迁。以重庆、西安和成都周边产业园为例，曾经外出打工的本省农民工有回流的趋势。转向内陆的制造业企业一方面提升了当地技术水平，另一方面推动了当地生活成本，相对原来，企业的劳动生产率和工资水平也得到大幅提高。欠发达地区凭借产业转移的契机，在发挥比较优势的同时带动了内陆地区发展。

第三步，以技术进步为需求导向，推动各梯度制造业企业人力资本提升。劳动生产率的提高，一个重要前提是劳动者人力资本水平的提升，在我国现阶段固定资产投资和融资相对容易，但提升劳动者素质是一个相对缓慢的过程，需要几年、十几年甚至一代人的时间，在这个阶段，尤其要注意人力资本投资驱动机制的问题。在过去，基础教育和职业技能培训主要由政府提供，政府为了推动劳动者素质的提高，办了很多职业学校甚至免费提供入学机会，但职业院校入学人数仍连年下降。[①] 劳动力供给一方投资需求不足，究其原因在于人力资本投资回报没有得到体现，因此“供给驱动型人力资本投资”往往造成资源配置不充分。提高制造业企业人力资本水平，需要转换视角，采用“需求驱动型人力资本投资”，通过给技术岗位更高的工资来提高高技能工人的人力资本回报率，作为理性的个体为追求更高的工资，会自发追加人力资本投资，使自己满足企业用人需求。

第四步，产业升级推动的人力资本提升只是工资和劳动生产率提高的必要条件，真正实现同步提高还需要形成企业和劳动者之间的协商机制。在这一阶段，制造业企业可以借鉴福特汽车公司 20 世纪初推行效率工资的做法，通过签订绩效任务书和工资协议等方式，兑现劳动生产率提高和工资增长的契约。

上述思路主要考虑了产业升级和产业转移两条线，从产业集群的角度，由于制造业上下游价值链较长，在产业升级的过程中，以高端制造业为核心的各配套行业也会得到发展，其中劳动生产率也会呈现梯度提高的特点，而工资在产业集群的带动下也会得到相应的提高。经过上述路径，我国制造业在一定程度上重复了美国 20 世纪制造业发

① 我们在调研中也发现，一方面很多农村适龄青年更愿意上大学或者外出打工，而另一方面制造业企业对于技能人才的需求得不到满足。之所以出现这样的局面，一个重要原因在于劳动力市场上没有显示出高技能工人有吸引力的价格（工资）信号。

展的道路，具体而言，实现劳动报酬和劳动生产率的同步提高，完全可以借鉴“福特模式”，通过工资与劳动生产率之间的良性循环，达到劳资双方共赢的效果。

（三）政府在制造业“同步提高”中的作用

为了实现制造业“同步提高”的政策目标，政府应该如何定位和发挥作用？我们认为，政府可以通过各项调控政策，在促进制造业发展的同时，积极培育产品市场和要素市场环境，减少壁垒促进市场充分竞争，具体而言，体现为四个方面。

1. 推行有利于实体经济发展的货币政策

在当前我国制造业企业（尤其是中小微企业）融资难的背景下，推行稳健的货币政策对实现制造业劳动报酬与劳动生产率同步提高具有三个方面的积极作用。

一是引导政府和民间资本流向实体经济，通过加大对制造业的投资，缓解当前中小微制造业企业融资难的困境。当前我国资本市场存在局部过热的倾向，如大量资金涌入房地产和股市，而制造业等实体经济存在投资不足的问题，集中体现为中小微企业贷款难融资难，应对要素成本上涨的能力也较弱，其中，难以承受工资上涨的原因也在于资金不足。企业缺乏资金，也将导致科研投入不足，长远来看也不利于制造业生产率提高。

因此，在货币政策导向上应对实体经济有所侧重，如推动金融市场化改革，构建多渠道投资体系，下调存款准备金率，放宽中小微企业贷款门槛，降低企业贷款利率等。

二是合理控制货币供应量，合理控制通货膨胀，确保实际工资增长。长期来看制造业名义工资增长是较快的，但扣除物价因素调整后的实际工资增速比较缓慢，其中要考虑货币供应量增加引起的抵消作用。

三是要考虑人民币升值对制造业企业的影响。我国沿海很多制造业企业都属于出口导向型企业，如果人民币升值速度加快，将使得产品出口成本提高，影响制造业产品海外市场。汇率变化不仅影响产品市场，也与要素市场和生产率有关，正是由于近年来我国制造业生产率的快速提高，导致产品相对成本下降，引起国外对我国施加人民币升值的压力。

2. 实施制造业可持续发展的产业政策

一是依托战略性新兴产业发展的机遇，集中力量发展高端制造业，占领全球制造业产业链的“制高点”。早在 2006 年，国家就出台了《国务院关于加快振兴装备制造业的若干意见》，提出发展一批有较强竞争力的大型装备制造企业集团，增强具有自主知识产权重大技术装备的制造能力，基本满足能源、交通、原材料等领域及国防建设的需要。2010 年国家出台《国务院关于加快培育和发展战略性新兴产业的决定》，提出现阶段重点培育和发展节能环保、新一代信息技术、生物、高端装备制造、新能源、新材料、新能源汽车等产业，这些行业也集中了我国未来具有较大技术突破可能的企业。

二是开放市场壁垒，允许非公有制经济进入关键领域，促进民营企业发展。党的十八届三中全会提出“积极发展混合所有制经济”，可以在制造业领域进行试点，对于在产业链中相关度较高的行业相互持股，如生产石油及石化装备、重型矿山装备的企业，可以让石油、煤炭企业参股，生产电力设备的企业可以让国有电力企业参股，这样可以有效实现产业集中，降低交易成本，提升产业运行效率。

三是规划构建全国制造业经济地理分布格局，强化产业集聚对于资本、技术和人才集聚的带动作用。依靠区域优势，发挥产业集聚效应，借鉴日本和韩国产业发展的经验，形成若干具有特色和知名品牌的装备制造集中地。①

3. 设计中小微企业工资增长的税收政策

近年来，社会各界为制造业中小微企业减税的呼声很高，国家在金融危机之后针对中小微企业减税的力度也不断加大。我们认为，可以将“减税”与“增资”结合起来，将政策着力点集中到围绕制造业中的劳动密集型企业和中小微型企业，探索建立制造业企业税费减免与工资正常增长之间的联动机制。

从调控角度，政府可以运用多种政策手段，之所以重点考虑减税方案，是考虑到当前政府、企业和劳动者的总体分配格局，考虑到当前企业面临国内外经济形势的严峻挑战，考虑到当前企业一线职工增

① 以日本的产业集聚为例，典型的产业集聚有东京大田区的机械、金属工业集聚，丰田、广岛的汽车工业集聚，室蘭、釜石、福山等地的钢铁工业集聚，大牟田的煤炭、化学工业集聚。2001 年，日本经济产业省在全国指定了 19 个新型产业集聚区域开发试点，计划由地方经济产业局和民间组织共同推进新型产业集聚，已经在 5 800 多家企业和 220 多所大学之间建立了联系。

资空间有限等情况，有必要通过政府减税，还富于民，在减少企业税收负担的同时，鼓励企业让渡利润给职工增资。

可行性角度，主要是针对低收入工薪劳动者集中的劳动密集型行业企业，这些企业一般而言多数是微利或困难企业，其建立工资集体协商制度、增加职工工资难度较大，为此建议由政府给予税收减免优惠的支持。这类企业建立工资集体协商机制，安排职工工资增长，经人社、财政、税务部门审核认定，可给予税收减免优惠。

为减轻中小企业税费负担，为职工增资创造有利条件，建议针对中小企业实施增资定向减税政策。所谓定向减税政策，是指根据中小企业对社会的贡献度（如纳税额、吸纳就业等）向企业返还一定水平的税额，让企业将其用于增加职工的工资。纳税额高的企业，返还税额的比例便高；反之亦然。通过定向减税政策增加职工工资，可以使具有较高生产效率的企业，在不增加成本压力的情况下，能获得更多的税额返还用于增加职工工资，因而其职工的收入水平较其他企业为高，从而能进一步提高职工的生产积极性，在一定程度上缓解中小微型企业在经营上的压力及提高企业的竞争力，同时切实改善企业收入分配状况。

4. 完善适度控制人工成本上升的工资政策

政府在工资宏观调控方面的手段主要有最低工资、工资指导线和劳动力市场价位。其中，最低工资具有法定效力，而工资指导线和劳动力市场价位对企业更多是指导作用没有硬性约束力，因此我们重点分析最低工资的作用。

通过最低工资立法调控企业分配行为是市场经济国家通行的做法。我国实行最低工资制度以来，尤其是进入“十二五”时期，各省份地区连续提高最低工资标准，对于保障低收入劳动者的工资收入起到了切实有效的作用，目前，最低工资标准仍是政府实施企业工资调控的主要手段，在改善我国收入分配现状，提高低收入工薪劳动者工资水平方面成果显著。但是，近年来在中小企业持续面临经营困难的情况下，如何合理运用最低工资标准调控市场工资水平成为考验政府的一道难题。一方面，低收入工薪劳动者群体有提高工资水平的强烈诉求，另一方面，企业不断上涨的人工成本势必影响可持续发展。因此，需要正确处理最低工资标准的保障功能和推动成本的关系。

为了更好地发挥最低工资标准对于提高低收入工薪劳动者工资水平的作用，建议政府部门采取以下措施：一是建立与消费者物价指数（CPI）相关联的最低工资联动机制；二是提高最低工资标准的适应性，明确针对特殊条件下的最低工资标准适用范围；三是加大政府对企业实行最低工资标准执行的监督力度等。

六、小结

自国家“十二五”规划纲要首次明确提出“两同步”以来，围绕“劳动报酬增长与劳动生产率提高同步”的政策解读不断增多。我们首先从理论层面探索了劳动报酬与劳动生产率之间的关系，并以制造业为研究对象，考察了 1995 年以来劳动报酬与劳动生产率的增长情况，最后从制造业实现“同步提高”的条件、路径和政府职能等角度，提出一些建设性思路。

在研究中，我们将“劳动报酬”界定为工资，其口径为城镇单位就业人员的平均工资，将“劳动生产率”界定为人均劳动产出，其中劳动产出用工业增加值表示，劳动投入用行业平均从业人数表示。为比较二者的相对关系，提出单位劳动效能的概念。经过分析得出以下主要结论：

一是关于“劳动报酬与劳动生产率的关系”。我们在回顾主流经济学理论中关于二者关系的主要观点基础上，提出以下观点：劳动报酬与劳动生产率之间具有一定关联性，但不是决定与被决定的因果关系。劳动报酬属于分配问题，劳动生产率属于生产问题，实现二者同步变化需要满足一定条件，构建二者的关联性首先取决于影响二者的因素是否相同，其次取决于这些因素的变化机制是否一致。

在行业和企业层面，我们认为影响劳动报酬变化的因素有劳动力市场供求关系、技术水平、人力资本水平、产业竞争程度、企业所有制、经营效益和分配机制、工会势力和集体谈判情况，以及其他因素（如工资政策等）。影响劳动生产率变化的因素主要有：投资规模、技术进步、管理水平、产业发展程度、人力资本水平等因素。

由此发现，劳动报酬和劳动生产率具有一些共同的影响因素，这些因素中存在使二者同步变化的机制。在一定条件下，劳动报酬的变动与劳动生产率变动、产品价格变动同方向变化，与利率变动、税率变动和利润反方向变化。

我们使用中国工业企业数据库 2011 年的截面数据，验证了二者之间的影响程度。不考虑其他因素，劳动生产率变动对工资变动的影响程度为 0.29，工资变动对劳动生产率变动的影响程度为 0.97。增加控制变量后，劳动生产率变动对工资变动的影响程度为 0.27，工资变动对劳动生产率变动的影响程度为 0.61。

二是关于“制造业劳动报酬与劳动生产率变化趋势”。我们使用国家统计局 2000—2015 年的数据对比发现：2000 年以来制造业劳动生产率增速（增加值口径增速为 12.1%）总体慢于劳动报酬增速（城镇非私营单位口径增速为 13.1%）。

具体来看，2000—2010 年间，制造业城镇非私营单位名义工资增速在 11% 以上，最高值为 2007 年的 16%，最低值为 2009 年的 9.86%。同期，以增加值口径计算的制造业劳动生产率增速波动较大，2007 年之前增速保持在 10%以上，最高值达到 2004 年的 30.8%，最低值为 2008 年的 4%。这一阶段，制造业劳动生产率增速总体快于劳动报酬增速。2010—2015 年，这一趋势出现变化，总体上看制造业劳动报酬增长开始快于劳动生产率的增长。2010—2014 年，制造业城镇非私营单位劳动报酬还处于 10%以上的高位，2015 年回落至 7%左右的水平。同期，制造业劳动报酬除了 2011 年出现一次 20%的增长外，基本维持在 5%～7%的增长水平。

三是关于“制造业实现同步提高的对策建议”。实现劳动报酬与劳动生产率同步提高，关键不在于某一项具体的政策设计，而应该在界定政府与市场边界基础上，从各方面创造实现“同步提高”的有利环境。

针对现阶段我国制造业的产业特点，我们提出“产业升级→技术进步→人力资本提升→劳动生产率和劳动报酬共同提高”的路径，实现“需求驱动型同步提高”。围绕路径和目标，本书认为，其决策主体为微观企业，政府的定位应为积极创造实现“同步提高”的外部条件，如保持经济较快增长，扩大要素投入规模，加快产业结构升级，合理调整分配政策，创造良好外部环境等。为此，可以通过货币政策、产业政策、税收政策和工资政策等推动政策目标的实现。

第三章
最低工资调整对制造业人工成本变动影响研究

一、研究背景

近年来，我国收入分配改革不断深入，其中，提高低收入群体收入成为政府和社会关注的热点。最低工资标准调整是政府实现“提低”政策目标的重要抓手，2017 年全国共有 20 个省份调整了最低工资标准，月最低工资标准平均增幅 11%，与 2012 年基本持平。最低工资标准的连续提高一方面有益于低收入工薪劳动者增收；另一方面也推动了企业人工成本上升，给劳动密集型企业发展带来挑战。尤其是对关系国计民生的制造业而言，更需要权衡增加劳动报酬与控制人工成本的关系。

为了贯彻党的十八届三中全会决议中关于“增加低收者收入”和“完善最低工资制度”的要求，落实国务院《关于深化收入分配制度改革的若干意见》（国发〔2013〕6 号）中有关“研究发布部分行业最低工资标准”的要求，为政府部门掌握我国制造业人工成本变动情况，理顺工资增长与人工成本调控的关系，增强工资政策和产业政策调控有效性，有必要研究最低工资标准调整对制造业人工成本变动影响等一系列问题。

对最低工资与制造业人工成本关系的研究，也将有利于促进以制造业为支柱产业的地方政府部门科学调整最低工资标准，有利于制造业企业和工会合理确定人工成本水平，有利于制造业从业者了解国家工资收入分配政策。

（一）最低工资及相关概念

按照我国《最低工资规定》（劳动和社会保障部令第 21 号）的定义，最低工资标准是指劳动者在法定工作时间或依法签订的劳动合同约定的工作时间内提供了正常劳动的前提下，用人单位依法应支付的最低劳动报酬。在该规定中，最低工资标准一般采取月最低工资和小时最低工资两种形式，其中月最低工资适用于全日制劳动者，小时最低工资适用于非全日制劳动者。本章主要以月最低工资标准为研究对象。

《最低工资规定》第七条明确指出，省、自治区、直辖市范围内的不同行政区域可以有不同的最低工资标准。在各地最低工资标准的确定中，一般程序为三方（地方劳动保障部门、工会、企业联合会或企业家协会）会同拟定方案报送人力资源社会保障部。因此，在最低工资标准的数据选取方面，我们主要针对省一级层面，涉及“一地多档”的情况时，以最高档为标准。另外，由于目前我国制造业仍集中在沿海发达地区以及省会工业城市，因此，我们重点关注制造业发达地区的最低工资标准。

《最低工资规定》还明确规定了最低工资标准每两年至少调整一次，自 2004 年以来，我国各地最低工资标准的调整频率、时间和周期都有所差异，其中很多出现了年内调整和标准跨年的情况，也就是说在某一个地区，会出现上半年和下半年最低工资标准不同的情况。我们使用的工业企业统计数据是以自然年为单位，当年只有一套数据。因此，在研究中为了与年度制造业工资和经营指标的统一，我们一般选择当年调整后的最低工资标准。

（二）关于最低工资对企业影响的研究

最低工资法律、政策与规制涉及利益群体众多，而且关联和影响其他民生政策。从大的方面看，对最低工资影响方面的研究主要集中在以下方面：一是最低工资对不同群体就业的影响；二是最低工资对收入分配和不同群体工资增长的影响；三是最低工资对企业招聘、培训以及生产经营等方面的影响；四是最低工资对社会低收入阶层和贫困人群的影响；五是最低工资对社会保障的影响等。限于本课题讨论的范围，我们主要关注最低工资对企业和部分群体工资水平的影响。

国外的一些研究表明，最低工资的实施将增加劳动力成本，改变员工工资的分布，最低工资往往会直接影响平均工资接近最低工资的企业，表明最低工资上涨可能存在一定程度的溢出效应。具体研究成果如下：

1. 最低工资调整对不同企业和职工群体的影响

最低工资调整对不同类型企业的影响有所差异。一般而言，对劳动密集型企业、中小企业影响更大。而且，最低工资对企业内部员工的影响也不同，一般对一线和基层员工、低技能员工影响较大。

以对企业内不同类型员工的影响为例，Gramlich（1976）指出，最低工资标准的上调会提高低技能员工的雇佣成本，同时降低高技能员工的相对成本，从而使得企业转而雇用较多的高技能员工，并由此推动这些高技能员工的工资率不断增加。Belman 和 Wolfson（1997）用美国数据进行的研究结果表明，最低工资对工资的分布有显著影响。首先，最低工资消灭了一些低技术的工资岗位，提高了在岗低技术员工的工资，使得工资分布更加平均。其次，最低工资的提高，使原来工资略高于最低工资但生产率更高的员工更有竞争力，使这部分员工的工资上升，并产生微弱的溢出效应。最后，最低工资的提高可能对更高工资员工的工资也会产生一定影响。Swidinsky 和 AlWilton、Grossman、Neumark 和 Wascher（1992）等国外学者的研究也表明，最低工资标准的调整会对其他工资水平产生积极的波动效应。

国内学者更多关注最低工资对农民工群体工资水平的影响。张智勇（2010）指出，最低工资的推行可以纠正制度扭曲导致的报酬差异，增加农民工家庭收入，克服农民工收入获得机制的缺陷以及缓解用工荒。同时，最低工资并不一定导致低成本劳动力比较优势的下降，也不会引起通货膨胀等系列问题。谢勇发现，仅有 39.82%的农民工工资高于当地的最低工资标准。文化程度和技能水平相对较低，在住宿、餐饮和娱乐业以及制造业中就业的农民工，其工资低于最低工资标准的可能性显著增加；而最低工资制度在外资、合资企业中的落实情况显著地好于其他所有制单位。丁守海（2010）发现，2008 年提高最低工资标准对农民工的就业冲击明显强于 2007 年，但对城镇劳动力的就业没有造成明显强化的冲击。罗小兰（2006）则指出，最低工资标准对农民工就业存在一个阈值，在该阈值之前，最低工资标准具有正作用，而且弹性较大；超过该阈值后，农民工就业会随着最低工资标准的提高而减少。

贾朋（2013）研究了最低工资对不同收入层、不同性别员工的影响。研究发现对于工资水平低于最低工资的就业人员，上调最低工资标准会提升他们的工资水平，最低工资对工资分布的影响绝不仅存在“截断效应”，还会对工资水平本就高于最低工资的就业人员工资产生“溢出效应”。最低工资标准的提升对于男性和女性的工资水平均具有较明显的溢出效应，对男性和女性的溢出效应可以分别达到最低工资的 1.50 倍和 1.25 倍左右；随着相对工资区间的升高，最低工资标准提升对男性和女性工资的溢出效应均呈现逐渐下降的趋势；最低工资制度的执行力度越大，溢出效应越明显。

国内外研究普遍认为，最低工资对企业工资水平存在溢出效应，而且对不同收入群体的影响程度不同，相比而言，对低收入群体影响更大，这意味着最低工资标准提升不仅导致低收入群体工资水平明显提高，而且导致中低收入群体工资水平明显提高，有助于扩大中等收入群体规模，抑制居民收入差距的持续扩大。

总体来看，国内外关于这一方面的研究成果并不多，主要原因在于经济学家们较少将视角集中到企业内部层面，而且企业情况千差万别，考虑到商业机密等限制，获取企业人工成本数据的难度也较大，除了案例研究，很难详细地针对某些企业做具体分析。这同样是我们所面临的困难，虽然我们的研究对象聚焦于制造业行业层面，但数据需求仍来自微观层面，一个可行的解决方案是将案例分析和统计推断结合起来，这就需要较高质量的调研和统计数据。

2. 最低工资与社会平均工资的关系研究

对政府宏观调控而言，制定最低工资政策要掌握最低工资调整对社会平均工资变动的影响。西安交通大学的 Xiao 和 Xiang（2009）借助北京、上海、天津等 6 个城市 1995—2006 年的数据分析得出，最低工资上涨 10%，员工平均工资仅上涨 0.06%。但是，最低工资对低工资员工的影响是很显著的，最低工资每上涨 10%，工资水平位于 10%分位数的员工工资将上涨 0.75%，位于 20%分位数的员工工资将上涨 0.42%。该项研究比较系统地比较了最低工资对处于不同收入分布状态下员工工资水平的影响，其使用的方法也被广泛借鉴。

之后，西南财经大学的马双等（2012）运用“规模以上制造业企业报表数据”进行了更深入的实证研究，在控制时间趋势项及各市固定效应后发现，最低工资每上涨 10%，企业平均工资将整体上涨 1.7%，且在 1%水平上显著。加入企业个体特征变量及行业虚拟变量后结果显示，最低工资上涨 10%，企业平均工资仅上涨 1.1%左右。借助 2006—2007 年福建省最低工资大幅提高的“准自然实验”发现，最低工资显著提高员工工资的整体水平，弹性介于 0.03～0.06 之间。从行业层面观察，最低工资每上涨 10%，农产品加工业平均工资显著上涨 0.61%，其他行业平均工资仅上涨 0.28%。从人均资本水平角度发现，人均资本最低的 20%的企业，最低工资每上涨 10%，其人均工资水平显著增加 1.29%，远远高于全样本的 0.55%的平均水平，随着企业人均资本增加，最低工资对企业平均工资的影响减弱。这篇发表在 2012 年《经济研究》上的论文基本体现了该领域研究的最新进展，尤其是运用“准自然实验”对比了福建和广东两省的情况，比较好地控制了其他变量的影响。

除了上述两篇高质量的研究成果之外，还有很多学者从其他角度对最低工资与平均工资的关系进行了研究。如韩兆洲和魏章进（2006）发现，以 2005 年为例，全国 35 个大中城市最低工资标准与当地平均工资之比的平均比例为 33%，中位数为 32%。35 个大中城市最低工资标准与当地当年职工平均工资比较，计算得出两者平均比例为 29%，中位数为 29%；而 2001 年，则分别为 28%和 27%。都阳和王美艳的研究指出，自 1995 年以来，除个别年份外，最低工资与平均工资之比呈现下降趋势。1995 年，最低工资与平均工资之比为 0.44，2006 年下降至 0.28。同时，作者强调在计算平均工资时，城市中的外来劳动力没有被完全包括在统计体系中，在后续研究中需多加注意。

罗小兰（2006）研究发现，关于 1994—2006 年间最低工资标准与平均工资之间的相关性分析表明两者之间的相关系数为 0.189。分行业看，我国最低工资标准对交通业、房地产业和金融业等高工资行业工资水平增长具有推动作用，而对建筑业、批发零售业和制造业等低工资行业工资水平增长的推动作用具有滞后性。分地区看，东、西部地区最低工资增长率对工资变化有正影响，而中部地区最低工资增长率对工资变化为负影响，仅上一年最低工资增长率才对其工资变化产生预期正作用。总体来说，最低工资标准增长率对平均工资变化具有极小的正影响，最低工资增长率每增加 1%，平均工资增长率才上升 0.05%，而且这种正影响不具有持续性，我国最低工资标准对于 20 世纪 90 年代后工资水平增长变化的贡献基本上可以忽略不计。

宁光杰（2011）从另外一个角度发现，最低工资随着平均工资的提高而提高，制造业平均工资上升与最低工资提高呈正向关系，但最低工资提高幅度还较小（只有 0.143）。研究最低工资与平均工资比率关系发现，失业率、第三产业从业人员比重、企业利润都对这一比例有负面影响。李永通过对比 2009 年与 2012 年最低工资标准增幅超过 13%的公司数量明显少于其他年度，说明大部分制造企业在未调整最低工资标准年度的增幅小于调整年度。并且在调查过程中发现，25 家企业的生产工人都占全部职工的 50%以上，说明制造企业拥有较多的低收入劳动者数量，而最低工资标准的提高对低收入者的变化影响最大，因此标准的提高对制造业工资增长有影响，可推断出最低工资标准与企业的工资支付量存在正比例关系，即最低工资标准的提高，会相应地提高企业的人工成本。即使企业的大部分员工工资都高于最低工资标准，但不断提升的最低工资标准也会给企业造成涨薪氛围，使得企业不得不连年提升工资以留住员工。

总体来看，国内学者对最低工资对社会平均工资影响问题给予了较多关注。一个基本的判断是，最低工资调整对社会平均工资变化有影响，但不同地区和行业的影响程度不同；多数结论认为影响程度较小，影响社会平均工资变动的因素有很多，最低工资并不是主要方面。根据这一结论，我们需要质疑：有些地区将最低工资与社会平均工资挂钩，并且提出最低工资要达到社会平均工资的40％～60％，是否有充分合理的依据？

3. 关于企业人工成本变动及其影响因素的研究

根据对国内文献的考察，对人工成本的研究分为微观和宏观两个层面。微观层面主要从企业人力资源管理的角度，探讨如何合理控制人工成本；宏观方面的研究又可称为“劳动力成本”研究，主要探讨行业、地区或整个国家劳动力成本变动的情况，比较典型的，如对“中国是否仍具有劳动力比较优势”的讨论。实际上，“人工成本”和“劳动力成本”并不是同一概念，官方对前者有明确的定义，而后者外延比较灵活，例如，有的学者将其等同于劳动者薪酬，也有的将其等同于人工成本，这种界定并不影响我们的分析结论，因此，在这里我们将其视为同一概念。

中国人民银行2012年在四川的调查结果显示，1996年以来四川省工业企业劳动力成本上升具有以下特点：一是以实发工资为代表的劳动力成本上升迅速，由0.47万元上升到2011年的4.7万元，年均名义增速达到13.1％；二是劳动力成本增速近年来开始超过劳动生产率增速；三是劳动密集型企业和中小企业单位劳动力成本上升明显；四是四川地区相比东部地区的劳动力成本优势开始显现等。该报告认为，供求关系变化、劳动生产率提升、劳动者素质提升、政府劳动力规制加强以及物价上升等造成了劳动力成本迅速上升。

根据常兴华和魏国学的研究，经济增速对劳动力成本具有稳健的正面影响。在控制其他因素不变的情况下，GDP 增速每增加 1%，工资水平就上升 0.91%。从中长期的角度看，经济增速的加快会提高劳动力成本，劳动力成本上升对调节收入分配和改善民生具有积极意义，当然，给企业尤其是劳动密集型企业也带来了挑战。

杨长勇认为，农民工工资水平的上升是推动社会劳动力成本上升的主要原因，而农民工工资上升是农民工供需关系变化、新生代农民工成为主流以及国家规制程度加强等的结果。总体来说，劳动力成本上升对中国产业升级利大于弊。金三林（2013）也认为，农民工工资的上涨是劳动力成本总体上升的直接原因，尤其是 2004 年之后，农民工工资上升直接推动了劳动密集型的制造业、服务业等行业的工资水平。由于农民工工资主要由最低工资和加班补偿构成，未来农民工工资实际增速不会低于 13%。由于农民工工资与制造业、低端服务业、农业雇工工资高度相关，因此，从“十二五”到“十三五”期间，这些行业普通劳动力工资名义增速也将保持在 14%左右。我国劳动力成本快速上升的趋势可能会持续到“十三五”中期。

通过代表性成果可以发现，近年来我国劳动力成本呈现较快的上涨趋势，综合收入分配改革、城镇化、供求关系、生活成本上涨以及劳动生产率提升较快等因素，我国劳动力成本仍有一定的上升空间。

微观层面的研究主要来自从事企业人力资源工作的实际管理者，研究视角更多地是成本控制和管理。例如，张效科根据已有的人工成本及相关理论，建立了企业人工成本控制的四种类型：双向控制型、比率控制型、弹性控制型和双向失控型。从人工成本的增长状态可以进行弹性控制，从人工成本的水平状态可以进行比率控制。企业若在这两方面都控制得较好，则认为该企业是双向控制型的；若两方面都失控，则认为该企业是双向失控型的。竺印通过对富士康集团内地工厂的跟踪研究发现，经历过“十三连跳”之后，富士康的人工成本大幅上升，为规避人工成本上升带来的影响，富士康采用了内迁生产基地、机器人取代人工、重新调整客户合同以及宿舍管理外包等手段应对人工成本上升。梁红根据胜利油田的案例研究发现，企业人工成本管理存在管理方式粗放、总量控制难度加大以及用工形式变化带来较大管控压力等问题。根据刘春梅对重庆市纺织业单位劳动力成本的测算，重庆市纺织业从业人员人均工资的提升并没有带来纺织业单位劳动力成本的上涨，单位劳动力成本的总体趋势不升反降，单位劳动力成本对重庆市纺织业的利润是有着负面影响的，单位劳动力成本增加将带来利润的减少，在影响纺织业利润的众多因素中，单位劳动力成本是最重要的因素。王献东提出通过管理方式由 X 型向 Y 型转变，提高员工组织承诺度；业绩评价由股东导向型向利益相关者导向型转变，实现股东与员工双赢的目标；强化人工成本预算管理，加强标准人工成本控制；强化核心业务，外包非核心业务，实施全口径人工成本管理等手段，从而实现收入倍增计划目标。黎文靖等通过对我国九个劳动密集型行业研究了上市公司管理层自愿披露劳动力成本上涨风险信息的动机和经济后果。文章指出，业绩较差、董事长和总经理两职分离的民营上市公司管理层更愿意主动披露劳动力成本上涨风险信息，这类管理层薪酬较高，管理层自愿披露劳动力成本上涨风险信息会降低公司市场价值，而且在国有企业与民营企业之间不存在显著差异。

上述研究紧密围绕人工成本主题，从实务角度论证了人工成本管控的方法，对我们提出政策建议具有参考意义。从政策角度，马小丽系统梳理了改革开放以来国家关于企业人工成本监测调控方面的文件，指出了当前我国人工成本宏观监测方面存在的主要问题，并构建了全新的企业人工成本宏观监测体系。

4. 关于我国制造业发展及其人工成本变动的研究

制造业是一个国家经济社会发展的基础性产业，其产品涉及广大人民基本生活生产的方方面面，具有举足轻重的地位。一国制造业的发展水平，一般能够代表这个国家的生产力和竞争力水平。对很多国家而言，制造业既是国家安全的保障，也是经济社会发展和实现现代化的保障。作为支柱产业或者主导产业，制造业水平往往决定了一个国家的经济命脉。

我国是世界制造业大国，曾一度被誉为“世界工厂”，“中国制造”出口世界各地，惠及各国人民。制造业对我国经济发展同样起着十分关键的作用，我国制造业每年在直接创造国民生产总值、为国家提供财政收入、吸纳就业、科技创新以及对外出口创汇方面都有突出贡献。主要体现在：

一是我国制造业产值占国民经济比重高，2015 年制造业增加值占国内生产总值的 29.4%。二是我国制造业财政上缴利税数额多，2009—2014 年，我国制造业税收增长了 73%，在所有门类中贡献最大。三是我国制造业吸纳就业人数规模大，2016 年城镇单位就业人员中，制造业占就业人数总量的 27.3%。四是我国制造业出口额占出口总额比重大，2016 年我国工业制成品出口总额接近 2 万亿美元，占出口总额的 90%以上。五是制造业成为我国工业科技创新的主体，2016 年规模以上工业企业新产品开发项目数量中，制造业贡献占比 98%以上。

总体而言，改革开放 30 多年以来，中国制造业持续高速发展，成为我国经济持续快速发展的主要拉动力量。根据联合国工业发展组织的统计报告显示，中国工业总产值已经超过美国，规模位居世界第一。党的十八大以来，我国在航天工程、超级计算机、量子通信、大飞机工程、高速铁路、国产航母等高技术和高端制造领域取得了一批有国际影响力的重大成果。

鉴于制造业举足轻重的地位，国内学术界对于中国制造业发展关注程度之高，研究成果之广泛，其他行业难以比及。其中比较有影响力的有：国务院发展研究中心出版的一系列专著，如《要素成本上涨对中国制造业的影响及相关政策研究》《中国制造业创新与升级——路径、机制与政策》等，江苏大学和清华大学李廉水研究团队连续十年跟踪研究并发布的《中国制造业发展研究报告》（2004—2013），中国社科院工业经济研究所每年出版的《中国工业发展报告》以及工业和信息产业部的系列研究报告等。

学术论文方面，近年来针对制造业人工成本问题比较有代表性的成果有：王燕武等（2011）通过计算、比较中国与主要出口竞争国的单位劳动力成本（ULC）后发现，中国制造业仍然具有较大的国际竞争优势，原因是多年来制造业劳动生产率增速明显快于工资增速，使单位劳动力成本保持下降趋势。相对单位劳动力成本（RULC）的比较结果显示，即使不考虑提高工资将促使劳动生产率进一步提升以及基础设施、国内市场、政治环境等方面的优势，在现有劳动生产率水平上中国制造业仍能够承受约50％的劳动报酬上升。

曾国华等通过对中国工业部门省级面板数据的实证分析后认为，劳动者报酬对工业企业的生产效率有正向强化作用，进一步改革需以效率工资理论为指导，提高劳动者收入，以政府引导鼓励为主，加快企业自主创新，提升技术水平。罗来军等（2012）指出，从1997年开始，我国制造业职工平均工资已经进入较快增长阶段，在未来一段时期仍将继续延续工资上涨趋势。虽然中国的工资水平上调了，而且幅度也不小，但是同国际水平相比，中国的工资水平仍然很低，因此中国并不会因新一轮的工资上涨而丧失低劳动力成本优势。我国长期的低工资水平和低劳动力成本妨碍了技术进步和产业升级。金三林等（2013）从人工成本对制造业出口影响的角度，发现劳动力成本近年来以农民工为主体的普通劳动力工资持续上升，对我国制造业出口竞争力的总体影响越来越大，但对不同行业的影响存在较大差异。化学纤维制造业等10个行业，劳动生产率相对于劳动力成本上升更快，仍具有较强的竞争力。面对劳动力成本上升的客观趋势，一方面要注重通过提高劳动生产率来维持现有的竞争优势，另一方面要积极培育和发挥新的竞争优势。魏浩（2013）利用2001—2010年的数据，计算了中国制造业单位劳动力成本及其变化，并与19个不同类型国家和地区的情况进行了比较分析。研究结果表明：2001—2010年，中国制造业小时劳动报酬、小时劳动生产率都表现为日益增加的态势，单位劳动力成本整体表现为先下降后逐渐增加的态势，2010年调整后的单位劳动力成本比2001年增加了17%；中国制造业单位劳动力成本，不仅远远低于美、日、德、法、荷等发达国家，以及墨西哥、南非、俄罗斯等发展中大国、亚洲四小龙，也低于菲律宾、越南、马来西亚等新兴发展中国家；中国制造业小时劳动报酬、单位劳动力成本的增长速度快于亚洲四小龙、其他发展中大国、亚洲新兴发展中国家；中国单位劳动力成本目前已经超过了泰国、印度尼西亚等国家，在不久的将来，将超过菲律宾、马来西亚等国。因此，政府要高度重视制造业的重要作用，防范“去工业化”倾向，提高劳动生产率。

（三）研究方法

本章使用的研究方法有调查研究、文献分析、博弈论、相关分析和回归分析。

调查研究主要围绕最低工资调整及其影响、制造业人工成本变化及其原因等主题。我们主要在广东、湖南、四川、重庆、北京和天津等地实地调研，调研过程中，通过与地方政府部门、典型企业以及劳动者代表访谈或座谈，了解各地在执行最低工资标准过程中遇到的问题，以及最低工资对当地的企业和劳动者收入产生了哪些重要的影响。在调研过程中，我们还重点收集了部分地区的制造业人工成本信息，深入企业一线了解最低工资对企业生产经营的影响，增进了对研究对象的理解。

文献分析主要体现在对最低工资和人工成本两个问题的文献分析上。为了提高文献收集质量，我们组织召开了专题研讨会，邀请国内研究最低工资和制造业人工成本的青年学者，就目前国内外最低工资方面的学术研究进行了讨论，尤其是来自社科院人口所、中国人民大学、南开大学和北京师范大学的中青年专家，为课题研究提供了很多文献线索，使我们能够站在国际学术前沿理解最低工资问题。

博弈论主要体现在政府和企业、工会和企业关于最低工资的战略决策。最低工资提高是政府保障低收入人群基本生活，维护社会公平正义的政策工具，但从社会影响上看，这一政策也会带来一些负面效应，如对就业的挤出和对企业成本的推动。企业针对政府最低工资政策会有相应的对策，如为应对用工成本上升会采取裁员、技术替代以及迁移等。因此，围绕最低工资上调，政府和企业构成一个博弈。在工会和企业的工资集体协商中，最低工资标准可以被视为谈判条件，在最低工资上升的条件下，工会一般会要求提高工会成员的工资水平，但会以非工会成员的就业为代价，企业具有雇佣决策权，但也要面临工会罢工的威胁，因此，工会和企业也会构成博弈。

相关分析和回归分析主要体现在最低工资对制造业人工成本影响程度的判断上，我们通过国家统计局 2004 年以来历年的《中国统计年鉴》收集了分省份制造业平均工资数据，通过中国劳动咨询网收集了 2004 年以来各省市最低工资调整的情况，通过中国工业企业数据库整理了 2005 年、2007 年和 2011 年三年的微观数据。前两组数据为我们考察最低工资与制造业平均工资的关系提供了高质量的面板数据。我们使用目前社会科学领域常用的定量分析方法，运用 SPSS 和 Eviews 等软件，对变量间进行斯皮尔曼检验、皮尔逊检验和独立样本 T 检验，通过建立一元和多元回归方程，检验了不同条件下最低工资对制造业人工成本的影响。

二、中国制造业人工成本变动的影响因素分析

（一）影响制造业人工成本变动的因素

近年来，我国制造业人工成本呈现较快增长，其原因来自以下方面：一是制造业人工成本各项构成（主要是工资总额和社会保险）出现了较快增长；二是行业升级发展和地区生活成本上升的推动；三是政府出台的就业、工资和劳动保障政策等的影响。这些方面的变化又是由诸多行业、地区及其他经济社会因素造成的。

1. 劳动报酬的变化

在人工成本各项构成中，比重最高的是工资总额。因此，制造业工资总额真正决定了人工成本规模。2014—2016年，制造业工资总额增速分别达到9.95%、4.92%和2.64%。

工资总额的增长有两种可能：一种可能是在制造业用工规模平稳的前提下，制造业平均工资出现大幅提高；另外一种可能是制造业就业人数和平均工资都出现了增加。近年来的数据表明，制造业工资总额的增加是第一种情况造成的。以1995—2013年我国制造业就业人数为例，制造业就业人数呈现先下降后上升的趋势，2003年出现拐点[①]，之后至2009年一直呈现较快增长，2010年以来就业规模趋于稳定，城乡就业总人口保持在8 000万人左右。[②] 而近年来制造业平均工资增长较快，是造成制造业工资总额上升的主要原因。

2. 社会保险费用的变化

人工成本构成另一项比重较高的是社会保险费用。近年来，随着我国社会保障体系的建立和完善，尤其是2011年《社会保险法》实施后，在政府逐步加强社会保险管理的情况下，制造业用人单位需缴纳的社会保险也逐步成为人工成本的重要组成部分。以北京、上海、天津和重庆为例，需单位缴纳的“五险一金”比例达到社会保险缴费总额的30%～40%（见表3—1）。而且，社会保险缴费基数与当地社会平均工资挂钩，在不降低缴费比例的情况下，社会平均工资水平的提

① 主要原因是当时在国有企业改革大背景下，大批制造业企业开展了“主辅分离”和“减员增效”，大量企业职工下岗，制造业就业人数出现大幅下降。

② 8 000万人是制造业从业人员数，包括城镇和非城镇就业劳动力，国家统计局统计的城镇制造业就业人口规模在5 000万人左右。

高增加了用人单位用于社会保险的人工成本。在广东、江苏等地的调研中，制造业企业普遍反映社会保险费用已经成为企业人工成本上涨压力的主要原因。

表3—1　2016—2017年四个直辖市企业社会保险缴费比例　（%）

社保名称	北京	天津	上海	重庆
养老保险比例	20	19	20	19
医疗保险比例	10	10	8	7.5
失业保险比例	1	1	1	0.5
工伤保险比例	—	0.7	0.2～0.9	—
生育保险比例	0.8	0.5	1	0.5
住房公积金比例	12	11	7	12

数据来源：中国劳动咨询网数据库，网址：http://hr.51labour.com/data/。

注：各项比例为上限值。

3. 行业因素的变化

制造业人工成本为何出现较快增长？主要有四方面的原因：一是制造业企业所在地区的劳动力供求关系发生了转变，如珠三角和长三角地区近年来出现的“用工荒”，加剧了工资水平的上升；二是制造业企业转型升级对劳动力技能素质要求提高，随着先进设备和技术的引进，更多高学历和高技能工人进入制造业，带动了工资增长；三是产业工人维权意识提高，工会组织程度更高，沿海开始出现通过停工等方式要求提高工资待遇的案例；四是近年来政府出台了一系列收入分配政策，如调整最低工资标准等，在逐步缩小收入分配差距的大背景下，普通工薪劳动者享受到收入分配改革的红利。

4. 地区因素的变化

地区生活成本（主要是住房、食品等物价）上升是推动地区人工成本上升的重要原因，制造业企业一般位于我国经济发达地区，如沿海或者省会城市，这些地区的生活成本增加决定了工资增长。物价水平的持续上升，消费水平的提高，导致了生活成本增加，从而引致劳动者要求与此相一致的劳动收入。当劳动所得不能弥补经济活动成本时，如外出衣食住行成本、离家不从事农业耕作的机会成本等，劳动者宁愿减少相应的经济活动，以此减少生活成本的支出。

5. 政策因素的变化

劳动力市场政策是影响制造业人工成本变化的重要因素，以《最低工资规定》为例，国家要求企业支付的工资标准不低于当地最低工资标准，对很多劳动密集型制造业有着较强的约束。因为我国制造业企业的显著特点是技术水平相对不高，资本和劳动力相对密集，这一产业特点决定了制造业中有相当比例的从业劳动者来自农村，而且其从事的多为一线生产操作岗位，在整个制造业中属于低收入群体。

根据调研的情况看，珠三角与长三角地区的制造业企业大量雇用农民工，支付的基础工资水平有的就是最低工资，有的将计件工资标准定为最低工资。因此，最低工资标准一旦提高，会在一定程度增加这些企业的人工成本。

（二）人工成本变动影响因素实证分析

为了验证以上五类因素的影响，我们收集了 2010—2014 年 8 个制造业发展程度较高城市的数据。其中，制造业人均人工成本是我们关心的因变量，自变量分别是平均工资、就业人数、地区消费水平和最低工资标准，分别代表劳动报酬因素、行业因素、地区因素和政策因素。[①] 见表 3—2。

表 3—2　2013 年中国 8 个制造业城市人工成本与影响因素数据

年份	地区	人均人工成本（元/年）	就业人数（万人）	平均工资（元/年）	地区消费水平（元/人）	最低工资标准（元/月）
2013	北京	107 455	133	71 812	26 275	1 400
2013	天津	95 319	120	57 146	20 024	1 500
2013	沈阳	70 755	87	45 416	21 964	1 300
2013	南京	96 505	54	46 859	23 493	1 480
2013	厦门	47 916	59	46 870	24 921	1 320
2012	宁波	50 800	232	45 895	33 717	1 470
2013	潍坊	49 155	26	31 392	19 622	1 100
2011	青岛	43 614	143	33 280	27 421	840

数据来源：根据课题组调研情况整理。

我们要回答的问题是：制造业企业人均人工成本分别与平均工资、劳动生产率、地区消费水平和最低工资水平的相关程度有多大？由于人均人工成本和最低工资为非正态分布的数值变量（scale variable），平均工资、劳动生产率和地区消费水平为正态变量，我们使用斯皮尔曼检验（Spearman-RHO Test）得到相关系数。

检验结果表明，制造业平均工资在 0.01 水平上与人均人工成本显

① 由于调查中未能得到比较全面的制造业企业社会保险费用数据，我们暂时不能定量评价社会保险费用与人均人工成本的关系，作为内生因素并不影响定性判断。

著相关，相关系数为 0.79。最低工资标准在 0.05 水平上与人均人工成本显著相关，相关系数为 0.657。工业生产率与人工成本正相关，但相关性不显著，主要原因在于检验使用的是工业劳动生产率，而且是工业总产值，不能很好地代表制造业劳动生产率水平，另外，劳动生产率虽然影响人工成本，但并不是最直接的因素。其地区消费水平与人均人工成本负相关，相关性不显著，这与经济理论相违背，其原因一方面是地区因素不是影响制造业人工成本的主要因素，另一方面可能是地区消费水平不是代表地区物价因素好的变量。

三、中国的最低工资：增长与影响

中国的最低工资制度起步于 20 世纪 90 年代。1993 年，劳动和社会保障部发布《企业最低工资规定》，标志着中国建立了最低工资制度。1995 年，我国《劳动法》实施，明确了我国最低工资制度的法律地位。2004 年，劳动和社会保障部颁布了《最低工资规定》，推动了最低工资制度在我国的全面实施。2007 年，劳动和社会保障部又出台了《关于进一步健全最低工资制度的通知》，针对最低工资制度实施中出现的一些问题，进一步健全和严格执行最低工资制度。总体来看，在法律和政策层面中国的最低工资制度逐步走向完善。

从执行情况看，我国各地区最低工资标准差异比较大。以 2013 年为例，全国各省月最低工资标准的标准差为 154 元，均值为 1 301 元，极差为 590 元，最高的上海为 1 620 元，最低的贵州为 1 030 元。相比 15 年前，1998 年月度最低工资标准最高的广东省仅比最低的福建省多

135 元。各地最低工资标准逐步拉大。

各地区最低工资调整频率和幅度也存在很大差异。1995—2004 年间，全国 31 个省平均每 1.79 年调整一次最低工资，2005—2010 年平均 1.75 年调整一次，2011—2014 年平均 1.20 年调整一次。“十一五”期间，我国最低工资标准年均增长率为 12.5%，《就业促进规划（2011—2015 年）》提出最低工资标准年均增长 13%以上，绝大多数地区最低工资标准达到当地城镇从业人员平均工资的 40%以上。自 2008 年金融危机以来，我国各地区最低工资调整幅度加快，2011 年全国 24 个省份调整最低工资标准，平均增幅 22%；2012 年全国 25 个省份调整最低工资标准，平均增幅 20.2%；2013 年全国 27 个地区调整了最低工资标准，平均调增幅度为 17%。

截至 2013 年年底，共有北京、浙江、河南、贵州、陕西、山东、江西、广西、甘肃、宁夏、天津、山西、上海、广东、云南、新疆、四川、江苏、吉林、辽宁、安徽、福建、内蒙古、湖南、海南、陕西等 26 个省（区、市）和深圳市调整了最低工资标准。上述 26 个省份最低工资平均调增幅度近 18%，增幅基本持平在 2012 年的水平，但明显低于 2011 年平均 22%的增幅。

2014 年 8 月，全国又有 15 个省份调整了最低工资标准，其中月最低工资标准最高的仍是上海市，标准为 1 820 元；小时最低工资标准最高的是北京，标准为 16.9 元。

（一）最低工资的增长：基于 31 个省市的数据

根据表 3—3，从执行情况看，我国各地区最低工资标准差异比较大。以 2017 年为例，全国月最低工资标准最高的是上海，月标准为 2 300 元；小时最低工资标准最高的是北京，为 22 元/小时。根据人力资源社会保障部公布的数据，2017 年，上海、深圳、浙江、天津和北京五个地区的月最低工资迈入 2 000 元大关。广西和西藏的月最低工资标准水平全国最低，为 1 400 元/月，标准差距为 900 元。2017 年，有四个省市的小时最低工资最低标准为 15 元，比北京低 7 元/小时。

各地区最低工资调整频率和幅度也存在很大差异。自 2008 年金融危机以来，我国各地区最低工资调整幅度加快，截至 2017 年年底，全国共有 20 个地区调整了最低工资标准，平均调整幅度为 11%。2017 年上调最低工资标准的地区较 2016 年大幅增加，2016 年只有 9 个地区提高了最低工资标准。

2016 年，月最低工资水平最高和最低的是上海和青海，分别为 2 190 元和 1 270 元；城镇单位就业人员月平均工资最高和最低的是上海和河南，分别为 9 994 元和 4 125 元；制造业月平均工资最高和最低的也是北京和河南，分别为 8 133 元和 3 649 元。最低工资与社会平均工资比最高的是河南（38.78%），最低的是西藏（16.27%）；最低工资与制造业平均工资比最高的是山西（45.94%），最低的是北京（23.24%）。如果以制造业平均工资为参照，最低工资比超过 40% 的有两个，分别是山西和河南；如果以社会平均工资为参照，2016 年各省份最低工资比均在 40% 以下。

表 3—3　2016 年中国 31 个省市最低工资和平均工资水平情况　（单位：元/月）

地区	月最低工资标准	城镇非私营单位就业人员月平均工资	制造业城镇非私营单位就业人员月平均工资	最低工资与城镇单位社会平均工资比（%）	最低工资与制造业城镇单位平均工资比（%）
北京	1 890	9 994	8 133	18.91	23.24
天津	1 950	7 192	6 129	27.11	31.82
河北	1 650	4 611	4 248	35.78	38.85
山西	1 620	4 475	3 526	36.20	45.94
内蒙古	1 640	5 089	4 473	32.23	36.67
辽宁	1 530	4 668	4 712	32.78	32.47
吉林	1 480	4 675	4 854	31.66	30.49
黑龙江	1 480	4 370	4 148	33.87	35.68
上海	2 190	9 995	8 068	21.91	27.15
江苏	1 770	5 965	5 583	29.68	31.70
浙江	1 860	6 111	5 033	30.44	36.96
安徽	1 520	4 925	4 551	30.86	33.40
福建	1 500	5 164	4 537	29.04	33.06
江西	1 530	4 678	4 130	32.71	37.04
山东	1 710	5 212	4 355	32.81	39.27
河南	1 600	4 125	3 649	38.78	43.85
湖北	1 550	4 986	4 503	31.09	34.42
湖南	1 390	4 853	4 535	28.64	30.65
广东	1 895	6 027	5 199	31.44	36.45

续表

地区	月最低工资标准	城镇非私营单位就业人员月平均工资	制造业城镇非私营单位就业人员月平均工资	最低工资与城镇单位社会平均工资比（%）	最低工资与制造业城镇单位平均工资比（%）
广西	1 400	4 823	4 153	29.03	33.71
海南	1 430	5 139	4 605	27.83	31.05
重庆	1 500	5 462	5 215	27.46	28.76
四川	1 500	5 327	4 703	28.16	31.89
贵州	1 600	5 523	4 857	28.97	32.94
云南	1 570	5 038	4 137	31.17	37.95
西藏	1 400	8 603	5 832	16.27	24.01
陕西	1 480	4 970	4 529	29.78	32.68
甘肃	1 470	4 798	4 428	30.64	33.20
青海	1 270	5 549	4 571	22.89	27.79
宁夏	1 480	5 464	4 388	27.09	33.73
新疆	1 670	5 312	5 026	31.44	33.23

数据来源：根据国家统计局 2017 年《中国统计年鉴》和各地发布的最低工资标准数据整理。

从增长的情况看，根据人力资源社会保障部发布的数据，2005 年以来，由于金融危机的影响，2008—2009 年间最低工资标准暂停调整过一次，此后至 2012 年，最低工资平均增幅逐年上升。2012—2016 年，最低工资平均增速开始逐年下降，由 2012 年的 19.40%下降到 2016 年的 10.40%。与同期经济社会指标相比较，2012—2016 年，最低工资增幅比制造业城镇单位就业人员平均工资增幅分别高出

5.80%、6.12%、3.46%、3.40%和2.91%；比制造业劳动生产率增幅分别高出12.90%、11.60%、6.90%和6.10%（由于2016年国家统计局未披露制造业增加值，因此未包含2016年的制造业劳动生产率）；比当年城市居民消费价格增幅分别高出16.70%、15.00%、12.00%、9.60%和8.30%；比当年人均国内生产总值增幅分别高出12.10%、10.40%、7.30%、4.70%和4.30%。对比上述经济社会指标发现，2012年以来我国最低工资标准上调幅度高于工资、物价、消费和劳动生产率增长。见表3—4。

表3—4　2012—2016年最低工资与经济社会指标增长情况比较　（%）

指标	2012年	2013年	2014年	2015年	2016年
最低工资平均增幅	19.40	17.60	14.10	11.10	10.40
制造业城镇单位就业人员平均工资增幅	13.60	11.48	10.64	7.70	7.49
制造业劳动生产率增幅	6.50	6.00	7.20	5.00	—
城市居民消费价格增幅	2.70	2.60	2.10	1.50	2.10
人均国内生产总值增幅	7.30	7.20	6.80	6.40	6.10

数据来源：根据国家统计局2017年《中国统计年鉴》和人社部新闻发布会数据整理。

（二）珠三角和长三角地区的最低工资与制造业人工成本

根据《中国制造业发展研究报告2016》对中国制造业“十大强省”的排名，2015年广东和江苏的制造业产值及规模位居全国前两位。从中国制造业发展的典型性和可比性角度看，广东和江苏分别代表了珠三角和长三角地区，两个地区集聚了大量劳动密集型制造业企业，能够代表中国制造业发展特点，因此，我们选择广东和江苏作为样本，比较两省最低工资、制造业平均工资增长的情况（见表3—5、表3—6）。

表3—5 2012—2016年广东省最低工资标准与制造业平均工资

（单位：元/月）

年份	月最低工资标准	城镇单位从业人员平均工资	制造业从业人员平均工资
2012	1 300	4 215	3 476
2013	1 550	4 468	3 819
2014	1 550	4 986	4 359
2015	1 895	5 525	4 785
2016	1 895	6 071	5 199

数据来源：根据相关年份《中国统计年鉴》数据整理。

表3—6 2012—2016年江苏省最低工资标准与制造业平均工资

（单位：元/月）

年份	月最低工资标准	城镇单位从业人员平均工资	制造业从业人员平均工资
2012	1 320	4 220	3 553
2013	1 480	4 765	4 498
2014	1 630	5 072	4 867
2015	1 630	5 516	5 228
2016	1 770	5 965	5 583

数据来源：根据相关年份《中国统计年鉴》整理。

使用独立样本T检验得到两个地区在最低工资和平均工资变化方面的差异。最低工资、从业人员平均工资和在岗职工平均工资的T值分别为−0.419、0.1和0.079。检验结果表明，两个地区在最低工资和平均工资变化方面没有显著性差异，单独考虑最低工资或者平均工资的变化，两个地区具有类似的趋势。相比平均工资变化，最低工资标准调整的个性差异更多。

（三）最低工资标准调整的经济社会影响

1. 对就业的影响

国内外对最低工资讨论最多、争议也较多的议题是其与就业的关系。最低工资是否影响就业？在新古典经济学看来，答案是毫无疑问的。在经典的均衡分析模式下，提高最低工资影响劳动力供给和需求两个方面，在面临向右下方倾斜的劳动力需求曲线情况下，可能导致低技能工人或者缺乏工作经验的工人就业机会减少，这一结论已经被众多劳动经济学教科书所采纳。

然而，来自实证方面的研究表明，最低工资的就业效应远不像均衡模型描述的那样简单，最低工资的提高在不同国家（地区）所带来的就业影响千差万别。很多研究者（如 Neumark 和 Wascher，1992 以及 Card 和 Krueger，1994）聚焦于最低工资对快餐行业就业的影响，曾经得出截然相反的结论。还有一些研究（Brown，1999）针对最低工资对青年就业人群的影响，得到就业弹性为－0.3～－0.1。

2. 对反贫困的影响

很多国家建立和实施最低工资制度的初衷是保障低收入人群的基本生活，减少社会不平等和反贫困。从规范分析角度，即便是最低工资存在就业损失效应，但如果在低收入人群工资增加和就业机会减少之间权衡，而且社会总福利有所增加的话，那么提高最低工资标准也是值得的。

最低工资是否减少了社会不平等程度，起到了反贫困的效果，取决于最低工资的水平，即如果最低工资水平不足以吸引低收入人群进入劳动力市场，或者说与贫困保障线拉不开较大的差距，那么，其反贫困的政策目标难以实现。另外，受最低工资影响的人群是不是来自贫困家庭，Burkhauser（1996）以及 Nuemark（2005）等人的研究发现，由最低工资水平上升引起的工资增长中，只有 19%的部分进入了收入低于贫困线的家庭，超过 50%的工资增长进入了那些收入超过贫困线两倍的家庭。

3. 对企业的影响

从政策评价角度看，政府一方面要关心最低工资对低收入人群生活的改善，另一方面还要关注其对企业生产经营的影响。李永对 25 家已上市的制造企业（包括纺织业、服装业、饲料业等）2005—2012 年的现金流量表中“支付给职工以及为职工支付”数额的历年变化情况进行了调查。通过计算“支付给职工以及为职工支付”的数额减去高管薪酬总额后各家企业每年的工资增长幅度，并将其与国家最低工资标准提高幅度年均 13%相比，得出调查结果，即 2010 年和 2011 年工资增长幅度超过最低工资 13%增长目标的企业比例约为全部被调查企业的 2/3，2012 年下降到 1/3。[①] 如图 3—1 所示。

相比最低工资对就业和反贫困的政策评估，目前国内外对最低工

① 参见：李永. 最低工资标准提高对制造业企业的影响分析 [J]. 当代经济，2013 (5)：58-59.

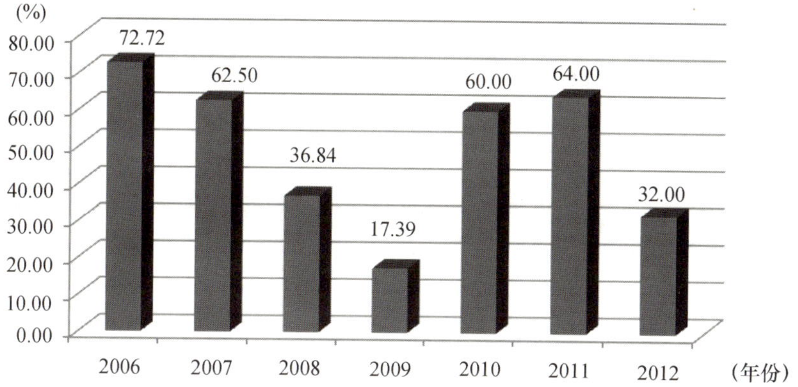

图 3—1　2006—2012 年 25 家上市制造业企业工资增幅超过 13%的比重

资对企业的影响研究较少。其主要原因一方面在于企业层面微观数据的缺失；另一方面，从政策目标看，最低工资政策的对象更多是低收入劳动者，而不是企业，尽管最低工资标准对某些企业而言是一种约束。从本质上讲，最低工资推动了劳动力成本，如同其他要素成本上升会压缩企业利润，或迫使企业转嫁成本，造成产品价格上涨。

四、最低工资调整对制造业人工成本的影响：理论与实证

最低工资调整有两个层面的含义，既包括最低工资政策的调整，又可以指最低工资标准的调整，通常我们所指的最低工资调整更多指后者。在我国最低工资制度发展历程中，最低工资政策调整更多涉及《最低工资规定》的修订、解释以及宏观指导。如 2008 年 11 月，为应对金融危机的影响，人力资源社会保障部出台通知要求各地暂停最低工资调整，可以看作最低工资政策调整的一个例子。本书主要关注最低工资标准的调整。从理论上讲，最低工资标准调整包含下调、不调

和上调三种情况。通常情况下，最低工资标准是逐次提高的，因此，我们主要讨论最低工资标准上调对制造业人工成本的影响。

具体讨论三个问题：一是最低工资与企业人工成本是什么关系？二是最低工资标准上调如何影响企业人工成本决策？三是最低工资标准调整对制造业人工成本影响程度有多大？在理论层面，我们回答前两个问题时所指的企业具有一般性。

(一) 最低工资调整如何影响制造业人工成本变动

制造业人工成本包含从业人员劳动报酬（工资总额）、社会保险费用、职工福利费用、教育费用、劳动保护费用、住房费用和其他人工成本七项。其中，工资总额所占比重最高，而社会保险费用与地区社会平均工资挂钩。最低工资标准调整对制造业人工成本的影响可以分解为对各个部分的影响，其中，这种影响的传导过程可以分为两个环节，一是最低工资变化引起人工成本各部分变化，二是不同企业因各项人工成本比重不同，而最终传导到总的人工成本变化也有所不同。

在第一个环节中，首先要考虑的是最低工资变化与人工成本各项构成有无关联，其次要考虑是什么关联，最后要关注其影响程度大小。理论分析只回答前一个问题，后两个问题需要通过实证分析。在第二个环节中，一个关键问题是人工成本各项构成的比重分别有多大，通过调研发现，工资总额和社会保险比重最大，这两项约占人工成本的70%～80%，以北京和天津地区的制造业人工成本为例，这两项比重分别占到85.23%和68.69%。由于这两项比重最大，而其他各项在不同类型企业中差异较大，因此，我们重点分析最低工资调整对企业工资总额和社会保险费用的影响。

1. 最低工资与制造业人工成本的关联机制

最低工资对制造业企业工资总额的影响可以分解为两个方面：一是最低工资调整对制造业企业平均工资的影响，二是最低工资调整对企业雇佣人数的影响。理论上讲，企业工资总额是企业平均工资与企业雇佣人数的乘积。一般而言，最低工资标准上调会带动社会平均工资上升，进而推动企业平均工资的提高，因此，最低工资对企业平均工资具有“收入效应”。另外，最低工资标准上调会影响地区就业水平，会使企业采用一系列措施规避人工成本上升，常见的措施有减少雇佣人数，迁往人工成本更低的地区，或者用机器替代劳动力等，这些措施都会使企业在当地的雇佣人数减少，因此，会引起一定程度的“替代效应”。这两个方面对工资总额的作用是反向的，“收入效应”会推动企业人工成本上涨，“替代效应”会降低企业人工成本，最低工资对企业人工成本的最终影响程度取决于两个效应的大小。如果“收入效应”大于“替代效应”，则最低工资标准上升，企业人工成本会增加；反之，若“替代效应”大于“收入效应”，则可能不会使企业人工成本上升。

鉴于国内外对最低工资与就业的研究较多，我们在此重点分析最低工资对企业工资水平的影响。一般而言，最低工资在以下方面与企业工资水平产生关联机制：

一是最低工资与企业基本工资、加班费基数、试用期、停工期以及病事假工资标准等挂钩，从而影响企业工资变化。二是最低工资标准上调对特定岗位工资有直接影响，对部分岗位工资产生“溢出效应”。三是对员工涨薪预期有导向作用，给企业涨工资带来舆论压力，最低工资标准是指导劳资双方工资集体协商的底线。四是最低工资标准是处理试用期劳动争议的依据。五是最低工资标准是处理“计件工资”劳动争议的依据。

从行业结构上看，最低工资标准调整对不同类型的制造业企业影响程度不同，调研发现最低工资调整对低工资行业、中小微企业以及劳动密集型企业人工成本有较大影响，对高收入行业、国有大中型企业以及资本技术密集型企业人工成本有间接影响。从职位和岗位角度看，最低工资对公共服务部门就业人员（如环卫工人）以及餐饮服务、保安等职业影响较大。针对制造业，从调研的情况看，最低工资标准主要影响生产操作和后勤服务类岗位，尤其是生产一线和基层单位，以及一些劳务派遣用工，其基础工资受最低工资影响较大。

另外，最低工资调整对社会保险费用带来如下影响：根据最低工资标准调整的法定依据，最低工资与地区社会平均工资产生关联。通过前文的实证分析也可以发现，最低工资增长与社会平均工资增长显著正相关。另外，最低工资标准的提高客观上也会推动地区社会平均工资的上升，成为地区社会平均工资上升的一个重要原因。

目前，我国各地区执行的社会保险缴费政策明确了缴费基数以社会平均工资为参照标准，规定缴费范围的基准、上限和下限。因此，在缴费比例不变的情况下，缴费基数增加，企业的社会保险费用也会增加，而社会平均工资与最低工资具有同步变化趋势，尤其近年来，最低工资标准上升幅度较大，成为推动社会平均工资上涨的重要因素，因此，最低工资标准的提高事实上推动了企业社会保险费用的增加。

2. 最低工资与制造业人工成本关联的数学分析

假定在完全竞争市场中，企业以利润最大化为目标，在不考虑其他因素情况下，利润 R 是收入 I 和成本 C_t 的函数。其中，成本包括人工成本 LC、物耗成本 MC 和资本成本 CC。人工成本是工资 w 的函数，而物耗成本和资本成本分别受原材料价格 Pm 和银行利率 i 影响。收入是产品价格 P 和产量 Q 的函数，产品价格是由市场决定的外生变量，产量则是由企业决定的，是资本 C 和劳动 L 的函数，在此选择柯布-道格拉斯函数形式。则有：

$$R = I - C_t$$

$$I = P \times Q$$

$$Q = aC^{\alpha}L^{1-\alpha}$$

$$C = LC + MC + CC$$

其中，物耗成本是原材料采购量 Qm 和原材料价格 Pm 的乘积，资本成本是固定资产资本价值 F_v 和银行利率 i 的乘积。分别表示为：

$$MC = Pm \times Qm$$

$$CC = F_v \times i$$

在所有成本中，人工成本是我们关注的重点，人工成本可以表示为人均人工成本 ALC 与雇佣人数 L 的乘积。其中，人均人工成本是

人均工资 w、人均社会保险费用 s、人均教育培训费用 t 以及人均住房补贴 h 的和。表示为：

$$LC = ALC \times L$$

$$ALC = \sum_{i=1}^{j} (w_i + s_i + t_i + h_i)$$

其中，人均工资是最低工资 MW 与企业分配系数 β 的函数。所谓企业分配系数是指企业各岗位的岗级工资与最低工资的比率。很多企业岗级工资的最低档就是当地的最低工资，那么企业分配系数就是 1，岗级工资越高比例越高，企业工资总额也可以表示为最低工资与企业分配系数之和的乘积。通过这一系数可以建立最低工资与企业平均工资的关系。由于社会保险费用与社会平均工资 Ws 有关，因此，我们使用社会分配系数 θ 来表示最低工资与社会平均工资的比率。故有以下关系：

$$w = \beta MW$$

$$s = \theta Ws \times Ra$$

$$Ws = \theta MW$$

另外，再考虑人均教育培训费用，由于培训与雇用之间有替代关系，企业会在培训工人还是直接招聘工人之间进行选择，培训一个工人的成本是当地的课时费用率 tc，而假定雇用一个工人的成本是当地的最低工资，因此，企业的人均培训费用是二者之间的最低值，表示为 $t = \min(MV, Tc)$。住房补贴为最低工资与工资房租比 λ 的乘积。

综合以上关系，我们根据利润最大化的条件对 MW 求一阶偏导数，得到如下关系：

$$MW=\frac{aP(\alpha-1)}{\sum_{i=1}^{j}(\beta+\theta R_a+\lambda)}\times C^{\alpha-1}L^{-\alpha}$$

或者

$$\sum_{i=1}^{j}(\beta+\theta R_a+\lambda)=\frac{aP(\alpha-1)C^{\alpha-1}L^{-\alpha}}{MW}$$

该公式建立了最低工资与企业人工成本的关系，其中，最低工资标准与企业生产函数（在文中以柯布-道格拉斯形式出现）、企业分配系数、社会分配系数等有关。假定在完全竞争市场中，产品价格是外生的，那么，可以认为最低工资与资本投入 C、劳动投入（即企业雇佣人数）有关，其关联程度取决于这两项生产要素前的系数 α、β、θ、λ 和 Ra。α 表示企业的技术水平；β 为企业分配系数，定义为企业各岗级工资与最低工资比的和；θ 为社会分配系数，定义为地区社会平均工资与最低工资之比；λ 为地区社会平均工资与房租均价之比；Ra 为地区社会保险缴费比例。上述系数中 α 和 β 是企业内生的，而 θ、λ 和 Ra 属于外生变量，主要与地区因素有关。我们在此定义企业分配系数 β：

$$\beta=\beta_1+\beta_2+\cdots+\beta_{j-1}+\beta_j=\sum_{i=1}^{j}\beta_j$$

$$\beta_1<\beta_2<\cdots<\beta_{j-1}<\beta_j$$

其中，β_1，β_2，…，β_j，分别代表企业中从最低到最高岗等的工资与最低工资的倍数。这一系数建立了企业工资与最低工资的关系，假定企业严格执行了最低工资制度，那么 $\beta_1>1$。某企业的岗级工资系数见表 3—7。

表 3—7　　某企业岗级工资系数实例

岗序	岗位名称	工资岗级	岗位人数
一岗	总经理	13	1
二岗	副总经理	11	3
三岗	部门总经理	8	8
四岗	部门副总经理	7	14
五岗	部门主管	6	26
六岗	部门主办	5	24
七岗	一级操作工	4	22
八岗	二级操作工	3	36
九岗	三级操作工	2	54
十岗	四级操作工	1.5	50
十一岗	五级操作工	1.25	67
十二岗	六级操作工	1	112

该企业最低岗级为十二岗，其工资岗级系数 $\beta_1=1$，也就是说是以最低工资为岗级工资，也表明该企业将最低工资作为岗级工资基数。最高岗级为一岗，工资岗级系数 $\beta_{12}=13$，该企业的分配系数为 $\beta=62.75$。通过这一系数，结合其他系数我们可以估算出企业的工资总额和社会保险费用，从而估算出其主要人工成本。

（二）最低工资调整如何影响制造业人工成本决策

最低工资标准调整影响制造业人工成本，进而影响企业与人工成本有关的决策，制造业企业面临人工成本上升、不变和下降三种情况，对此理性的企业会有不同的策略。一般而言，最低工资提高会使企业人工成本上升，为了规避人工成本上升，企业可以采取多种手段。常见的方法有减少雇佣人数，降低人均人工成本，或者同时使用两种策略。

在其他条件不变的情况下，减少雇佣意味着企业要用较少的人工达到过去的投入产出，因此可能会采用技术升级，引进更先进的设备以提高劳动效率，同时一方面会雇用高技能的工人，或者对原有的工人进行培训，以适应技术升级的需要。在这一路径下，企业势必会增加对现有雇员的投入和技术投入，在最低工资标准提高且对人工成本产生正向影响的前提下，企业需要权衡减少雇员和提升雇员人力资本的成本收益。

另外一种情况，制造业企业为应对社会责任和政府对就业的鼓励，可能不选择裁员，但为了消化人工成本上涨，会采取措施转嫁成本，常见的措施有：提高产品价格，将人工成本上升转嫁给消费者；削减对员工的投入，如控制员工薪酬增长，减少工资之外的福利、补贴以及各类文体活动等；减少正式用工，大量使用外包或者劳务派遣等。并不是所有的制造业企业都可以轻易转嫁成本，一方面取决于其所在的市场及其市场地位，另一方面取决于合同周期、政府规制、国际汇率等外在因素。通常，在各种成本同时上升的情况下，企业能直接控制的是人工成本，因此，暂停各岗位员工工资的增长是常用的方法，甚至牺牲员工工资的正常增长，来应对原材料、资本、土地和税费的增长。

如果企业难以承受工厂所在地的人工成本，那么可能选择退出最低工资上涨较快地区，转而到工资（或人工成本）水平更低的地区投资设厂。由于很多制造业企业属于劳动密集型企业，对于人工成本变化非常敏感，单位人工成本上升意味着总的人工成本有较大增长。近年来，随着内陆基础设施的完善和沿海劳动力成本的上升，很多制造业企业选择到内地省份设厂，沿海地区资本向内陆流动，促使内陆省份控制各项生产成本，其中很重要的就是人工成本，而表达劳动力成本低廉的一个信号就是工资。因此，在近年来的最低工资博弈中，沿海地区竞相提高最低工资推动了人工成本，内陆有的地区则竞相控制最低工资增长，为的是吸引劳动力回流。

不同类型的制造业企业应对人工成本的方式多种多样，在最低工资标准提高的情况下，理性的企业会选择自身效用最大化的策略，下面我们尝试以博弈论的基本思想阐述最低工资对企业决策的影响。

1. 企业与政府的博弈

在最低工资博弈中，博弈的参与者有政府、企业和工会。我们把三方博弈过程转化为两两博弈，也就是政府和企业的博弈，以及企业和工会的博弈，由于我们考虑的是最低工资对企业决策的影响，因此暂时不考虑政府和工会的博弈。

在政府和企业的博弈中，针对最低工资，可供政府选择的战略集合为（调整，不调整），其中，调整意味着最低工资标准上调。针对政府的行为，企业可选择的战略集合为（裁员，不裁员）。在现实中，企业为了应对最低工资带来的人工成本上升，可供选择的战略有很多，最常见的是裁员。

针对政府和企业的战略集合，博弈参与者的收益分别为政府（社会福利增加，社会福利减少），企业（企业福利增加，企业福利减少）。对政府而言，上调最低工资一方面可以改善社会收入分配状况，带来社会福利增加，但这要取决于企业行为，如果企业为规避成本上升进行裁员，那么社会上就会出现失业问题，在这种情况下，政府的社会福利就会减少。对企业而言，如果政府上调最低工资标准，其面临两种处境：要么保持现有雇员数量，但要承担更高的企业成本，这样企业就会出现企业福利减少，如果通过裁员保障企业福利不减少，那么就会出现企业福利增加。

假定博弈双方具有完全信息，而且行动过程是一次性的，不考虑之前最低工资调整的影响。在这个博弈中，最低工资政策是外生的，政府和企业要围绕最低工资调整对各自的收益所带来的影响进行博弈。博弈的重要前提是裁员对企业的影响。

企业

政府

	裁员	不裁员
调整	＋1，＋1	＋1，－1
不调整	－1，＋1	0，0

按照重复剔除严格劣战略原则，无论政府是否上调最低工资标准，企业的最优决策都是裁员，这一博弈中存在一个纳什均衡点（－1，＋1），也就是政府不上调最低工资标准，企业仍会裁员。博弈的一个重要前提是裁员对于企业的影响，如果企业承诺不调整最低工资就不裁员，那么博弈中就不存在严格劣战略，也不存在唯一

的纳什均衡。

企业

政府	裁员	不裁员
调整	+1，+1	+1，−1
不调整	−1，0	0，0

2. 企业与工会的博弈

最低工资还有一个被广泛运用的领域，就是供工会和企业工资集体协商参考，如果将前一个时期的最低工资调整作为一个既定事实，那么工会就可以此作为谈判依据要求企业涨工资。在里昂惕夫（1946）模型中，讨论了企业和具有垄断性质工会的工资谈判问题，工会和企业就既定的最低工资选择自己的策略，构成了一个博弈问题。

假定博弈双方是工会和企业，参与者具有完全信息而且可以进行多次谈判，在这样一个完全信息动态博弈中，工会的战略集合是（涨工资，不涨工资），企业的战略集合是（裁员，不裁员），工会具有工资水平的最终决定权，但企业可以根据工会的工资要求决定雇员数量。工会的效用函数为 $U(w, L)$，其中 w 为工会向企业开出的工资水平，L 为就业人数，而且 $U(w, L)$ 是 w 和 L 的增函数。企业以利润最大化为目标，利润函数为 $T(w, L)=R(L)-wL$，其中 $R(L)$ 是企业雇用 L 名工人可以得到的收入，假定利润函数也是增函数。

假定博弈的时序为：第一步，工会在最低工资信息下给出需要的工资水平 w；第二步，企业根据工会提出的要求，选择雇佣人数 L；第三步，收益分别为 $U(w, L)$ 和 $T(w, L)$。在工会第一阶段任意工资水平 w，我们得到第二阶段企业最优反映 $L(w)$ 的特征，利润函数的一阶条件为：$R'(L)=w$。

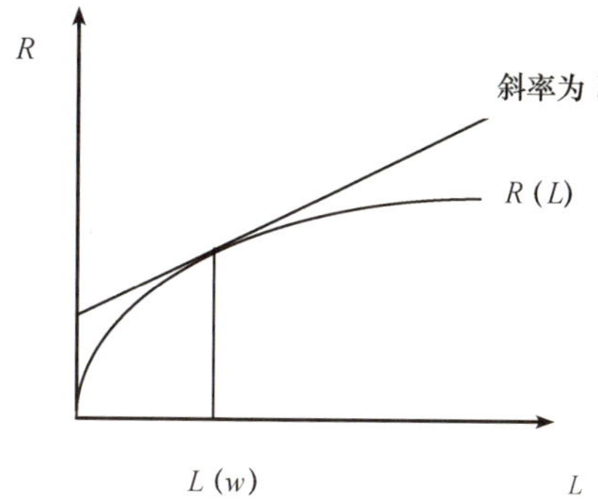

图 3—2　企业的无差异曲线

如图 3—2 至图 3—4 所示，供给曲线与利润曲线相切时，企业实现利润最大化，此时的雇佣人数为最优决策。若令 L 保持不变，w 降低时企业的利润就会提高。对于工会而言，若令 L 保持不变，W 提高时工会的福利才会增加，与企业相反，较高的无差异曲线代表了较高的效用水平。

由于工会可以预测到如果他要求的工资水平为 w_1，企业的最优反

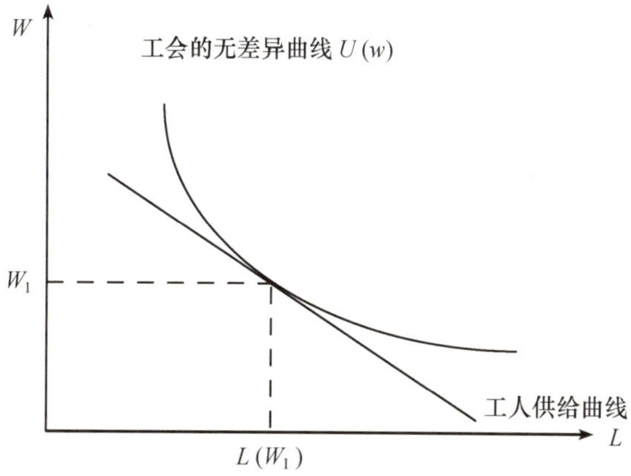

图 3—3　工会的无差异曲线

应是雇佣人数调整为 $L\times(w_1)$，那么工会在第一阶段的效用可表示为：$\max U(w, L\times(w_1))$，也就是工会希望在 w_1 条件下效用曲线处于最高位置上。对 W_1 求解使得工会的无差异曲线与工人的供给曲线相切。由图 3—4 可以看出，$(W_1, L\times(w_1))$ 是低效率的，而且，在两条无差异曲线距离之间都有效率提升空间。这一分析表明，基于最低工资的增长工资博弈是低效率的，除非改变博弈规则，如企业并不只是接受工会提出的工资条件，或者，工会也可以控制供给数量。

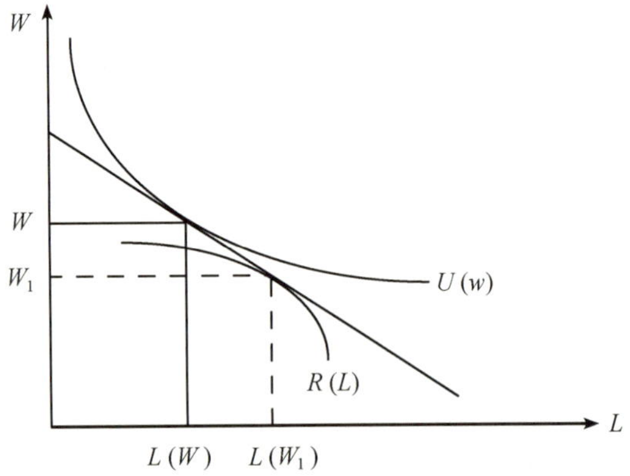

图 3—4 企业和工会的无差异曲线

(三) 最低工资对制造业人工成本的影响：来自 30 个城市制造业的证据

理论分析表明，最低工资对人工成本的主要构成存在关联机制，但并没有解释关联程度有多大，下面我们使用定量方法分析最低工资分别对工资、社会保险、教育培训、福利的影响。在这里，我们所指的人工成本是人均人工成本，对应的将工资总额转化为人均工资，将社会保险费用转化为人均社会保险费用，将教育和福利费用也转化为人均水平。我们关心的问题有两个：一是从历史上看，最低工资与制造业平均工资有何影响？二是从结构上看，最低工资与人工成本各项构成的相关程度有多大？

1. 数据

我们收集了两组数据：一组是分省份最低工资和制造业平均工资的面板数据，横截面包括 31 个省市，时间选取 2004—2012 年，数据来源为国家统计局 2004—2013 年历年的《中国统计年鉴》。另一组是分年份的制造业企业微观数据，数据来源于中国工业企业数据库（2004—2011），该数据库是基于国家统计局进行的“规模以上工业统计报表”取得的资料整理而成，数据库的统计对象为规模以上工业法人企业，统计的指标包括企业的基本信息、生产情况和主要财务数据，我们根据课题研究需要选择了以下指标（见表 3—8）。

表 3—8　　制造业企业指标、变量和代码表

指标	变量名称	代码
年份	Year	—
省（自治区、直辖市）	Province	B0562
地（区、市、州、盟）	City	B0563
地区代码	City code	B50
主要业务活动（或主要产品）	Product	B071
行业代码	Industry code	B07
登记注册类型	Ownership	B10
企业规模	Scale	B2213
资产总计	Asset	F318
工业总产值（现价）	Total output	V207

续表

指标	变量名称	代码
工业增加值	Value added	V211
全部从业人员年平均人数	Employees	V210
固定资产合计	Fixed asset	F309
主营业务收入	Income	F325
主营业务成本	Cost	F327
职工教育费	Training	F329
营业利润	Profit	F342
应缴所得税	Tax	F345
研究开发费	Research	F334
劳动、失业保险费	Unemployment insurance	F339
养老保险和医疗保险费	Retirement & medical care	F331
住房公积金和住房补贴	Housing	F3364
主营业务应付工资总额	Total wage	F350
主营业务应付福利费总额	Welfare	F352
直接材料	Raw materials	F3561

我们的研究对象是中国的制造业，由于我国不同地区制造业发展程度不均衡，从样本选择范围上，并不是全国各省市制造业数据的汇总，而主要选择制造业发达地区作为样本。所谓“发达”有两个标准：一是制造业产值（或增加值）在全国排名中位于前列，二是制造业在本地区属于支柱或主导产业。我们选择的制造业发达城市，是指制造业具有较强的综合发展能力和自主创新能力，在经济贡献、科技创新、环境保护和能源利用方面比较突出的城市。具体而言，制造业发达城市具有以下标准（见表 3—9）。

表 3—9　　　　制造业样本城市选择依据

1	制造业经济总量巨大，经济效益显著，成为城市重要的支柱产业
2	制造业基本实现新型工业化，具有良好的可持续发展能力
3	制造业对城市所在区域经济增长带动作用明显
4	制造业发展对环境污染少，能源消耗集约，属于“绿色制造”
5	制造业产业结构优化，产业集中度高，适应经济发展和市场竞争，核心竞争力强
6	拥有一批资本雄厚、技术先进、人才齐备和管理现代化的知名企业集团
7	制造业配套基础设施完善，门类较为齐全，要素市场规范有序，具有一定发展历史

资料来源：李廉水主编. 中国制造业发展研究报告 2013 [M]. 北京：科学出版社，2013：76.

根据以上定义和标准，我们选择了 30 个城市作为实证分析的研究对象，这 30 个城市分别是：北京、上海、天津、重庆、广州、深圳、东莞、中山、惠州、珠海、佛山、南京、无锡、苏州、镇江、杭州、宁波、济南、青岛、潍坊、长春、沈阳、西安、太原、石家庄、郑州、合肥、长沙、成都和厦门。

2. 方法

为了测算最低工资对企业人工成本的影响，在不考虑雇佣人数的情况下，我们首先建立最低工资与制造业平均工资的关系，选择制造业平均工资为因变量，各省最低工资为自变量，建立如下一元回归模型：

$$AW = a + \beta MW + u \qquad \text{式 (3—1)}$$

其次，对于最低工资、制造业的人均工资、人均社会保险费用、人均福利费用、人均教育培训费用以及人均住房补贴，使用皮尔逊检验考察各变量间的相关系数。

再次，在以上分析基础上加入企业所有制类型和规模两个控制变量，考察最低工资对不同类型制造业企业的影响。其中，企业所有制分为国有、私营和外资三种类型。国有企业为指标代码 110（代表国有企业）和 120（代表集体企业）的样本，私营企业为指标代码 170～174（不含联营企业）的样本，外资企业为代码 310～340（不含港澳台企业）的样本。

企业规模分为五类：资产规模低于 100 万元的，资产规模在 100 万～1 000 万元之间的，资产规模在 1 000 万～10 000 万元之间的，10 000万元～100 000 万元之间的以及 10 亿元以上的。

以制造业人均人工成本为因变量，地区最低工资、企业注册类型（ownership）和企业资产（asset）为自变量建立如下模型：

$$AW = c + \beta MW + \gamma ownership + \lambda asset + \varepsilon \qquad 式（3—2）$$

最后，我们考察人工成本（labor cost）、固定资产（fixasset）、税收（tax）和原材料（materials）对企业收入（income）和成本（cost）的影响，分别建立如下模型：

$$income = c + b1laborcost + b2fixasset + b3tax + b4materials + e \qquad 式（3—3）$$

$$cost = c + c1laborcost + c2fixasset + c3tax + c4materials + e \qquad 式（3—4）$$

3. 结果

为验证最低工资与制造业平均工资的相关程度，我们首先使用

2004—2012 年分省最低工资和制造业平均工资的面板数据，使用 Eviews 7.0 得到方程 1 的回归系数为：

$$AW=-167.01+3.08MW$$

$$(-2.2)\ (31.6)$$

$$R^2=0.78,\ SSE=452\ 347\ 16$$

该回归结果表明，最低工资是制造业平均工资变动的重要原因，最低工资与制造业平均工资具有显著相关性，相关系数为 3.08。结合经验数据我们认为，制造业平均工资约为最低工资的 3 倍，或者说在中国最低工资约为制造业平均工资的 30％左右。

其次，我们分别使用 2005 年、2007 年和 2011 年制造业企业的截面数据，考察最低工资与制造业其他几项构成的相关程度。其中，2005 年是国家《最低工资规定》出台后的第一年，2007 年是金融危机爆发期间，2011 年则是经济复苏之后最低工资开始快速增长的年份，因此，选择这三个年份的截面数据具有代表性。

根据皮尔逊检验结果，金融危机期间最低工资与人均福利费用关系不显著，在 2005 年和 2011 年最低工资与人均福利费用相关程度分别为 0.071 和 0.075。

同样，金融危机期间最低工资与人均社保费用相关性不显著，在 2005 年和 2011 年显著相关，相关系数分别为相关程度在－0.017～0.065 之间，与人均住房公积金相关程度在－0.018～0.121 之间，与人均职工教育费用相关程度在 0.065 和 0.06。

与人均住房公积金的关系方面，2005 年和 2007 年的结果不显著相关，2011年在0.01的置信水平上相关，相关系数为0.121。

最低工资与职工人均教育培训费用在不同年份的相关程度也有所差异，2005年关系不显著，2007年在0.05的置信水平上负相关，系数为-0.029。2011年在0.01的置信水平上正相关，系数为0.079。

三个年份的数据显示，最低工资与制造业人均人工成本显著相关，金融危机期间相关程度为0.025，2011年相关程度为0.197。

以上分析表明，最低工资除了与平均工资具有较强的关系外，与人工成本其他构成的相关性并不稳定，相关程度在不同条件下有所不同，尤其是金融危机期间，最低工资只与人均教育培训费用和人均人工成本有关，与教育培训负相关表明二者之间具有替代性。剔除金融危机的影响，最低工资对人均福利费用和人均社保费用的影响较为稳定，影响程度分别为0.07和0.06。三年的样本表明，最低工资对人均人工成本影响范围在0.025～0.197之间。

在以上结论基础上，我们首先增加企业所有制类型这一变量，分别对最低工资和人均人工成本进行回归，得到最低工资对国有、私营和外资三类企业人均人工成本的影响程度。见表3—10。

表3—10 最低工资对不同所有制制造业人工成本的影响程度

所有制类型	常数	回归系数	R^2	t值
私营企业	-19 627.184	24.46	0.192	10.43
国有企业	-5 078.971	8.41	0.037	5.469
外资企业	-16 421.823	21.46	0.047	6.243

回归结果表明，最低工资调整对私营企业人工成本影响最大，其次为外资企业，对国有企业影响程度相对较小。对方程的检验表明，最低工资可以在一定程度上（0.192）解释私营制造业人工成本的变化，最低工资变动1个单位，私营制造业人工成本变动24个单位。在国有企业和外资企业的最低工资与人工成本回归中，R^2分别为0.037和0.047，表明最低工资不能很好地解释国有和外资制造业人工成本的变化。从回归系数上看，最低工资对私营、外资和国有制造业平均工资的拉动程度分别为24.46、21.46和8.41。

此外，在其他条件不变的情况下，增加企业规模变量，分别对最低工资和人均人工成本进行回归，得到最低工资对五类资产规模的人工成本影响程度，见表3—11。

表3—11 最低工资对不同资产规模制造业企业影响程度

企业资产规模	常数	回归系数	R^2	t值
100万元以下	8 464.923	−5.69	0.107	−2.133
100万～1 000万元	−26.610	2.47	0.016	2.904
1 000万～10 000万元	−10 086.361	13.984	0.078	12.627
10 000万～100 000万元	−19 090.752	23.581	0.085	11.498
100 000万元以上	−63 082.966	69.730	0.072	5.603

回归结果表明，企业资产规模在100万元以下制造业人工成本的变化10.7%是由最低工资引起的，而且二者是负向关系，最低工资上升反而可能引起资产规模较小的企业人工成本下降，原因可能是最低工资引起的“替代效应”大于“收入效应”，也表明资产规模较小的企

业对人工成本承受力较弱。资产规模在100万元以上的制造业企业，最低工资对制造业人工成本影响不显著，最低工资仅能在不到10%的程度上解释其人工成本的变化。回归系数表明资产规模较大的企业人工成本规模也较大，在其他条件不变的情况下，资产规模越大，其雇佣成本越高。

最后，我们运用2011年的制造业企业数据判断人工成本是不是影响企业收入和总成本的主要因素，得到回归方程：

$$income = 20\ 719.796 + 5.578laborcost - 0.039fixasset + 4.620tax + 1.399materials$$

(1.002) (28.598) (−2.968) (10.982) (140.858)

$R^2 = 0.931$ $F = 14\ 202.167$

企业主要成本与营业收入回归结果表明，营业收入变化的原因中约有93.1%的比例可以由四项成本变化来解释，其中，企业人工成本、税收成本、原材料成本与收入正相关，成本投入越高的制造业企业收入也越高，在三项成本中，人工成本对制造业企业营业收入影响较大。

$$cost = 3\ 702.914 + 0.726laborcost + 0.348fixasset + 3.190tax + 1.116materials$$

(0.135) (2.8) (19.958) (5.706) (84.558)

$R^2 = 0.816$ $F = 4\ 745.879$

在各项成本与营业成本的回归中，四项成本加总可以在81.6%的程度上解释营业成本的变化，税收和原材料成本对企业总成本影响较大，人工成本不是影响制造业企业总成本最主要的因素。

五、主要结论与若干建议

本章围绕“最低工资调整对我国制造业人工成本变动影响”这一主题，首先回顾了我国制造业行业发展与现状，估算了我国制造业人工成本的规模，并分析了影响制造业人工成本变动的主要原因。其次针对近年来我国最低工资增长情况，结合制造业发达的珠三角和长三角地区，评价了最低工资与制造业人工成本的关系，并归纳了最低工资调整的主要经济社会影响。在此基础上，我们从理论上研究了最低工资与人工成本的关联，并运用面板数据和横截面数据，对二者的关联程度进行了实证分析。通过研究，我们得到以下结论，并提出相关建议。

（一）主要结论

根据《中国统计年鉴》和《中国高技术产业统计年鉴》估算 2016 年我国制造业人工成本总额为 4.5 万亿元。2012—2016 年我国制造业人工成本总额的年均增长速度为 13.28%，2012—2016 年制造业人均人工成本年均增速为 15.5%。2009 年以来，制造业人工成本总额增长的主要原因是工资总额和社会保险费用的增长，其中，制造业工资总额的增长主要是近年来制造业平均工资水平快速增长引起的。理论和实证分析表明，劳动力市场政策因素对制造业人工成本变动有明显的作用。

综合我国制造业人工成本变动和各地区最低工资标准增长的情况，围绕最低工资对制造业人工成本的影响，我们得出以下初步结论：

1. 最低工资调整对制造业人工成本变动有正向影响

根据调研的情况和理论分析，最低工资调整对制造业人工成本变动有影响，相关系数在0.025～0.197之间。

具体来看，调研发现最低工资调整对低工资行业、中小微企业以及劳动密集型企业人工成本有较大影响，对高收入行业、国有大中型企业以及资本技术密集型企业人工成本有间接影响。实证分析表明，最低工资调整对私营企业，以及资产规模100万元以下的制造业企业有显著影响。

2. 最低工资通过平均工资影响制造业人工成本变动

对于最低工资调整如何影响制造业人工成本变动，我们认为从影响机制上看，最低工资通过平均工资影响工资总额，由于工资总额与社会保险、教育培训和福利费用等具有一定关联，因此，最低工资与平均工资的关联是影响机制的关键。

通过调研得出以下判断：一是最低工资与企业基本工资、加班费基数、试用期、停工期以及病事假工资标准等挂钩，从而影响企业工资变化；二是最低工资标准上调对特定岗位工资有直接影响，对部分岗位产生工资“溢出效应”；三是对员工涨薪预期有导向作用，给企业涨工资带来舆论压力，最低工资标准是指导劳资双方工资集体协商的底线；四是最低工资标准是处理试用期劳动争议的依据；五是最低工资标准是处理“计件工资”劳动争议的依据。

考虑就业因素，从理论上看最低工资通过“收入效应”和“替代效应”影响企业人工成本，“收入效应”是指在其他条件不变的情况下，最低工资增长引起人均人工成本增加进而使人工成本总额增加。“替代效应”是指在其他条件不变的情况下因最低工资上涨对就业的挤出引起雇佣人数下降，进而使人工成本总额降低。

实证结果表明，最低工资与制造业平均工资显著相关，相关系数为 3.08。与人工成本其他构成相关关系在不同时期显著性存在一定差异。其中，最低工资标准与人均福利费用相关系数在 0.071～0.075 之间，与人均职工教育费用相关程度在 0.06～0.065 之间，与人均社保费用相关性不显著，相关系数在－0.017～0.065 之间。

3. 制造业总成本变动受最低工资政策影响程度有限

实证分析表明，在制造业样本企业中，相比原材料、固定资产和税收等其他成本，人工成本对营业收入具有较大影响，但在影响营业成本的诸多成本因素中，人工成本相关系数较小。另外，根据广东省人社厅的测算，最低工资对制造业总成本的影响程度为 0.01％，深圳市最低工资标准调整对制造业经营成本的影响程度为 0.034％。因此，可以判断最低工资标准对制造业总成本变动的影响较小。

（二）若干建议

1. 建立最低工资对劳动密集型行业评估体系

目前，我国部分地区已经开始对最低工资制度实施效果进行评估，这些评估主要是针对最低工资对地区的经济社会影响，有的评估包含了对地方支柱产业的影响。但是，从国家层面缺少最低工资对行业（尤其是劳动密集型行业）的评估。由于企业层面数据获取难度等原因，政策制定部门和学术界对“最低工资对劳动密集型企业的影响”缺乏系统研究。在最低工资调整过程中，我们还需要重点考虑对劳动密集型行业的影响，并且进一步研究上调最低工资标准对绝大多数资本密集型和技术密集型企业的影响。

根据我们的研究，建议在最低工资行业影响评估中设定相关指标进行监测，如本章中提出的“企业分配系数”，通过企业分配系数建立最低工资与企业承受力的关系，从而监测和跟踪最低工资对企业人工成本的影响。

2. 最低工资标准确定参考不同行业承受能力

从制造业发展的角度，我们建议各地政府部门在制定最低工资标准时，要重点考虑不同行业对最低工资标准的承受能力。目前，各地最低工资标准更多考虑的是地区物价、消费、平均工资和社保等因素，行业因素体现不够充分，但是各行业由于其自身特点对最低工资的承受能力差异较大。

国务院《关于深化收入分配制度改革的若干意见》中提出，“研究发布部分行业最低工资标准”。根据笔者调研和测算的情况，不建议针对制造业建立行业最低工资标准，建议各地在最低工资标准制定过程中要考虑行业因素，尤其是在考虑最低工资与社会平均工资关系时，鉴于极值的影响，我们建议选择收入中等水平的行业作为社会平均工资测算依据，参考国外经验，建议将制造业平均工资作为评价最低工资标准的一个指标，结合中国的经验数据，我们建议各地的最低工资标准定位在制造业平均工资的30%以上。

3. 探索制造业人工成本与工资有序增长机制

在国家“提低、扩中和限高”的收入分配导向下，一方面建议各地政府部门在保持最低工资标准适度增长的情况下，加大对企业执行最低工资的监管，发挥好最低工资标准在“提低”中的作用，促进企业建立职工工资正常增长机制；另一方面，还要稳慎把握最低工资调整的频率和调整幅度，减少捆绑在最低工资标准上不合理的挂钩因素。

在营业成本中，原材料成本、税收成本和固定资产折旧是外生因素，而人工成本是企业可以自主调节的变量，因此人工成本成为很多企业规避成本的途径。在处理制造业劳动密集型企业职工增资和企业人工成本控制关系上，我们建议一方面不要高估最低工资对制造业人工成本的影响；另一方面，要合理评估制造业企业营业成本变动原因和结构，出台减税、降息等政策措施缓解制造业企业总成本上升压力。

第四章 当前中国制造业劳动力成本比较优势研究

一、制造业劳动力比较优势已有研究

近年来，我国东南沿海一些地区的制造业企业因劳动力成本上升、生产经营困难等原因接连发生停产倒闭，或向越南、印度等一些东南亚国家转移，对我国制造业企业生存发展、产业转型升级和稳定地区就业等产生一定影响。劳动力成本上升一方面反映了制造业从业劳动者工资增长，对提高工薪劳动者收入，缩小收入分配差距和改善民生具有积极意义；另一方面，劳动力成本不断上升对劳动密集型制造业企业，尤其是中小企业，造成了一定程度的成本压力，对外商投资、地区就业和企业经营决策等带来一定负面影响。

制造业是我国经济社会发展的支柱产业之一，对国民生产总值、吸纳就业、上缴利税和环保节能等具有重要贡献。我国凭借丰富的劳动力资源和劳动力成本比较优势，获得了“世界工厂”的声誉，随着经济社会环境的变化，我国制造业的劳动力成本近年来出现了较快增长，在全球第三次工业革命背景下，中国政府提出《中国制造 2025》

战略目标，“中国制造”能否继续保持劳动力比较优势，是实现“制造业大国”向“制造业强国”转变的重要影响因素。

改革开放三十多年来，劳动力比较优势一直是我国制造业快速发展的核心竞争力，但近年来随着国内外经济环境、我国产业结构及劳动力市场等的变化，制造业劳动力成本开始出现较快上升。尤其是2008年金融危机以来，世界经济格局也在发生深刻变革，一些发达国家开始“制造业回归”，越来越多的资本开始涌向周边发展中国家，其他发展中国家劳动力成本优势开始显现，在此背景下，“中国制造”是否还具有劳动力成本优势？中国国内各地区间的劳动力成本是否与产业特点相适应？制造业劳动力成本上升带来哪些影响，主要推动因素是什么？当下，研究制造业劳动力成本的动态变化具有以下重要意义：

一是贯彻国家收入分配制度改革政策的需要。党的十八届三中、五中全会将缩小收入差距，调整收入分配格局作为改革重点内容。其中，需要在制造业等重点行业，落实“两同步”，进一步提高劳动者报酬比重，为跨越“中等收入陷阱”创造有利条件。

二是落实《中国制造2025》战略的需要。实施《中国制造2025》，推动制造业跨越式发展是未来一段时期内我国产业布局的方向，围绕制造强国战略，需要进一步提升我国制造业人力资本水平，提高劳动生产率，实现人口由“数量红利”向“质量红利”转变，保持劳动力比较优势，提升制造业国际竞争力。

三是支撑地方政府发展制造业的需要。结合我国各地产业发展情况，尤其是制造业发达地区产业结构升级的实际，通过研究各地区制造业劳动力成本变动趋势，为地方政府招商引资、产业布局和经济发展提供政策支持。

四是服务制造业企业劳动力成本决策的需要。在当前经济下行形势下，一些劳动力密集型制造业企业面临劳动力成本上升压力，对行业劳动力成本信息公共服务具有较大需求。政府部门有必要及时监测制造业劳动力成本，研究制造业劳动力成本问题，为制造业企业转型升级和可持续发展提供政策支持。

中国制造业乃至中国经济凭借多年以来的劳动力成本比较优势，取得了近三十年的经济高速增长，在一个新的发展阶段，原有的比较优势能否支撑中国制造业转型升级？制造业是否仍具有劳动力成本比较优势？如何实现比较优势的动态发展和可持续？需要进行深入研究。

1. 劳动力成本比较优势相关研究

(1) 理解比较优势。如何认识和理解比较优势（comparative advantage），芬德利（R. Findlay）在为《新帕尔格雷夫经济学大辞典》所撰写的综述中将比较优势定义为，一个国家只出口由它技术条件决定的比较机会成本低的商品。[①] 比较优势源于国际贸易理论，其含义是相对绝对优势（absolute advantage）而言的，如果生产者生产一种物品所需要的投入较少，就可以说该生产者在生产这种物品上具有绝对优势。亚当·斯密（A. Smith）在《国富论》中指出，两国间贸易的原则在于：绝对优势，当生产者以低于另一个生产者的机会成本提

① 芬德利. 新帕尔格雷夫经济学大辞典（第1卷）[M]. 北京：经济科学出版社，1996：558-562.

供商品时，则认为其具备了比较优势。大卫·李嘉图（D. Ricardo）在《政治经济学及赋税原理》中提出比较优势理论，直至今天，比较优势仍是经济学经典原理之一。①

保罗·克鲁格曼（P. Krugman）指出，国际贸易使得世界产出增长的原因是，它允许每个国家专门生产自己有比较优势的产品，如果一个国家在本国生产一种产品的机会成本（用其他产品来衡量）低于在其他国家生产该种产品的机会成本的话，则这个国家在生产该产品上就具有比较优势。一个部门的比较优势不仅取决于该部门相对于其他国家同一部门的劳动生产率，也取决于本国相对于外国的工资率，一个国家工资率又取决于其他产业部门的相对劳动生产率。②

贝拉·巴拉萨（B. Balassa）提出动态比较优势（dynamic comparative advantage），发展中国家面临这样一个选择，是按照现有的比较优势进行专业化生产，还是通过政府产业扶持进入目前还不具备但将来能够出现动态比较优势的产业。动态比较优势理论是对静态比较优势理论分析的延伸和发展，是贸易与经济增长理论综合考虑的成果，主要研究的是长期比较优势变化的决定因素及其对福利的影响。国外现有的关于动态比较优势理论的研究，主要分为三大类：基于要素变化的动态比较优势理论、基于技术进步的动态比较优势理论和基于其他因素变化的动态比较优势理论。

① 大卫·李嘉图. 政治经济学及赋税原理［M］. 北京：华夏出版社，2005：96-97.

② 保罗·克鲁格曼. 国际经济学（第8版）［M］. 北京：中国人民大学出版社，2004：12，23.

迈克尔·波特（M. Porter）提出竞争优势（competitive advantage）理论。在其《国家竞争优势》一书的前言中，波特提出："比较优势理论长期以来在国际竞争分析中处于主流和主导地位，而我则力主竞争优势应该是一国财富的源泉。比较优势理论一般认为一国的竞争力主要来自劳动力、自然资源、金融资本等要素投入，而我认为这些投入要素在全球化快速发展的今天，作用在日益减少。"[①] 按照波特的解释，竞争优势是取代比较优势，解释国家竞争力源泉的新的范式。然而，对于大多数发展中国家而言，能否跨越发挥比较优势的阶段，直接进入塑造竞争优势的阶段，答案并不确定。那么，如何理解比较优势和竞争优势之间的关系呢？林毅夫和李永军认为，在比较优势与竞争优势之间并不存在相互对立的替代关系；相反，只有充分发挥经济的比较优势，国家（或地区）才有可能创造和维持自己的产业竞争优势。[②]

亚历山大·格申克龙（A. Gerschenkron）在其《经济落后的历史透视》一书中，提出后发优势（late-mover advantage）的概念，相对于发达工业化国家的先发优势（first-mover advantage）。[③] 杰弗里·萨克斯（J. Sachs）、胡永泰和杨小凯在《经济改革和宪政转轨》一文中提出后发劣势，认为落后国家模仿发达国家的技术容易，但模仿发达

① 迈克尔·波特. 国家竞争优势［M］. 北京：中信出版社，2012：1.

② 林毅夫，李永军. 比较优势、竞争优势与发展中国家的经济发展［J］. 管理世界，2003（7）：21.

③ 亚历山大·格申克龙. 经济落后的历史透视［M］. 北京：商务印书馆，2012：14.

国家的制度很难。①

杨小凯和黄有光在其《专业化与经济组织：一种新兴古典微观经济学框架》一书中，阐述了内生比较优势（endogenous comparative advantage）的理论。许多经济学家认为，李嘉图的比较优势概念比斯密的基于报酬递增的分工经济理论是一个进步，然而，在杨小凯和黄有光看来，斯密基于专业化报酬递增的分工经济概念比李嘉图的比较优势概念重要得多，如果事前相同的个人选择不同的专业化水平生产不同的产品，只有专业化报酬递增，就可能存在比较优势。按照斯密的定义，比较优势可能存在于所有个人事前相同的场合，而按照李嘉图的定义，这种场合下的比较利益不可能存在。杨小凯将基于斯密分工理论产生的比较优势称为内生比较优势。②

托达罗（M. Todaro）在《第三世界的经济发展》中提出比较优势陷阱（comparative advantage trap）理论，一国（尤其是发展中国家）完全按照比较优势，生产并出口初级产品和劳动密集型产品，则在与技术和资本密集型产品出口为主的经济发达国家的国际贸易中，虽然能获得利益，但贸易结构不稳定，总是处于不利地位，从而落入“比较利益陷阱”③。

① 林毅夫. 后发优势与后发劣势：与杨小凯教授商榷［M］//发展战略与经济发展. 北京：北京大学出版社，2004：78-79.

② 杨小凯，黄有光. 专业化与经济组织：一种新兴古典微观经济学框架［M］. 北京：经济科学出版社，1999：5-6.

③ ［美］迈克尔·P. 托达罗. 第三世界的经济发展［M］. 北京：中国经济出版社，1992.

综上分析，比较优势、竞争优势、后发优势等概念，虽然在提出的背景、逻辑基础和论述角度方面存在差异，但其核心思想有共同性，本研究认为上述概念不存在本质上的差异。

（2）关于劳动力比较优势的研究。理解劳动力成本比较优势（comparative advantage of labor cost），首先要讨论劳动力比较优势，如果从经济学理论角度入手，二者可以视为同一概念，因为比较优势的核心在于生产的机会成本，因此，从宏观角度看，劳动力成本高低决定了一国是否具有比较优势。如果从更广泛的视角来看，劳动力比较优势涵盖更多方面，不仅包括劳动力成本，还包括劳动力数量、人力资本水平以及劳动力市场效率等其他因素。

具体到制造业的情况看，广义的劳动力比较优势对于投资经营者更有意义，尤其在中国制造业劳动力成本绝对水平上升较快的情况下，是否在中国投资建厂，需要考虑劳动力成本之外的诸多因素，比如中国工人的劳动生产率、遵守劳动纪律的情况以及法律风险等。然而，这种更接近现实的讨论，或多或少地会偏离我们的中心议题，因此，我们将集中分析狭义的劳动力比较优势，也就是劳动力成本比较优势的相关问题。

对于一国制造业是否具有劳动力成本比较优势，可以用单位劳动力成本（unit of labor efficiency）来衡量，其算法为劳动报酬与劳动生产率的比值。由于二者都是总量与劳动者人数的比，所以，也可以表示为劳动报酬与工业增加值（或总产值）的比值。

其中，按照最新的会计准则，劳动报酬既可以等价于劳动力成本的概念，也可以等同于狭义的劳动报酬，即工资总额，包括劳动者获得的各种形式的工资、奖金和津贴，既有货币形式的，也有实物形式的，还包括劳动者所享受的公费医疗和医药卫生费、上下班交通补贴、单位支付的社会保险费、住房公积金等。对于个体经济来说，其所有者所获得的劳动报酬和经营利润不易区分，这两部分统一作为劳动者报酬处理。中国的劳动报酬数据主要有以下来源：《中国统计年鉴》《中国劳动统计年鉴》和《中国国内生产总值核算历史资料（1952—2004）》。

行业劳动生产率是指一个国家（或地区）分部门和产业（行业）劳动投入产出比率。一般认为，美国是世界上最早对产业部门劳动生产率进行规范性测算的国家，1926 年美国劳工统计局用“人时”来衡量投入的劳动量，用产出增加值作为产品生产量的代表来计算劳动生产率，现在各官方机构统计报告中所公布的劳动生产率指标基本都是用该方法得出的。与其对应的另一种方法是“函数法”，该方法主要以生产函数来表达投入产出关系，并对其进行相关变换来测算劳动生产率、资本生产率与全要素生产率之间的关系，由于所使用的生产函数不同，形成了不同方法与流派，主要有丹尼森方法、索洛方法和乔根森方法。

2. 我国制造业的比较优势

（1）国际贸易理论的视角。对于中国制造业劳动力成本比较优势的成因，存在多种解释。其中，资源禀赋说提供了一个较为直接的视角，赫克歇尔-俄林模型（Heckscher-Ohlin model）中，在一定技术条件情况下，不同国家生产要素的禀赋差异是形成比较优势的主要源泉，即便是放松生产函数既定假设，对于技术相对落后的国家，也可以凭借自然资源、劳动力资源等资源禀赋获得比较优势。[①]

在以克鲁格曼、赫尔普曼为代表的新贸易理论看来，国家之间的贸易不完全是因为比较优势，而是国家的历史、偶发事件和产品差异等原因引起的，表现为不同国家因规模报酬递增带来的国际分工。在讨论比较优势时，不同理论往往强调单一要素的作用，除了对劳动力成本的关注，一些学者也将注意力集中在技术、资本、人力资本，如格罗斯曼和菲尔普曼、多勒尔等提出技术差异、创新是最重要的比较优势。

国际贸易的扩大要求各个发达国家和发展中国家按照各自的比较优势来组织生产活动。发达国家经过长期的发展和积累，要素禀赋结构的特性是资本相对丰富、劳动力相对短缺；发展中国家则是资本相对稀缺、劳动力相对丰富。所以，发达国家在资本密集型产品的生产上具有比较优势，发展中国家在劳动力密集型产品的生产上具有比较优势。[②]

（2）经济增长理论的视角。林毅夫、蔡昉和李周在总结日本、韩国战后经济起飞的经验中指出，由于这些经济感受到赶超战略的高成本和沉重代价，因而较早地放弃了与其比较优势相抵触的赶超战略，

① 杨先明. 增长转型与中国比较优势动态化研究［C］. 北京：社会科学文献出版社，2015.

② 林毅夫. 自生能力、经济发展与转型：理论与实证［M］. 北京：北京大学出版社，2004：3.

转而按照各自的资源禀赋条件，积极发展劳动密集型产业，从而增加了出口和经济的外向型程度，达到了比较优势的充分利用。由此，提出中国的发展模式应充分利用比较优势，如果一个经济的产业和技术结构能充分利用其资源禀赋的比较优势，那么这个经济的生产成本就会低，竞争能力就会强，创造的社会剩余也就会多，积累的量也就会大。①

林毅夫基于自生能力，提出一个经济的最优产业结构是由其要素禀赋结构所内生决定的，欠发达国家的政府可以选择替代性的遵循比较优势的战略，鼓励企业进入该国具有比较优势的产业，在生产中选择能够使企业具备自生能力的技术。②

蔡昉、王德文和王美艳从专业化分工视角，提出以经济发展阶段来判断，中国的比较优势仍然是在劳动密集型产业。而且，劳动力丰富的资源禀赋特征也决定了中国在很长的时期里将在劳动密集型产业中保持比较优势。计算相对显示性比较优势指数，也可以看到中国的比较优势所在。③ 蔡昉和王德文分析了国内地区间的区域比较优势，提出禀赋的和显性的两种比较优势，通过劳动力集中指数区分了不同地区间劳动力比较优势。④ 蔡昉、王德文和王美艳从工业竞争力和企

① 林毅夫，蔡昉，李周．比较优势与发展战略：对“东亚奇迹”的再解释［J］．中国社会科学，1999（5）：4-18.

② 林毅夫．发展战略、自生能力和经济收敛［J］．经济学季刊，2002，1（2）：272-304.

③ 蔡昉，王德文，王美艳．渐进式改革进程中的地区专业化趋势［J］．经济研究，2002（5）：30.

④ 蔡昉，王德文．比较优势差异、变化及其对地区差距的影响［J］．中国社会科学，2002（5）：42-51.

业竞争力的角度，提出一个国家的工业是否遵循比较优势原则，决定了该国工业总体的竞争力。如果一个拥有丰富劳动力资源的国家选择了以劳动密集型产业为主导的工业结构，则意味着其比较优势得到了比较充分的发挥。①

王云平研究发现，中国制造业的比较优势不能等同于一般理论界所认为的仅仅是劳动力比较优势，而是劳动力成本和其他因素，如技术创新能力、基础设施、产业政策等综合比较优势的体现。近年来，中国制造业的综合比较优势面临新的机遇与挑战，其中面临的一个重要挑战就是劳动力成本不断上升，另外，资源环境约束、出口环境恶化以及发达国家产业重新布局等因素，也造成了中国制造业比较优势的减弱。②

实施后发优势战略，一方面可以在一定程度上缓解比较优势战略实施的约束条件，另一方面也能先导性地建立一些具有长远利益的新产业，以后发优势带动比较优势，超脱传统比较优势的束缚，形成一种动态的比较优势，使产业结构既具有自己特色，又可以不断地向上升级。③

冯飞和隆国强等基于要素升级视角，提出低成本模式虽然在一国经济发展的最初阶段具有积极作用，但随着经济发展到一定程度，其

① 蔡昉，王德文，王美艳. 工业竞争力与比较优势：WTO 框架下提高我国工业竞争力的方向［J］. 管理世界，2003（2）：58-66.

② 王云平. 中国制造业综合比较优势分析［M］. 北京：经济管理出版社，2014：1-2.

③ 何国勇. 比较优势、后发优势与中国新型工业化道路研究［D］. 武汉：华中科技大学，2004.

先天弊端逐渐暴露，如粗放式增长对资源的浪费和环境的破坏，劳动力素质长期得不到提高，创新能力长期处于较低水平，低工资导致消费能力不足等问题，建议通过产业升级来逐步摆脱低成本模式，如通过不断创新，实现资本、技术和劳动力等要素升级。①②

3. 我国制造业的劳动力成本优势

制造业劳动力成本比较历来受到一些国家和机构的重视，如美国劳工统计局（U. S. Bureau of Labor Statistics）开展的劳动生产率和劳动力成本项目（labor productivity and costs），对本国及 20 多个世界主要经济体的主要部门生产率和小时劳动力成本开展监测，其中包括制造业劳动力成本的国际比较，对服务美国重大经济决策提供了有效的支撑。③

近年来，一些研究报告开始关注中国制造业的劳动力成本问题。2014 年，经济学人智库（Economist Intelligence Unit）发布《优势依旧——中国制造业劳动力成本分析》报告。报告指出，2001—2012 年，中国每小时制造业劳动报酬的年均增幅为 11.9%（按本币计算），尽管制造业劳动力成本大幅上升，但中国在国际上仍将保持很强的竞争力。2012 年中国制造业工人的每小时工资平均为 2.1 美元，作为比较，美国的这一数据高达 35.7 美元，德国和法国分别达到 45.8 美元/

① 冯飞. 要素成本上涨对中国制造业的影响及相关政策研究［M］. 北京：中国发展出版社，2013：62-65.

② 隆国强. 中国比较优势的新变化与对策［M］. 北京：中国发展出版社，2013.

③ 参见：美国劳工统计局“劳动生产率与劳动力成本”项目主页. http://www.bls.gov/lpc/home.htm.

小时和39.8美元/小时。报告预计中美两国制造业间的劳动力成本差距将会缩小，但到2020年时中国的劳动力成本仍将不足美国的12%，中国制造业劳动力成本仍会低于巴西、墨西哥和土耳其；到2019年，中国制造业小时劳动力成本与越南、印度数据之比将分别从2012年的147%和138%上升至177%和218%。①

联合国工业发展组织（United Nations Industrial Development Organization，UNIDO）和世界经济论坛（World Economic Forum）联合发布的《制造业未来：驱动力，投资可能》（*The Future of Manufacturing: Driving Capabilities, Enabling Investments*）认为，2015—2020年全球制造业价值链体系面临许多新挑战。其中，一是作为主要制成品供应国的中国面临劳动力成本的持续上升，其影响一是生产能力向潜在的低工资国家转移；二是中国制造向更高的价值链和市场升级。发达国家工资增长率仍将保持低速增长，而发展中国家的工资增长将加快，发展中国家和发达国家之间制造业工资差距将进一步缩小，然而，企业对于未来生产地点的选择将更多考虑贴近消费者市场和供应链，而不是工资差距。②

波士顿咨询集团（The Boston Consulting Group，BCG）发布《全球制造业的经济大挪移——全球的成本竞争力如何变化》（*The Shifting Economics of Global Manufacturing: How Cost Competi-*

① 参见：经济学人（中国），2014-11. www.eiu.com/china.

② 参见：世界经济论坛官网，2015-12. http://www3.weforum.org/docs/Media/GAC14/Future_of_,Manufacturing_Driving_Capabilities.pdf.

tiveness Is Changing Worldwide）显示，中国的制造成本已经与美国相差无几。在全球出口量排名前 25 位的经济体中，以美国为基准（100），中国的制造成本指数是 96。这一是因为中国工人的薪资提高，依据生产力调整后的工资水平从 2004 年的 4.35 美元时薪涨到 2014 年的 12.47 美元，涨幅达 187%。二是汇率变化，2004—2014 年人民币对美元的汇率升了 35%。[①] 同上述报告观点类似，牛津经济研究院（Oxford Economics）的一份报告也指出，中国的薪酬增长远远超过生产效率的增长，叠加人民币走强的影响，中国单位劳动力成本已经只比美国低 4%。[②]

国内一些机构和学者也发布了许多制造业劳动力成本比较的成果。如《中国工业发展报告 2014》指出，中国工资水平在过去 10 余年大幅增长，制造业平均工资超过大多数东南亚国家和南亚国家，劳动力成本优势已成往事。报告援引日本贸易振兴机构在 2013 年 12 月至 2014 年 1 月所做的调查数据指出，上海普通工人的月基本工资为 495 美元，分别是吉隆坡、雅加达、马尼拉、曼谷、河内、金边、仰光、达卡、新德里、孟买、卡拉奇、科隆坡的 1.15 倍、2.05 倍、1.88 倍、1.35 倍、3.19 倍、4.9 倍、6.97 倍、5.76 倍、2.2 倍、2.38 倍、3.21 倍、3.8 倍。[③] 中国人民银行 2012 年在四川的调查结果显示，1996 年以来，四川省工业企业劳动力成本增速开始超过劳动生产率增速，劳动密集型企业和中小企业单位劳动力成本上升明显，四川地区

① 参见：波士顿咨询公司网站，2015-8. http://www.bcgperspectives.com/content/articles/lean_manufacturing_globalization_shifting_economics_global_manufacturing/.

② 参见：财经网，2016-3. http://economy.caijing.com.cn/20160317/4090475.shtml.

③ 参见：搜狐财经，2014-12. http://business.sohu.com/20141215/n406969822.shtml.

相比东部地区的劳动力成本优势开始显现等。都阳和曲玥（2009）、魏浩和郭也（2013）、王燕武（2011）等人的研究也表明，中国制造业小时劳动报酬、小时劳动生产率都表现为日益增加的态势，单位劳动力成本整体表现为先下降、后逐渐增加的态势。

总体来看，近年来随着制造业企业工资水平的较快增长和社会保险缴费的增加，中国制造业劳动力成本出现较为明显的上升趋势。制造业劳动力成本绝对水平的大幅提高已是不争的事实，然而，中国制造业是否还具有比较优势，未来是否还具有成本上升空间，不仅要看绝对水平，还要考虑劳动生产率的提高等因素。针对中国制造业劳动力成本的国际比较，已有成果中观点不尽相同，这其中既有估算方法的原因，也不能排除一些机构研究立场的问题。

综上所述，根据对比较优势、劳动力比较优势以及制造业劳动力成本国际比较等文献的不完全汇总，得出以下基本结论：一是改革开放以来，正是由于遵循了比较优势原理，在发展战略中选择低成本战略，才在以制造业为代表的经济发展中取得了良好的绩效；二是随着要素成本上涨，在产业结构升级进入新阶段的情况下，劳动力成本比较优势遇到了新的挑战，对当前我国是否仍具有劳动力成本比较优势，国内外开始出现不同看法和争议；三是无论是基于过去还是当前的情况，在制造业转型升级的要求下，参考发达工业化国家的历史，中国制造业未来发展不能长期依赖劳动力低成本优势，寻找和培育新的比较优势是当务之急，如何形成新的劳动力比较优势，将成为未来一段时间内的重要研究议题。

劳动力成本研究离不开数据，数据的可得性和可靠性是本项研究的基础，综合目前国内外围绕该主题的实证研究，利用率较高的数据来自国家统计局工业统计数据库，许多学者（如曲玥等）使用1997—2008年的规模以上工业企业数据发表了一系列文章。作为微观数据的代表，该数据库具有诸多优点。然而，该套数据最新更新到2011年，对于研究当前制造业相关问题，难以达到时间方面的要求。①

另外一个官方数据源是国家统计局的《中国统计年鉴》《中国劳动统计年鉴》和《中国工业统计年鉴》中关于制造业的宏观数据，该套数据的优点是权威性和可靠性较高，而且历年统计口径基本一致，可作为对宏观形势判断的支撑。然而，该套数据难以支撑较为复杂的计量分析。

课题组通过收集国家统计局2010年以来的年鉴数据，整理了分省、分细分行业的制造业工资总额、平均工资和城镇单位就业人员数据，使用目前社会科学领域常用的定量分析方法，运用SPSS和Eviews等软件，检验制造业劳动力成本（主要是工资成本）变动对制造业企业经营行为的影响。

基于上述数据，本章的写作思路为：

第一步，考察我国制造业劳动力成本及其各项主要构成的总体变化，以形成对制造业劳动力成本变动趋势、幅度和增速的总体判断。同时，基于行业增加值测算劳动生产率的同期变化情况。

① 该数据库来自国家统计局，具有较高的权威性，但目前尚不对外公开，对机构使用者来说，购买费用高昂。

第二步，分地区、分制造业细分行业测算制造业劳动报酬变动情况，重点考察东部、中部、西部典型省份制造业劳动力成本变动情况，以及按劳动密集型、资本密集型和技术密集型制造业细分行业的劳动报酬成本变动。

第三步，基于调研情况，主要从企业管理的视角，总结当前制造业企业招工、用工成本和用工管理等方面面临的问题与挑战，这些问题中有的直接关系到劳动力成本，有的间接关系到劳动力成本，是制造业微观层面急需解决的。

第四步，基于国家统计局数据分析劳动力成本比较优势变化对制造业企业行为的影响，如对投资、转移、创新和出口等的影响，主要考察制造业企业行为与劳动力成本上升的相关性。

第五步，结合收入分配政策、产业政策及劳动力市场变化，分析当前推动制造业劳动力成本上升的主要原因。

第六步，综合国际劳工组织、联合国工业发展署等国际组织的数据，分析比较中国与发达国家、东南亚国家和同类发展中国家的制造业小时劳动成本、劳动生产率及单位劳动力成本。

第七步，基于党中央、国务院关于《中国制造 2025》规划、各地区间制造业发展规划，以及完善制造业工薪劳动者工资正常增长等政策目标，以制造业企业公共服务需求为导向，提出若干降成本、促升级的政策建议。

二、我国制造业的劳动力成本：现状与挑战

（一）制造业劳动力成本变动总体情况

根据国家统计局分行业城镇单位就业人员工资总额估算，2003—2015年，我国制造业劳动力成本总量由0.58万亿元增加到4.42万亿元，年均增速为18.3%；人均劳动力成本由2010年的2.23万元/人增加到8.64万元/人，年均增速为14%，其中，2014年和2015年人均劳动力成本增速降至6.9%和5%。

制造业劳动力成本构成中，以2014年为例，从业人员劳动报酬约占72.03%，保险费用比重为12.99%，福利费用约占5.7%，教育经费比重为0.76%，劳动保护费用比重为1.03%，住房费用比重为2.52%，其他劳动力成本约占4.96%。

1. 制造业劳动报酬变动情况

在劳动力成本各项构成中，比重最高的是工资总额，2012—2015年历年制造业工资总额增速分别为17.5%、39%、9.9%和4.9%，2013年以来工资总额增速下降明显。

2015年，我国制造业城镇单位就业人员平均工资为55 324元，低于当年全国城镇单位平均工资（62 029元）。1995年以来，制造业城镇单位名义工资年均增速为13%，近五年来年均增速为13.7%，较金融危机之前的工资增速（12.5%）有所加快。

制造业劳动报酬的增长有两种可能：一种可能是在制造业用工规

模平稳的前提下，制造业平均工资出现大幅提高；另外一种可能是制造业就业人数和平均工资都出现了增加。近年来的数据表明，制造业工资总额的增加是第一种情况造成的。考察1995—2015年我国制造业就业人数发现，制造业就业人数呈现先下降后上升的趋势，2003年出现拐点，之后至2009年一直呈现较快增长，2010年以来就业规模趋于稳定，其中，城镇单位（含私营）就业总人口保持在8 000万人左右。而近年来制造业平均工资增长较快，是造成制造业工资总额上升的主要原因。

2. 制造业劳动生产率变化情况

根据国家统计局的数据，按照制造业城镇单位和私营个体单位就业统计口径计算，2010年制造业就业人口7 807万人，创造增加值13万亿元，制造业劳动生产率为16.69万元/人。2015年制造业就业人口达到1.03亿人，制造业增加值为21.6万亿元，制造业劳动生产率为21万元/人。近五年间，制造业劳动生产率年均增速为4.7%，如图4—1所示。

3. 制造业劳动力成本投入产出变动情况

与劳动力成本水平不断攀升情况不同，制造业劳动力成本利润率自2005年以来呈现先上升后下降的趋势。其中，以2010年为拐点，制造业劳动力成本利润率由105.2%下降到2013年的88.8%，反映了经济下行背景下制造业经济效益水平的下滑态势。同期，制造业人事费用率相对稳定，自2005年以来基本在6.3%～6.9%之间浮动，除2008年金融危机期间总体呈下降趋势，2014—2015年又有所反弹。制

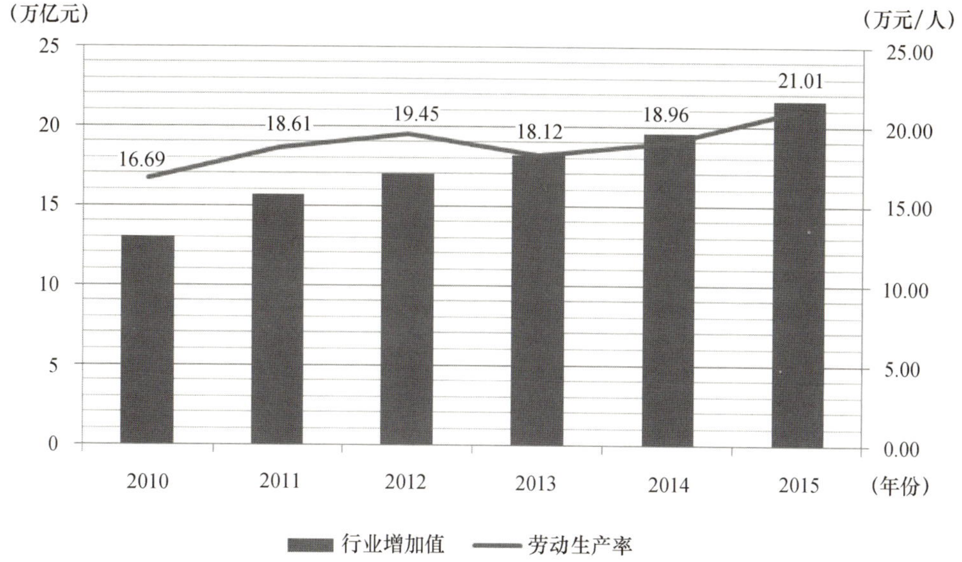

图 4—1　2010—2015 年制造业行业增加值及劳动生产率变化情况

数据来源：根据相关年份《中国统计年鉴》测算整理。

造业劳动力成本占总成本比重基本保持在 7.0%～7.7%之间，2013 年达到 7.7%，为 2005 年以来最高值。制造业劳动分配率呈现逐年提高的趋势，由 2005 年的 24.5%上升到 2013 年的 35.2%，表明近年来在收入分配制度改革背景下，制造业劳动报酬比重实现了稳步提高。

（二）分地区制造业劳动力成本的变动

1. 分地区制造业劳动报酬变动情况

根据国家统计局的数据，2011 年国内制造业劳动报酬最高的五个省份分别是广东（1 895.7 亿元）、江苏（1 347.9 亿元）、浙江（1 346 亿元）、山东（1 198.8 亿元）和上海（1 162.8 亿元）。2016 年，制造业劳动报酬最高的省份仍然是上述五个省份，其中，山东超越浙江排名第三。增速方面，除西藏外，广东、江苏和河南制造业劳动报酬增长较快，增速排名后三位的分别是山西、黑龙江和福建。总体情况看，中部省份制造业劳动报酬增长整体快于东部省份。见表4—1。

表4—1　2011—2016年我国分省制造业劳动报酬变化情况

（单位：亿元）

省份	2011年	2012年	2013年	2014年	2015年	2016年
北京	613.8	695.2	763.7	813.4	839.6	861.9
天津	549.6	687.4	768.3	781.1	812.2	740.9
河北	428.1	535.2	608.1	649.0	682.6	697.5
山西	213.4	242.5	269.8	276.5	273.0	267.0
内蒙古	147.7	179.0	217.7	227.0	237.6	236.5
辽宁	609.5	668.8	821.1	833.1	796.7	754.8
吉林	229.9	260.3	409.3	452.8	465.1	479.0
黑龙江	207.2	235.3	261.2	266.4	265.4	261.3
上海	1 162.8	1 435.1	1 538.5	1 679.6	1 742.8	1 781.8
江苏	1 347.9	1 555.3	3 036.1	3 570.1	3 777.7	3 790.5
浙江	1 346.0	1 521.3	1 650.0	1 797.9	1 841.8	1 900.0
安徽	310.9	384.2	531.3	587.4	618.1	659.5
福建	952.5	1 129.2	1 091.7	1 153.4	1 193.4	1 241.6
江西	266.5	273.5	493.1	570.9	632.6	692.7
山东	1 198.8	1 448.1	1 807.5	1 934.2	2 028.0	2 098.5
河南	563.0	693.1	1 034.1	1 245.9	1 424.3	1 543.1
湖北	594.5	629.3	815.0	898.5	945.5	991.5
湖南	449.8	512.4	579.7	626.5	634.3	591.4
广东	1 895.7	2 306.8	4 756.7	5 376.2	5 752.4	6 055.8
广西	200.1	235.6	304.1	328.1	352.9	357.8
海南	25.4	33.3	43.6	44.1	46.3	45.6

续表

省份	2011 年	2012 年	2013 年	2014 年	2015 年	2016 年
重庆	279.8	322.8	401.5	469.9	526.2	553.2
四川	464.6	533.3	916.6	864.8	842.4	838.9
贵州	138.9	170.8	199.8	210.6	221.2	232.8
云南	209.5	256.8	299.9	310.6	314.6	331.1
西藏	1.9	2.5	4.8	5.3	6.7	6.4
陕西	303.4	341.3	476.6	519.7	552.1	558.9
甘肃	122.0	141.6	182.1	184.9	181.1	180.3
青海	41.8	49.7	53.3	57.5	55.9	58.1
宁夏	38.4	43.3	54.8	66.1	67.4	64.5
新疆	117.7	145.1	176.9	210.0	211.6	216.0

数据来源：根据相关年份《中国统计年鉴》测算整理。

2. 分地区制造业人均工资变动情况

从制造业城镇单位人均工资情况看，2011 年上海、北京、天津、新疆和江苏位居前五位，人均工资水平分别为 61 491 元、56 742 元、49 023 元、39 883 元和 37 720 元。2016 年，制造业城镇单位平均工资最高的是北京、上海和天津，水平分别为 97 600 元、96 813 元和 73 550 元（见表 4—2）。

以北京、天津等为代表的东部沿海的 8 个省份，制造业工资年均增速较快。其中，江苏增速最快，年均增速 12.17%；广东其次，年均增速 11.76%。相比东部省份，中部 8 个省份制造业工资增长较慢，最快的是重庆，年均增速 11.41%，多数省份年均增速在 8%～10%之间，个别省份如河南、江西在个别年份制造业工资增速为零增长（见

表 4—2　　2011—2016 年东部 8 省（市）城镇单位制造业平均工资变化情况　　（单位：元）

省份	2011 年	2012 年	2013 年	2014 年	2015 年	2016 年
北京	56 742	64 235	72 915	80 418	88 934	97 600
天津	49 023	56 786	63 093	64 864	71 931	73 550
上海	61 491	65 032	71 305	79 795	86 536	96 813
江苏	37 720	42 641	53 980	58 409	62 731	66 994
浙江	35 363	40 464	45 895	51 295	55 370	60 390
山东	32 069	36 833	41 202	45 519	48 519	52 255
广东	35 772	41 712	45 829	52 308	57 419	62 383
辽宁	36 417	39 507	45 416	49 585	51 623	56 546

数据来源：根据相关年份《中国统计年鉴》数据整理。

表 4—3）。结合 16 个省份的趋势看，自 2013 年以来，制造业工资增速显著放缓（见图 4—2 和图 4—3）。

表 4—3　　2011—2016 年中部 8 省（市）城镇单位制造业平均工资变化情况　　（单位：元）

省份	2011 年	2012 年	2013 年	2014 年	2015 年	2016 年
河北	32 695	36 613	40 169	43 950	47 678	50 970
河南	30 012	33 803	33 951	37 944	41 338	43 783
安徽	36 355	42 393	43 980	48 259	50 945	54 614
重庆	36 466	40 448	47 621	53 207	57 993	62 584
四川	33 210	36 243	44 259	48 770	52 110	56 439
湖北	35 824	39 394	42 959	46 966	49 971	54 033
湖南	35 652	39 788	43 356	47 709	51 265	54 423
江西	31 158	39 023	39 351	42 976	46 020	49 564

数据来源：根据相关年份《中国统计年鉴》数据整理。

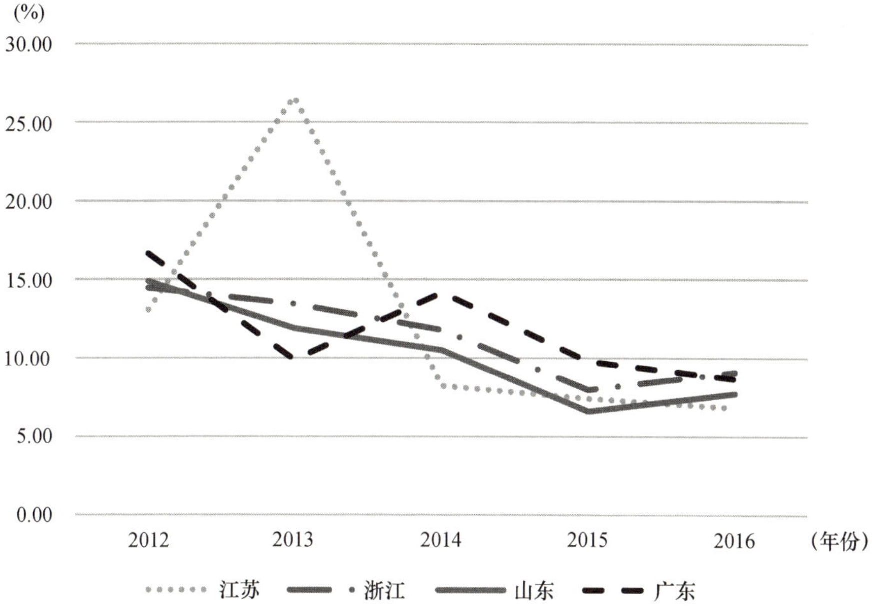

图 4—2　2012—2016 年东部 4 省城镇单位制造业平均工资增速情况

数据来源：根据相关年份《中国统计年鉴》数据整理。

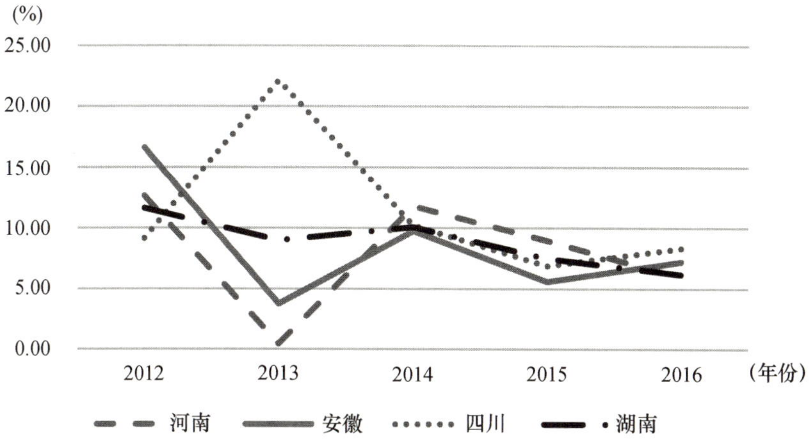

图 4—3　2012—2016 年中部 4 省城镇单位制造业平均工资增速情况

数据来源：根据相关年份《中国统计年鉴》数据整理。

3. 分地区制造业人工成本水平变动

根据劳动工资研究所2015年调研的数据，北京（10.2万元/人）、上海（10.1万元/人）、天津（8.7万元/人）三个直辖市的制造业人均劳动力成本位居前列，长三角和珠三角地区的制造业人均劳动力成本也处于高位水平，如江苏达到7.6万元/人、广东达到6.5万元/人。东部制造业发达地区的制造业人工成本水平较高，在增速相对放缓的情况下，水平仍处于高位，中西部的制造业工资水平增速开始加快，但绝对水平仍低于东部发达省份，因此在人工成本方面还具有一定比较优势。

（三）分细分行业的制造业工资成本变动

劳动密集型行业是指行业在配置生产要素资源时，较多使用劳动，较少使用资本或技术的行业，与其对应的是资本密集型和技术密集型行业。在具体界定时，通常使用劳动和资本的比例关系，如资本劳动比率等，来确定一个行业是劳动密集型还是资本密集型。综合郭克莎、曲玥、王云平和Ciccone等人的研究，结合外向型产业特点，我们对劳动密集型、资本密集型和技术密集型行业作如下界定（见表4—4）。

根据《中国劳动统计年鉴》的数据，2011年，劳动报酬最高的制造业细分行业分别是通信设备、计算机及其他电子设备制造业，交通运输设备制造业（含汽车制造业），电气机械及器材制造业等。2014年，劳动报酬最高的制造业仍集中在通信设备、计算机及其他电子设备制造业等技术密集型和资本密集型行业。劳动密集型行业中，从劳动报酬总量上看，纺织服装、鞋帽制造业位居前列。见表4—5。

表 4—4　　劳动密集型、资本密集型和技术密集型制造业细分行业分类

劳动密集型制造业	农副食品加工业，食品制造业，纺织业，纺织服装、鞋帽制造业，皮革、毛皮、羽毛及其制品和制鞋业，木材加工和木、藤、棕、草制品业，家具制造业，印刷和记录媒介复制业，文教、工美、体育和娱乐用品制造业，橡胶和塑料制品业，金属制品业
资本密集型制造业	石油加工、炼焦及核燃料加工业，黑色金属冶炼及压延加工制造业，烟草制品业，化学纤维制造业，有色金属冶炼和压延加工制造业，化学原料及化学制品制造业，造纸及纸制品业，酒、饮料和精制茶制造业，非金属矿物制造业
技术密集型制造业	计算机、通信设备及其他电子设备制造业，通用设备制造业，专用设备制造业，铁路、船舶、航空航天和其他运输设备制造业，医药制造业，电气机械和器材制造业，仪器仪表制造业

表 4—5　　2011 年和 2014 年制造业细分行业劳动报酬前十位排名情况

2011 年			2014 年		
行业名称	劳动报酬总额	排名	行业名称	劳动报酬总额	排名
计算机、通信设备及其他电子设备制造业	1 765.1	1	计算机、通信设备及其他电子设备制造业	4 246.5	1
铁路、船舶、航空航天和其他运输设备制造业（含汽车制造业）	1 764.5	2	铁路、船舶、航空航天和其他运输设备制造业（含汽车制造业）	2 862.9	2
电气机械和器材制造业	979	3	电气机械和器材制造业	2 120.9	3
黑色金属冶炼及压延加工制造业	959.6	4	通用设备制造业	1 564.1	4
化学原料及化学制品制造业	951.3	5	化学原料及化学制品制造业	1 554.2	5

续表

2011年			2014年		
行业名称	劳动报酬总额	排名	行业名称	劳动报酬总额	排名
通用设备制造业	929.2	6	黑色金属冶炼及压延加工制造业	1 373.2	6
专用设备制造业	809.5	7	专用设备制造业	1 250.9	7
纺织业	665.8	8	非金属矿物制造业	1 108	8
非金属矿物制造业	663.4	9	纺织服装、鞋帽制造业	1 096.7	9
纺织服装、鞋帽制造业	623.6	10	金属制品业	901.3	10

数据来源：根据相关年份《中国劳动统计年鉴》整理。

2011—2014年，制造业人均工资上升较快的行业是纺织业，木材加工和木、藤、棕、草制品业，文教、工美、体育和娱乐用品制造业，家具制造业，橡胶和塑料制品业，年均增速分别达到14.5%、14.2%、13.6%、13.1%和13.0%。人均工资增长较慢的细分行业分别是有色金属冶炼及压延加工制造业，烟草制品业，食品制造业，石油加工、炼焦及核燃料加工业和黑色金属冶炼及压延加工制造业，年均增速分别为10.8%、10.5%、10.2%、7.7%和6.8%。

2011—2014年，制造业劳动报酬总额上升速度最快的行业是文教、工美、体育和娱乐用品制造业，计算机、通信设备及其他电子设备制造业和皮革、毛皮、羽毛及其制品和制鞋业，年均增速分别为

57.3%、34.0%和 32.9%。增长较慢的行业分别是黑色金属冶炼及压延加工制造业，仪器仪表制造业，石油加工、炼焦及核燃料加工业和纺织业，劳动报酬总额年均增速分别为 12.7%、11.5%、11.4%和 9.4%。

1. 劳动密集型制造业的劳动报酬变动

2014 年，以纺织业、橡胶和塑料制品业为代表的 11 个劳动密集型制造业细分行业就业人数共计 1 473 万人，比 2011 年增加近 270 万人，年均增长 7.8%。同期，劳动密集型制造业劳动报酬总额从 2011 年的 3 468 亿元增加到 2014 年的 6 233 亿元，年均增速达到 21.6%，平均工资从 2011 年的 33 949 元增长到 2014 年的 42 289 元，年均增速为 7.6%，低于全国平均工资和制造业平均工资增速。

分行业看，2014 年纺织业，纺织服装、鞋帽制造业和橡胶塑料加工业工资成本位居前三位，木材加工和木、藤、棕、草制品业工资成本较低。水平方面，印刷和记录媒介复制业平均工资最高，达到 47 431 元。增速方面，文教、工美、体育和娱乐用品制造业劳动报酬总额三年增长了 57.3%；食品制造业平均工资增速最低，年均仅为 10.2%。见表 4—6。

2. 资本密集型制造业的劳动报酬变动

2011—2014 年，以石油加工、炼焦及核燃料加工业等为代表的资本密集型制造业就业人数年均增长 4.9%，工资总额年均增长 16.2%，行业人均工资增长 10.8%。对比劳动密集型制造业，就业人数增速低，工资总额增长慢，人均成本增长快。见表 4—7。

表 4—6　2011 年和 2014 年劳动密集型制造业就业人数、劳动报酬及增速情况

行业名称	2011 年			2014 年			年均增速（%）		
	年末人数（千人）	工资总额（亿元）	平均工资（元）	年末人数（千人）	工资总额（亿元）	平均工资（元）	人数年均增速	总额年均增速	工资年均增速
纺织服装、鞋帽制造业	2 128	623.6	29 026	2 624	1 096.7	41 484	7.2	20.7	12.6
橡胶和塑料制品业	1 494	482.2	32 289	1 903	892.4	46 546	8.4	22.8	13.0
纺织业	2 428	665.8	26 973	2 139	870.9	40 495	－4.1	9.4	14.5
农副食品加工业	1 453	394.6	27 901	1 895	752.2	40 182	9.3	24.0	12.9
皮革、毛皮、羽毛及其制品和制鞋业	1 044	293.4	27 487	1 771	688.1	38 261	19.3	32.9	11.7
食品制造业	1 003	339.1	34 483	1 231	558.4	46 086	7.1	18.1	10.2
文教、工美、体育和娱乐用品制造业	485	141.3	27 598	1 321	549.6	40 448	39.7	57.3	13.6
印刷和记录媒介复制业	411	142.1	34 095	606	291	47 431	13.8	27.0	11.6
家具制造业	397	121.5	30 700	595	262.9	44 459	14.4	29.3	13.1
木材加工和木、竹、藤、棕、草制品业	320	83.2	25 618	430	164.1	38 181	10.4	25.4	14.2

数据来源：根据相关年份《中国劳动统计年鉴》整理。

表 4—7　　2011 年和 2014 年资本密集型制造业就业人数、劳动报酬及年均增速情况

行业名称	2011 年			2014 年			年均增速		
	年末人数（千人）	工资总额（亿元）	平均工资（元）	年末人数（千人）	工资总额（亿元）	平均工资（元）	人数年均增速（%）	总额年均增速（%）	工资年均增速（%）
石油加工、炼焦及核燃料加工业	628	329.7	52 641	689	456.1	65 708	3.1	11.4	7.7
黑色金属冶炼及压延加工制造业	2 164	959.6	44 238	2 509	1 373.2	53 934	5.1	12.7	6.8
有色金属冶炼和压延加工制造业	1 127	410.6	36 444	1 360	682.3	49 575	6.5	18.4	10.8
非金属矿物制造业	2 184	663.4	30 259	2 570	1 108	42 897	5.6	18.6	12.3
化学纤维制造业	234	79.8	34 267	258	126.2	47 894	3.3	16.5	11.8
化学原料及化学制品制造业	2 498	951.3	38 113	2 861	1 554.2	54 085	4.6	17.8	12.4
造纸及纸制品业	689	217.6	31 376	734	329	44 423	2.1	14.8	12.3
酒、饮料和精制茶制造业	923	312.3	34 105	1 068	513.3	47 756	5.0	18.0	11.9
烟草制品业	197	175.9	92 919	235	288.6	125 505	6.1	17.9	10.5

数据来源：根据相关年份《中国劳动统计年鉴》整理。

资本密集型制造业中，非金属矿物制造业工资总额增长最快，年均增速为 18.6%。化学原料及化学制品制造业人均工资增长最快，年均增速达到 12.4%。横向比较，2011 年和 2014 年，化学原料及化学制品制造业在资本密集型制造业中劳动报酬总额最高。2014 年，化学

原料及化学制品制造业、黑色金属冶炼及压延加工业在用工规模和用工成本方面位居资本密集型制造业前列；烟草制品业，石油加工、炼焦及核燃料加工业，化学原料及化学制品制造业等行业人均工资较高。

3. 技术密集型制造业的劳动报酬变动

2011—2014 年，以计算机、通信设备及其他电子设备制造业，铁路、船舶、航空航天和其他设备制造业（含汽车制造业）为代表的技术密集型制造业就业人数年均增加 11%，从 2011 年的 1 700 多万人增加到 2014 年的 2 300 多万人。三年间，劳动报酬总额年均增长 24%，从 2011 年的 310 亿元增加到 2014 年的 430 亿元；人均工资年均增长 11.7%，从 2011 年的 4 万多元增加到 2014 年的 5.7 万元。对比资本密集型和劳动密集型行业，技术密集型制造业呈现就业人数、人均工资和工资总额三高增长趋势，也表明制造业转型升级过程中，技术密集型制造业吸纳就业和工资增长比较明显。见表 4—8。

表 4—8　2011 年和 2014 年技术密集型制造业就业人数、劳动报酬及年均增速情况

行业名称	2011 年			2014 年			三年平均增速（%）		
	年末人数（千人）	工资总额（亿元）	平均工资（元）	年末人数（千人）	工资总额（亿元）	平均工资（元）	人数增速	总额增速	人均增速
计算机、通信设备及其他电子设备制造业	4 299	1 765.1	41 009	7 506	4 246.5	57 123	20.4	34.0	11.7

续表

行业名称	2011年			2014年			三年平均增速（%）		
	年末人数（千人）	工资总额（亿元）	平均工资（元）	年末人数（千人）	工资总额（亿元）	平均工资（元）	人数增速	总额增速	人均增速
交通运输设备制造业	3 891	1 764.5	45 635	4 546	2 862.9	64 155	5.3	17.5	12.0
电气机械及器材制造业	2 672	979.0	36 383	4 016	2 120.9	52 355	14.5	29.4	12.9
通用设备制造业	2 399	929.2	38 809	2 820	1 564.1	55 311	5.5	19.0	12.5
专用设备制造业	1 934	809.5	41 416	2 164	1 250.9	57 217	3.8	15.6	11.4
医药制造业	1 158	442.4	38 612	1 571	856.3	54 935	10.7	24.6	12.5
仪器仪表及文化、办公用机械制造业	754	310.3	40 185	752	430.3	56 918	−0.1	11.5	12.3
合计	17 107	7 000	40 919	23 375	13 332	57 035	11.0	24.0	11.7

数据来源：根据相关年份《中国劳动统计年鉴》整理。

综合对比，计算机、通信设备及其他电子设备制造业，铁路、船舶、航空航天和其他设备制造业（含汽车制造业）这两大行业的劳动报酬总额和人均工资位居前列。2014年，人均工资最高的是铁路、船舶、航空航天和其他设备制造业（含汽车制造业），水平达到6.4万元。

纵向对比，计算机、通信设备及其他电子设备制造业就业人数增长最快，年均增速达到20%以上，劳动报酬总额增幅也最大，年均增速34%；人均工资方面，电气机械和器材制造业增速最快，年均增长接近13%。

（四）当前制造业企业用工及成本管理挑战

1. 企业用工灵活性不足，招工用工管理难度加大

一是劳动合同签订率不高，劳动合同规范度不高。一些企业大量使用劳务派遣工和社会实践生，较少签订正式的劳动合同。对签订劳动合同的正式工，除明确工作期限、工资和社保规定外，较少提及劳动者生产安全保护、加班以及违约事项，劳动合同对劳资双方的约束力较弱。

二是部分企业劳动用工形式多样，用工短期化现象突出。如电子、食品、玩具等制造业企业普遍存在多种用工形式，其中，临时工、季节工和劳务派遣工比较多见，有些企业还包括实习学生、学徒、下岗再就业人员、退休返聘人员等，在一定程度上加剧了企业用工管理难度。有些企业用工短期化现象突出，员工与企业的劳动合同一年一签，很多属于“流水式”员工，个别员工辞职突然，甚至不辞而别，劳动关系不稳定。

三是部分劳动者工作时间偏长，加班时间过多。调查发现，大部分企业能严格遵守国家的 8 小时工作制，只是在订单增加或生产旺季的个别时期会安排加班，但工人自愿加班现象比较普遍，有的工人一周工作 6 天，有的工作日工作时间会超过 8 小时，原因是加班可以赚到更多加班费。有的农民工坦言：“出来就是挣钱的。”

四是农民工从“供过于求”转向“总量过剩、结构短缺”的变化，招工难度增加。调研郑州富士康公司发现，企业用工需求连年增加，

而市场劳动力供给难以满足需求。其原因一方面是当地同类企业众多，求职者可选择余地大；另一方面，外地同类企业通过高薪等招募成熟工人，在工资水平不大幅提高的前提下，人才流失严重。

五是新生代劳动力二次流动频繁，部分企业员工流失率高。80/90后员工接受不了单调枯燥的生产工作，职业稳定性差。流失率高、频繁的流动一方面加大了企业的招聘、培训等劳动力成本，不利于企业持续稳定的生产经营；另一方面也不利于农民工自身专业技能的提高，过于频繁的流动也给城市的社会管理带来难度。

六是新生代农民工归属感不强，打工意识和短期行为明显，管理难度加大。新生代农民工大都接受了一定程度的教育，更注重体面劳动和尊严劳动，对工资福利、发展机会和工作权利有更高的要求，而技术落后的劳动密集型企业主要以低成本用工为主，工作条件差、工作时间长、职业安全隐患多、企业人文关怀不到位，难以满足农民工自我发展的需求，工作满意度较低，往往“用脚投票”，导致就业稳定性差。还有一些新生代农民工抱着开阔眼界的态度，“边旅游、边打工”，职业稳定性较差。

七是农民工季节性流动给制造业生产带来消极影响。农民工具有“亦工亦农”的特点，老家普遍有农地和农作物生产，在春耕、夏秋农忙季节，一些青壮年劳动力有返乡务农的情况，而每年7—9月份恰逢一些制造业企业生产旺季，由此产生用工时间上的矛盾，影响正常生产。

八是劳动力成本上升挤压劳动密集型制造业企业利润空间。近年来，劳动密集型制造业企业劳动用工成本显著增加：一是各地最低工资上调推动劳动者工资水平快速上升；二是“招工难”程度加深要求企业提高待遇水平吸引劳动力；三是《社会保险法》出台后，随着社会平均工资增长，企业社保费用连年增加；四是企业用于劳动力招聘、培训和生活安置方面的成本也在不断增加。以上成本增加不同程度地挤占了企业利润，对企业劳动力成本控制提出了更高的要求。

九是农民工融入城市诉求高，住房、医疗和子女教育等影响农民工求职选择。对已婚异地务工者，融入当地生活有诸多困难：一是孩子上学难，随迁子弟上学难、没人照顾，有的被送回老家成为“留守儿童”；二是住房难，很多为外来务工人员提供了宿舍，但有的工人更愿意自己租房住，要承受不断上涨的房租，买房更是可望而不可即；三是看病难，由于异地医保难以接续，很多大病要回老家看，小病当地看也基本不报销。

十是新生代农民工价值需求呈现多样化，诉求增多，传统激励方式急需转变。相比老一代农民工，新生代农民工在精神文化生活、社会视野、职业发展、身份认同和个人价值实现等方面的需求开始增多，仅仅依靠传统的薪酬待遇难以达到激励作用，“老农民工带着编织袋进城，新农民工带着银行卡进城”，要求用工单位尊重农民工需求差异化，采用多样化的激励方式。

2. 企业劳动保护责任增大，劳动争议问题增多

一是一线工人所处的生产工作环境得到改善，但对工人（尤其是女工）职业病防范和健康保护不够。据调查，制造业企业车间工作环

境比过去有很大改善，但仍有潜在职业病风险，如高温、粉尘、噪声、辐射、有毒有害气体等对一线工人职业健康仍存在较大威胁。有些企业安全生产投入不够，工伤事故仍时有发生；有些企业缺乏对女工“四期”（经期、孕期、产期、哺乳期）的劳动保护，存在因孕期、产期、哺乳期被调岗、降薪甚至解除合同的情况。二孩政策出台后，部分地方制造业企业女工离岗待产现象增多，影响企业正常用工，间接造成成本压力增大。

二是劳资矛盾进入高发期，劳动关系协调机制不健全。近年来，沿海制造业企业劳资冲突的数量、频率、规模和影响都在增加。较早发生在富士康、南海本田、沃尔玛等企业的群体性事件，一方面深刻影响了中国企业劳动关系的转型；另一方面要求制造业企业加快转变传统的粗放式管理方式，健全劳资协调机制，提高危机管理水平，实行人性化科学化管理，给工人更多人文关怀。

三是多数工人法律意识淡薄，欠缺知法渠道，维权能力不足。一线工人缺少法律知识和生产知情权，主动了解劳动法的渠道较少，仅仅通过电视、公司宣传栏等传统媒体。在缺少法律知识的情况下，较少事前主动维权，而一旦受到权益损害，又不知如何维权。

四是劳动者维权意识提高，粗放式用工管理更容易引起劳资矛盾，难以适应新的劳动关系趋势。根据调研，一些电子、纺织、食品加工制造业企业用工管理方式简单落后，如规定工人上厕所时间、随意克扣工资、禁止工人下班时间外出以及采取严格的军事化管理等，引起工人不满和对抗情绪，造成劳资矛盾升级，甚至引发群体性事件。

3. 企业工资支付欠规范，劳动者增资诉求强烈

一是沿海地区工资竞争力下降，地区间工资趋同吸引制造业农民工回流。近年来，珠三角和长三角等制造业发达地区工资吸引力下降，随着产业向劳动力成本更低的内陆转移，沿海地区农民工开始向中西部地区工厂转移，也有部分农民工返乡创业，成为沿海地区“招工难”和“用工荒”的重要原因。

二是一线工人薪酬待遇较低，加薪诉求较为强烈。尽管近年来制造业平均工资有较快增长趋势，但从绝对水平上看，仍低于社会平均工资，有的企业农民工工资仅高于当地最低工资标准。以 2013 年为例，制造业农民工人均月收入（不含包吃包住）2 537 元，低于制造业平均工资 3 869 元，远低于当年全社会平均工资 4 290 元。随着各地物价水平、消费水平以及其他行业工资水平的提高，制造业从业劳动者有明显加薪诉求。

三是部分企业将最低工资标准作为基本工资。根据调研，一些制造业企业依法执行了当地的最低工资标准，但很多企业将最低工资作为支付员工基本工资的标准，将职工工资正常增长与地方法定最低工资标准提高挂钩，事实上是在变相利用最低工资标准压低工人工资。

四是加班工资占工资收入比重过高。调研发现，有的企业一线工人工资收入中，加班工资比重高达 40%以上，加班工资这种明显的物质激励是企业和农民工都能接受的工作方式。很多一线工人愿意加班，为了得到更多的加班费，可以牺牲休息时间，增加劳动强度，但是很多人表示不清楚加班费的计算方法，而且企业在加班费基数确定和支

付方面有“钻空子”的嫌疑。

五是个别企业仍存在拖欠和克扣工资的现象。相比建筑业等其他行业，制造业领域拖欠克扣工资问题并不突出。近年来，中国政府严厉打击欠薪行为，已将恶意欠薪行为列为刑事犯罪，应该说对欠薪行为起到了一定遏制作用。然而，随着近年来内外部市场不景气，许多中小制造业企业破产倒闭，或者出现资金回笼困难，个别企业仍出现拖欠克扣工资现象。

六是部分企业存在正式工和派遣工、临时工同工不同酬现象。一些企业在工资标准上，对正式工和非正式工采用双重标准，在计件工资单价核定上搞双重标准，在福利发放上对内对外双重标准，引起非正式工不满，严重挫伤了各类工人的生产积极性。

七是工资集体协商覆盖率仍不高，协商效果不明显。当前制造业劳动者开展工资集体协商的主要障碍有：一是工会力量薄弱，存在工资协商“不敢谈、不会谈”的问题；二是劳动者没有企业经营知情权，在信息不对称的情况下，缺少工资集体协商意识、意愿和能力；三是政府在推进工资集体协商方面的公共服务不够。

八是计件工资标准不规范，劳动定额变动较大，影响一线工人积极性。制造业行业大多采用计件工资制，有的企业里计件工资占员工工资的一半以上，计件工资对激励一线工人高生产效率有巨大作用，但有的企业计件工资标准不合理，劳动定额随意变动，影响了一线工人的生产积极性。

九是农民工缴纳社会保险积极性不高，社会保险的全覆盖及转移接续仍有不足。个人缴纳社会保险积极性不高的原因主要有：不愿意缴医疗保险是因为在居住地看小病基本不给报，地区间社保不能联网接续，影响了看病报销；不愿意缴养老保险，一是因为现在的工资很低，生活还有困难；二是认为以后要回农村，担心养老保险无法转移。

4. 劳动者素质整体偏低，难适应技术升级需要

一是制造业劳动者技能素质整体仍偏低，技术水平难以满足企业技术升级需要。根据人社部 2013 年公布的数据，制造业农民工就业人群中只有 1/3 接受过技能培训，由于制造业劳动者整体素质不高，未来一段时期内将仍然集中在低附加值行业。随着中国制造业技术进步和转型升级，能否实现人力资本跨越，将直接影响企业技术升级。提升劳动者技能水平，也将成为解决“就业难和招工难”结构性矛盾的必经之路。

二是劳动者接受培训类型、频率差异较大，培训质量和效果不明显。调研发现，访谈到的制造业企业中，90％的员工表示接受过企业培训，但培训的频率和种类有较大差异，有的工人所指的“接受过培训”是指入职培训，也有工人经常参加组织技能和劳动保护方面的培训，但时间较短（一般在 2 小时以内，2 天以上的中长期培训较少）。大多数工人认为培训对工作是有帮助的，但与工资基本没什么关系。

三是政府、企业和社会组织在制造业劳动力技能培训方面缺乏协同分工。制造业劳动者技能提升涉及多方利益主体，其中，劳动者自身、政府和企业尤为关键。目前，各方面未形成协同效应，体现为劳

动者（尤其是农民工群体）缺乏清晰的职业发展规划和技能培训需求，政府对技能培训的组织程度、投入规模和管理水平有待提高，企业未能处理好培训效益与风险等问题。另外，目前各类职业技能培训机构和培训市场仍不规范。

三、制造业劳动力成本比较优势变化：动因与影响

（一）制造业劳动力成本比较优势变化原因

1. 刘易斯转折点到来，劳动力市场供求关系发生根本性变化

一是适龄劳动人口增速减缓，劳动参与率稳中有降。根据世界银行的数据，中国的 15 岁以上劳动力参与率由 2012 年的 70.53 下降到 2017 年的 68.93，近五年来处于持续下降趋势。2016 年第二产业就业人口比 2015 年减少 343 万人，2016 年城镇制造业绝对就业人数减少了 175 万人，连续三年呈现下降态势。从行业需求看，根据国家人力资源市场信息监测中心发布的数据，与 2016 年第三季度相比，2017 年第二产业的用人需求分别减少 13.1 万人和 8.7 万人，各下降 5.4%和 3.8%；其中，制造业的用人需求分别减少 12.2 万人和 5.4 万人，各下降 6.1%和 2.8%。

二是随着农村转移剩余劳动力减少，制造业农民工就业人数出现下降。根据国家统计局农民工监测数据，2016 年从事第二产业的农民工比重为 52.9%，比上年下降 2.2 个百分点。其中，从事制造业的农民工比重为 30.5%，比上年下降 0.6 个百分点。2013 年以来，制造业

农民工占外出农民工比例逐年下降。

三是制造业劳动力供求存在结构性矛盾，较高技能劳动力短缺。2017年，我国人才市场的求人倍率上，技术工人的求人倍率一直保持在1.5以上，高级技工的求人倍率甚至达到2以上的水平，供需矛盾非常突出。占制造业用工主体的农民工群体中，接受过技能培训的仅占32.7%，新生代农民工比老一代农民工教育和技能水平有所提高，但根据国家统计局的数据，外出农民工中高中及以上文化程度的仅占29.1%。制造业技能型劳动力短缺一方面推动了技能型人才工资水平的上升；另一方面，制造业总体人力资本水平不高制约了产业结构升级。

2. 收入分配改革推动工资政策向“提低”倾斜，近年来各地最低工资快速调整，间接推动制造业劳动力成本上升

金融危机以来，我国各地区最低工资调整幅度加快，2011年全国24个省份调整最低工资标准，平均增幅为22%；2012年25个省份调整最低工资标准，平均增幅为20.2%；2013年全国27个地区调整了最低工资标准，平均调增幅度为17%；2014年全国又有19个省份调整了最低工资标准，平均增幅为14.1%。随着经济形势的变化，2015年以来最低工资调整频率开始放缓。

最低工资标准连年提高，有弥补过去标准调整过慢水平较低的补偿性因素，对保障低收入劳动者基本生活、缩小高低收入群体间收入分配差距发挥了积极作用，但客观上对劳动密集型企业的用工成本造成一定影响。西南财经大学马双的研究发现，最低工资每上涨10%，

制造业企业平均工资将整体上涨0.4%～0.5%。根据原中国劳动保障科学研究院劳动工资研究所的测算，最低工资标准提高10%对制造业人均劳动力成本的影响程度在0.25%～1.97%之间。广东省最低工资评估结果表明，最低工资标准调整对企业总成本的影响不大，最低工资标准提高对企业总成本的影响低于1.26%。

总体来看，最低工资标准提高对劳动密集型制造业企业的工资和劳动力成本有影响，但影响程度有限。相比原材料价格上涨、税负、地租、融资成本、汇率变动以及市场波动等因素的影响，最低工资之所以受到制造业企业广泛关注，原因是其他成本推动因素是外生因素，企业只能被动应对，而劳动力成本是企业内生可控因素，对用工数量和用工成本更为敏感。

3. 东部沿海地区生活成本上升，推动当地制造业企业提高基本工资

地区生活成本上升是推动地区劳动力成本上升的重要原因，近年来沿海地区居民消费品价格指数逐年上涨，尤其是和居民生活较为密切的住房、医疗、教育、水电费和食品等日常消费价格上升较快。物价上升抵消了名义工资收入购买力，当地制造业工薪劳动者生活成本增加的同时，对“涨工资”的诉求也更加强烈，进而推动制造业企业提高工资水平，增加了劳动力成本。

4. 社保制度逐步健全，企业社保成本逐步增加

我国社会保险体系逐步健全，制造业企业缴纳社会保险压力加大。劳动力成本构成另一项比重较高的是社会保险费用。随着我国社会保

障体系的建立和完善，尤其是2011年《社会保险法》实施后，在政府逐步加强社会保险管理的情况下，制造业用人单位需缴纳的社会保险也逐步成为劳动力成本的重要组成部分。以北京、上海、天津和重庆为例，需单位缴纳的“五险一金”比例达到社保缴费总额的30%～40%。而且，社保缴费基数与当地社会平均工资挂钩，在不降低缴费比例的情况下，社会平均工资水平的提高增加了用人单位用于社保的劳动力成本。在广东、江苏等地的调研中，制造业企业普遍反映社保费用已经成为企业劳动力成本上涨压力的主要原因。

5. 劳动者维权意识开始增强，工资议价能力逐步提高

近年来，制造业产业工人地位确立，劳动者维权意识逐步增强，开始对劳动强度大、劳动时间长、劳动环境恶劣和工资福利待遇低的情况进行合法斗争。根据调研情况，在国有制造业企业，企业调资方案需经职代会通过方可实施。一些制造业企业的员工一方面通过政府推动的工资集体协商表达增资诉求，另一方面也通过个体工资谈判、停工或离职等方式要求增资。对于沿海一些私营和个体制造业企业，在区域性“用工荒”的形势下，一些车间工人通过“用脚投票”的方式，给雇主传递增资压力。据浙江某私营制造企业主反映，员工对政府公布的最低工资信息非常关注，每年最低工资调整的时候，也是员工增资诉求反映比较普遍的时候，在制造业企业集聚的产业园区，农民工对当地工资信息非常敏感，相邻两家的企业，一家企业率先涨了100元工资，都会引起另一家企业员工的离职加入。

对制造业企业而言，政策变动对企业劳动力成本的影响有时是间

接的，尤其是工资成本上升压力往往直接来自员工方面。一些制造加工企业也逐渐开始重视工资集体协商，如调研组在山东某玻璃制造企业发现，企业管理层近年来主动在工资增长计划中听取企业员工代表的意见，通过职工代表向广大员工反映产品市场、原材料价格和企业经营等情况，积极营造企业与职工共同发展的氛围，一些职工对企业暂时的生产经营困难也表示理解，能积极配合调资、调岗以及停工降薪等决策。

6. 人民币对美元贬值难以抵消劳动力成本比较优势的削弱

涉及生产要素价格的国际比较时，通常需要换算成以美元为货币单位的国际货币可比价格。近年来，人民币对美元汇率持续走低，根据国家统计局年平均价计算的汇率数据，从 2011 年 12 月的 1 美元兑换 6.34 元人民币降到 2016 年 12 月的 6.94 元人民币，其间虽然出现过回升，但总体走势疲软。应该说，人民币对美元贬值对劳动力成本保持绝对优势是有利的，更广义地看，综合看人民币对周边及主要发展中国家货币汇率走低，不仅有利于向这些国家出口，也有利于保持中国的劳动力成本比较优势。所以，从直接影响看，人民币对美元贬值可以抵消国内劳动力成本快速上升引起的竞争力不足的劣势。

人民币汇率对沿海外向型劳动密集型加工企业的影响是多方面的。首先，积极的方面是人民币贬值有利于出口，会在整体上促进沿海加工企业扩大市场，提高产品价格竞争力，但在当前国外市场需求不足和经济疲软的情况下，贬值并未带来实际上的出口扩大。其次，劳动力成本的比较优势不仅取决于汇率，还取决于各国劳动力名义工资等成本增长的情况，综合比较看，人民币贬值对抵消劳动力成本攀升的作用有限。

（二）劳动力成本上升与制造业企业行为关联性分析

1. 地区间劳动力成本优势变动与产业转移的关联性

按照 Okita（1985）和 Kojima（2000）等学者的“雁阵理论”，随着要素资源禀赋变化和技术进步，发达国家逐步淘汰的产业会向欠发达国家转移，这一趋势既可以在国家之间发生，也可以在一国之内的不同地区之间发生。在过去的 30 年里，我国制造业承接日本、韩国及中国台湾地区的产业转移，凭借廉价的劳动力成本，首先在东部沿海地区发展起来“三来一补”等外向型代工产业，与此同时，沿海地区的产业集聚吸引了内陆地区的劳动力，大量农村剩余劳动力涌向沿海地区。

如今，在东部沿海地区要素资源价格不断上升的情况下，新的雁阵开始形成，一些沿海地区的产业开始向内陆转移，带动内陆劳动力回流。同时，沿海地区凭借产业集聚优势，仍吸引部分企业留在劳动力成本已经上升的地区。在新一轮的产业转移浪潮中，投资者重新选择理想的投资地点，劳动力成本是重要的比较维度。那么，投资者是将工厂迁到劳动力成本更低的地区，还是继续留在劳动力成本已无优势的沿海地区，这一方面取决于企业资本结构，如对劳动密集型、资本密集型和技术密集型等不同类型的企业，受工资成本上升的影响有所差异；另一方面，工资上升虽然带来成本压力，但同时高工资率也有助于吸引高端人才，促进人才向薪酬具有竞争力的企业集聚。因此，劳动力成本上升对于企业投资及产业转移的影响路径是复杂的。

地区间劳动力比较优势的变化影响产业转移，进而影响地区就业和劳动力转移，还需要考虑另外一个重要利益相关方，即地方政府为吸引投资，解决当地就业以及维持经济发展等，同样需要关注劳动力市场价位信息，甚至出台有竞争力的配套政策，以争取在地区间投资竞争中胜出。当然，无论是投资者还是地方政府，投资和吸引投资的决策涉及诸多因素，劳动力成本只是其中一个方面。

基于许正松（2015）、贺胜兵（2012）等人的研究成果，本文重点研究以下两个问题：一是随着制造业劳动力成本的上升，资本是否开始向制造业以外的领域转移，以制造业企业投资为例，近五年来制造业工资成本对固定资产投资影响程度是否发生较大变化；二是东部沿海制造业发达地区工资成本上升后，工资成本增长对沿海地区的固定资产投资影响是否下降，中西部地区固定资产投资规模是否增加，工资成本的影响程度是否增加。

根据国家统计局分行业固定资产投资和分地区城镇单位就业人员工资总额等数据，2004 年以来，除个别年份外，制造业固定资产投资规模增加，但增速整体呈逐年下降趋势，2009 年以来，工资成本增速较快，但 2013 年以来增速下降幅度较大。如图 4—4 所示。

考察制造业固定资产投资与工资成本的关联性。根据 2004—2015 年的数据得到二者在 0.01 水平上显著相关，相关系数为 0.981，表明制造业工资成本增长与固定资产投资增长具有较强的关联性。进一步考察工资成本增长对制造业固定资产投资增长的影响程度变化。以制

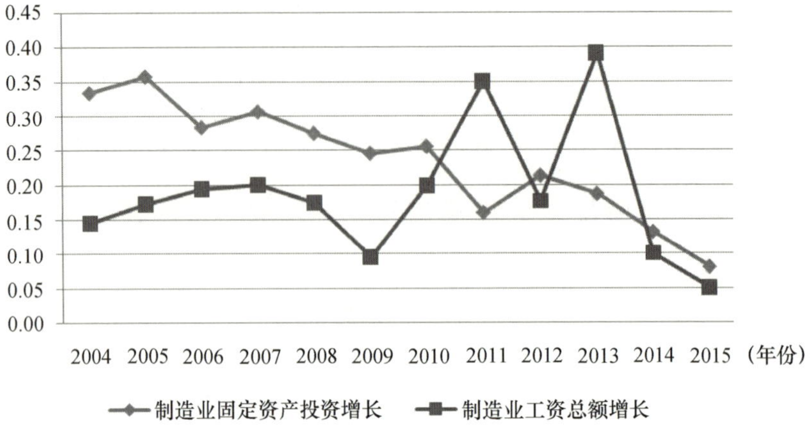

图 4—4 2004—2015 年我国制造业固定资产投资与工资总额增长情况对比

数据来源：根据国家统计局相关年份《中国统计年鉴》整理。

造业固定资产投资（investment）为因变量，以制造业城镇单位工资总额（wage）为自变量，以 2011 年以来历年分地区制造业相关横截面数据回归得到近五年工资成本对数与税收成本对数的回归系数。见表 4—9。

表 4—9 我国制造业劳动力成本变动与固定资产投资变动相关性

因变量：固定资产投资对数	2011 年		2012 年		2013 年		2014 年		2015 年	
	B	t	B	t	B	t	B	t	B	t
（常量）	3.671	6.565	4.151	6.475	4.321	7.228	4.661	7.797	3.569	7.443
工资总额对数	1.118	5.754	1.194	5.053	1.534	6.715	1.709	8.078	2.260	10.918
税收总额对数	−0.484	−1.936	−0.649	−2.151	−1.107	−3.707	−1.367	−4.910	−1.817	−7.193
R^2	0.750		0.683		0.756		0.785		0.872	

注：置信区间为 95.0%。

历年横截面数据回归结果的变化显示，工资成本变动对制造业固定资产投资有显著的正向影响，回归系数由 2011 年的 1.118 逐年增加到 2015 年的 2.26，影响程度逐年增加，可以解释为工资成本上升总体上促进了制造业投资，工资成本上升未产生对行业投资的挤出。同期，各地区的税收对制造业固定资产投资具有显著的负向影响，而且影响程度逐年减弱。考虑到制造业工资总额的快速增长是否影响到外商直接投资（FDI），运用 2003 年以来制造业外商直接投资数据的对数与制造业工资总额对数的回归，表明工资增长对外商投资没有显著影响。

2. 劳动力成本上升与制造业企业技术进步的关联性

根据 Acemoglu（2010）等学者的研究，当出现劳动力短缺或劳动力成本上升时，企业会加快技术创新，具体来讲，会促进劳动节约型技术创新，抑制劳动互补型技术创新。根据调研，中小微劳动密集型企业在应对劳动力成本上升时，通常采取两种方法规避成本，一是转移到劳动力成本更低廉的地区，二是通过机器替代减少对人工的使用。对于大型国有企业而言，这两种方法并不适用，但规避路径相似，即控制和减少用工规模，以及转向技术密集型工艺和高附加值产品。

无论是使用工业机器人、升级生产设备、改进生产技术工艺，还是淘汰低附加值产品，转向高技术含量的产品工艺，都可以视为企业创新和技术进步的具体体现。实现《中国制造 2025》和迈向制造业强国的进程中，要求制造业企业加快技术进步，但成本倒逼机制在多大程度上引起企业创新？阳立高和谢锐等（2014）发现，劳动力成本上升对劳动、资本和技术密集型制造业企业技术升级的影响不同，其中，对劳动密集型企业影响为负。赵西亮（2016）的研究表明，东部地区、私营企业和资本密集型企业的创新受劳动力成本上升影响更显著。董新兴（2016）的研究则发现，劳动力成本上升对企业创新的作用中，人力资本提升效应大于要素替代效应。

本章基于国家统计局发布的制造业R&D经费投入、城镇单位分行业工资总额和制造业城镇单位就业人员等数据，构建以企业研发投入对数（Lnresearch）为因变量，制造业企业工资总额对数（Lnwage）和用工人数对数（Lnlabor）为自变量的回归模型。2011年和2014年细分行业横截面数据的回归结果表明，用工规模和劳动力成本对企业研发投入有显著的正向影响，对比2011年，用工规模对企业研发的影响程度减弱，影响程度由1.23下降到0.31，工资成本影响程度有所加强，影响程度由2011年的0.67上升到2014年的1.54。见表4—10。

表4—10　　我国制造业劳动力成本变动与企业研发投入变动相关性分析

因变量：研发投入对数	2011年		2014年	
	B	t	B	t
（常量）	1.025	0.801	1.877	1.518
用工人数对数	1.234	1.707	0.313	0.364
工资总额对数	0.668	0.869	1.542	1.747
R^2	0.788		0.803	

注：置信区间为95.0%。

四、迈向《中国制造2025》：来自劳动力市场的建议

针对当前我国制造业劳动力成本优势变动情况的分析，以服务产

业政策、劳动力市场政策调整为导向，结合政策现实性和可行性，提出以下三方面建议。

（一）加强制造业劳动力成本监测，定期发布行业劳动力成本信息

对当前及未来一段时期我国制造业劳动力成本比较优势的判断，关键在于掌握真实客观、口径相对一致以及纵向可比的数据。目前，制造业劳动力成本数据的可靠来源非常有限，这制约了政策制定，同时，也不能满足社会上，尤其是各行业制造业企业对劳动力成本信息的需求。在进行国际比较时，我们也发现我国制造业工时、工资及成本信息统计离发达国家还有不小的差距。以美国为例，美国劳工统计局针对制造业劳动力成本和生产率，定期发布市场价位信息，供美国制造业企业投资、招聘等决策使用，值得我国借鉴。

建议对我国制造业劳动力市场建立就业、薪酬、劳动力成本以及流动等信息监测制度，由政府部门定期发布市场价位信息，一方面供制造业企业决策参考，另一方面也为我国制造业宏观调控提供重要依据。

1. 监测指标及发布信息

目前，我国政府有关部委、统计部门已经针对企业开展劳动力报表等，建议在其基础上系统监测如下信息：制造业企业序号、法人代码单位、法人单位名称、企业所在地行政区划代码、单位隶属关系、行业代码、企业规模、登记注册类型、企业从业人员平均人数（含劳务派遣人员平均人数）、销售（营业）收入、企业增加值、利润总额、

成本费用总额、企业劳动力成本总计、从业人员劳动报酬、福利费用、教育经费、保险费用、劳动保护费用、住房费用、其他劳动力成本（含劳务费）。

除了上述指标外，针对制造业用工需求，建议重点增加、监测和分析如下信息：制造业企业缺工率、员工流失率、净资产收益率、工时、加班费、企业最低岗位工资水平等。

在系统全面收集掌握上述指标后，可在一定范围内适时发布以下指标：劳动力成本水平、分位数及增速，劳动生产率水平及增速，劳动力成本利润率，劳动力成本占总成本比重，行业劳动力成本标准区间等。

针对政府部门宏观决策的需求，建议相关研究单位分析如下指标：水平指标（如人均劳动力成本、人均劳动生产率、单位劳动力成本等）、效率指标（如劳动分配率、人事费用率、劳动力成本利润率等）、结构指标（如劳动力成本占总成本比重、劳动力成本各项构成及比重等）、分布指标（如行业劳动力成本中位数、25 分位数、75 分位数等）、增长指标（如劳动力成本增速、劳动生产率增速等）、预警指标（如标准区间、最低和最高警戒线等）。

2. 监测范围及行业选择

制造业劳动力成本监测应重点考虑行业代表性，兼顾区域代表性。相比其他行业制造业产业集中度高，浙江、江苏、广东、山东和河南五省制造业企业数占全国的 57.6%。建议监测对象覆盖制造业重点行业，而未必覆盖我国全部省份地区。

重点行业的选择考虑以下维度：各行业企业单位数、工业销售产值、企业资产规模、主营业务收入、利润总额、用工人数、行业人均利润率等财务指标。

另外，还应重点考虑国家（地区）战略性主导行业、劳动力成本敏感度较高的劳动密集型行业、《中国制造 2025》提出的代表未来制造业发展方向的行业、体现我国国际竞争力的重点行业等。

基于以上维度，建议监测行业如下：皮革、毛皮、羽毛及其制品和制鞋业，纺织服装、鞋帽制造业，金属制品业，专用设备制造业，通用设备制造业，食品制造业，汽车制造业。

为便于开展国际比较，可参考美国劳动统计局新闻通稿（News Release）中关于制造业劳动力成本信息披露所选行业：食品业（food）、饮料和烟草制造业（beverages and tobacco products）、纺织业（textile mills）、纺织品业（textile product mills）、木材加工业（wood products）、造纸业（paper）、印刷及相关制造业（printing and related support activities）、石油和煤制品业（petroleum and coal products）、化工业（chemicals）、塑料及橡胶制品业（plastics and rubber products）、非金属矿物制品业（nonmetallic mineral products）、初级金属制造业（primary metals）、次级金属制造业（fabricated metal products）、设备制造业（machinery）、计算机和电子产品制造业（computer and electronic products）、电气设备制造业（electrical equipment and appliances）、交通设备制造业（transportation equipment）和其他制造业（miscellaneous manufacturing）。

借鉴国家统计局制造业经理人采购指数（PMI）筛选企业数量的标准，根据增加值占全部增加值比重和贡献率等因素，结合细分行业的代表性，设置约定置信度、实际变异系数测算满足全国或区域行业代表性的企业。

3. 数据采集及发布方式

数据采集方式可以有两种方案。第一种方案是交由各地人力资源社会保障部门负责组织实施，考虑到经费及人力限制，建议由省市负责组织实施企业填报，省市统计汇总后报人力资源社会保障部，经研究单位分析后，报上级领导批准，以半年或季度快报形式向社会发布。第二种方案是外包有关机构，由外包单位组织实施。数据采集环节可外包专业统计机构，如国家统计局调查队、国家信息中心等，通过入户调查形式，直接采集数据，报国家有关部委并分析发布数据。

发布方式建议采用季度发布形式，可建立专门的信息发布平台，免费向社会公众发布调查信息，也可由各地人社、统计等部门自行选择发布平台和时间，但发布信息的统计口径应在全国范围内进行统一。发布时应侧重行业、地区和分国有和私营单位等维度，便于不同类型制造业企业开展对标。为提高信息的针对性和利用价值，可应制造业企业需求，专门定制相关行业报告。

（二）重塑劳动力资源区域配置格局，引导劳动力向中西部有序转移

根据雁阵模型，当经济发达地区劳动力成本上升时，相对经济欠发达地区可凭借劳动力成本优势吸引投资，承接劳动密集型产业向本地区转移。鉴于沿海地区劳动力成本上升速度较快，相比东南亚部分国家已无绝对比较优势，建议我国中西部劳动力大省，抓住沿海地区外商投资转移的时机，积极落实配套政策，吸引外商和东部沿海企业向内陆转移，实现国内版的雁阵分布。

首先，结合我国要素资源比较优势，追求适合我国制造业特点的自主创新和技术进步模式，地处我国沿海发达地区的制造业企业是该步骤的主要力量。随着沿海发达地区的制造业产业升级，该地区的制造业企业开始大规模使用更先进的设备，劳动力需求开始下降，企业对劳动力知识和技能的要求开始提高，产业升级后的企业愿意支付给高素质工人更高的工资，并提供更高层次的培训，目的是提高企业的劳动生产率。这一过程也是筛选劳动力的阶段，高素质劳动者留下来创造更多产值，低端劳动力有的被挤出转移到次发达地区或本地其他劳动密集型行业，有的通过追加人力资本投资进入高端劳动力市场。

其次，在成本推动和技术带动情况下，产业以梯度和雁阵模式向次发达地区转移。地处中西部和内陆地区的制造业是该阶段的主要力量，在沿海发达地区发展高端制造业的同时，中低端制造业和配套产业开始转移，寻找劳动力成本、土地成本、资本成本更低的地区，这些企业转向内陆后吸引了中低端劳动力内迁。以重庆、西安和成都周边产业园为例，曾经外出打工的本省农民工有回流的趋势。转向内陆的制造业企业一方面提升了当地技术水平，另一方面推高了当地生活成本，相对原来，企业的劳动生产率和工资水平也得到大幅提高。欠发达地区凭借产业转移的契机，在发挥比较优势的同时带动了内陆地区发展。

最后，以技术进步为需求导向，推动各梯度制造业企业人力资本提升。劳动生产率的提高，一个重要前提是劳动者人力资本水平的提升。在我国现阶段固定资产投资和融资相对容易，但提升劳动者素质是一个相对缓慢的过程，需要几年、十几年甚至一代人的时间，在这个阶段，尤其要注意人力资本投资驱动机制的问题。在过去，基础教育和职业技能培训主要由政府提供，政府为了推动劳动者素质的提高，办了很多职业院校甚至免费提供入学机会，但职业院校入学人数仍连年下降。究其原因在于劳动力供给一方投资需求不足，人力资本投资回报没有得到体现，因此“供给驱动型人力资本投资”往往造成资源配置不充分。提高制造业企业人力资本水平，需要转换视角，采用“需求驱动型人力资本投资”，通过给技术岗位更高的工资来提高高技能工人的人力资本回报率，作为理性的个体为追求更高的工资，会自发追加人力资本投资，使自己满足企业用人需求。

（三）推动“减免税、让利、增资”，缓解职工增资与企业成本压力矛盾

劳动力成本上升一方面给制造业企业带来成本压力；另一方面，在物价成本不断上升的情况下，工资增长在一定程度上满足了职工增资诉求，对提升工薪劳动者，尤其是低收入工薪劳动者的收入水平，缩小收入分配差距和实现收入翻番等有重要意义。因此，需要处理好企业承受力和职工收入正常增长之间的矛盾，有必要从减免税角度进

行制度设计，在当前经济下行压力下，进一步激发劳动密集型、中小微和私营制造业企业活力，提高职工生产积极性。“减免税、让利、增资”思路如下：

一是明确“减免哪些税”，主要是由财税部门确定对劳动密集型制造业企业减免哪些税；二是明确“给哪些企业减免税”，也就是确定哪些制造业企业符合减免税条件；三是明确“减免税条件”，也就是明确减免税的前提是为职工增资，通过怎样的制度安排可以确保职工得到实惠；四是明确“如何减免税增资”，也就是确定减免税的一系列程序和步骤。在制度设计过程中，关键是理顺减免税与增资的关系，确保给企业让利的部分能切实转化为工资增长，避免企业将税收优惠用于其他目的。

为减轻中小企业税费负担，为职工增资创造有利条件，建议针对中小微制造业企业实施增资定向减免税政策。所谓定向减免税政策，是指根据中小企业对社会的贡献度（如纳税额、吸纳就业等）向企业返还一定水平的税额，让企业将其用于增加职工的工资。纳税额高的企业，返还税额的比例便高，反之亦然。通过定向减免税政策增加职工工资，可以使具有较高生产效率的企业，在不加大成本压力的情况下，能获得更多的税额返还用于增加职工工资，因而其职工的收入水平较其他企业为高，并进一步提高职工的生产积极性，在一定程度上缓解中小微型制造业企业在经营上的压力及提高企业的竞争力，同时切实改善企业收入分配状况。

申请税收减免的制造业企业要满足以下条件：①企业从业人员、

营业收入、资产总额等指标符合减免税适用企业范围；②企业申请减免税当年的税前利润水平不低于去年同期水平；③企业将减免税的一定比例用于职工工资正常增长，且该比例应满足职工工资增长幅度不低于本企业劳动生产率增速；④企业采用了劳资双方工资集体协商机制或参加了区域性、行业性工资集体协商，并明确了职工工资增长的标准、机制和办法；⑤企业在税收和社保缴纳方面无违法违规记录。

具备以上条件的企业方可向当地税务机关进行税收减免申报。由税务部门对企业因增加职工工资造成的微利减少或亏损额度采取免征、税前列支扣除、等额或折扣退税等给予支持。[①]

减免税方式可以有两种思路：一种是增值税实行即征即退方式。主管税务机关对符合减免税条件的纳税人应当按月退还增值税，本月已缴增值税不足退还的，可在本年度内以前月份已缴增值税扣除已退增值税的余额中退还，仍不足退还的可结转本年度内以后月份退还。本年度应纳税额小于核定的年度退税限额的，以本年度应纳税额为限；本年度应纳税额大于核定的年度退税限额的，以核定的年度退税限额为限。纳税人本年度应纳税额不足退还的，不得结转以后年度退还。纳税人本月应退增值税额按以下公式计算：

本月应退增值税额＝纳税人本月实际增资幅度系数×县级以上税务机关确定的企业每年可退还增值税的具体限额÷12

另外一种是营业税实行按月减征方式。主管税务机关应按月减征

① 增值税和营业税减免办法参考《关于促进残疾人就业税收优惠政策征管办法的通知》。

营业税，本月应缴营业税不足减征的，可结转本年度以后月份减征。本年度应纳税额小于核定的年度减税限额的，以本年度应纳税额为限；本年度应纳税额大于核定的年度减税限额的，以核定的本年度减税限额为限。纳税人本年度应纳税额不足减征的，不得结转以后年度减征。纳税人本月应减征营业税额按以下公式计算：

本月应减征营业税额＝纳税人本月实际增资幅度系数×县级以上税务机关确定的企业每年可减征营业税的具体限额÷12

兼营营业税“服务业”税目劳务和其他税目劳务的纳税人，只能减征“服务业”税目劳务的应纳税额；“服务业”税目劳务的应纳税额不足扣减的，不得用其他税目劳务的应纳税额扣减。缴纳增值税或营业税的纳税人应当在取得主管税务机关审批意见的次月起，随纳税申报一并书面申请退、减增值税或营业税。经认定的符合减免税条件的纳税人实际增资应逐月计算，本月比例未达到工资集体协商要求的，不得退还本月的增值税或减征本月的营业税。年度终了，应平均计算纳税人全年平均增资比例，一个纳税年度内累计 3 个月平均比例未达到承诺要求的，应自次年 1 月 1 日起取消增值税退税、营业税减税和企业所得税优惠政策。

财政转移支付渠道操作程序可考虑按以下步骤进行：一是由各地财政、税务部门汇总当地对低工资行业企业增加职工工资实施税收减免总额。其中，国税（增值税、2002 年后注册企业所得税）、地税（营业税、2002 年前注册企业所得税）分别减免额度，报省、直辖市、自治区级财政、税务部门；由省、直辖市、自治区级财政、税务部门汇总本地区各市县国税减免额度报财政部、税务总局。二是省、直辖市、自治区级财政部门根据各市县地税减免额度，在省、直辖市、自治区级财政收入内统筹安排，对各市县地税减免额度给予等额或一定折扣的财政转移支付的支持；三是财政部、税务总局审核认定各省、直辖市、自治区汇总本地区国税减免额度，给予该地区等额或一定折扣的国税上缴额度核减。

定向减税政策既能增加低收入职工的工资水平，又不会增加企业的负担，还能提高社会整体生产效率。因此，无论从理论上还是实践上看，定向减税均是通过给企业减税的手段，在维持企业在初次分配中的比重不变的情况下，降低国家在初次分配中的比重，提高居民劳动报酬在初次分配中的比重，是提高企业工资收入水平行之有效的方法。

在实施定向减免税政策的过程中要注意两点。第一，税务部门应该组织相关机构，测算包括减税幅度及其对财政影响等在内的定向减免税有关数据，并在此基础上尽快确定具体的定向减免税政策以及相关操作办法。第二，为使实施定向减免税政策时，向企业返还的税额能全额转化为企业职工的工资增量，税务部门和劳动部门要做好相关的监督工作，同时，也要充分调动企业工会及职工对企业相关工作进行监督的能动作用，以保证该项税收优惠制度的公平性和有效性。

第五章
制造业劳动力成本的国际比较

开展制造业劳动力成本的国际比较，首先，要对中国制造业的劳动力成本作出基本判断。由于中国国家统计局及其他官方机构并未发布行业劳动力成本数据，因此需要借助相关数据对中国制造业劳动力成本进行估算。其次，国际比较主要依靠口径一致、连贯和具有可比性的各国相关统计数据。然而，这一条件一方面受到统计数据匮乏的制约；另一方面还需要将不同时期的、以本币为单位的各国数据进行换算，如基于汇率将各国货币转换为美元。最后，制造业劳动力成本的国际比较涉及一系列指标，如人均劳动力成本、小时劳动力成本以及单位劳动力成本等，这就需要掌握行业就业人数、工作时间以及劳动产出等一系列配套指标。

一、 当前中国制造业劳动力成本估算

中国制造业劳动力成本估算是本项研究的第一个挑战。为了与其他国家进行比较，我们需要估算中国制造业劳动力成本水平，为了获

得水平情况，需要估算劳动力成本总量和从业人员数量。另外，为了比较小时劳动力成本和小时劳动生产率，我们还需要进一步掌握劳动时间和行业增加值（或产值）数据。

（一）估算方法

1. 以工资总额估算劳动力成本

国家统计局和其他官方机构并未发布过行业劳动力成本的数据，但官方统计年鉴中有翔实的分行业工资总额（2008年之前统计口径为劳动报酬）数据，根据中国官方的劳动力成本定义①，劳动力成本还包括社会保险费用、职工福利费用、教育费用、劳动保护费用、住房费用和其他劳动力成本等六个项目。根据中国政府关于社会保险费用等的政策规定，结合行业经验和微观数据调查情况②，我们通过劳动力成本各项构成与工资总额的关联，以工资总额为基数估算劳动力成本。

严格来讲，按照经验比例估算数据是不准确的，理想的做法是对劳动力成本各项构成原始数据进行加总。但是，从我国目前官方公开可利用的数据看，除劳动报酬外其他分项数据无法得到全国加总数据，因此只能通过估算获得。需要说明的是，估算存在两种偏离实际的可能：一是由于除劳动报酬外的其他各项比例均为法定最低标准，有的

① 1994年劳动部和国家统计局联合制定的劳动统计指标解释中对劳动力成本的定义是：劳动力成本是指企业在生产经营和提供劳务活动中所发生的直接和间接人工费用的总和。后来在关于劳动力成本的制度文件中，明确提出劳动力成本包括：从业人员劳动报酬、社会保险费用、职工福利费用、教育费用、劳动保护费用、住房费用和其他劳动力成本七个项目。本章中的劳动力成本概念等同人工成本。

② 根据人力资源社会保障部的调查数据，制造业人均劳动力成本构成中，从业人员劳动报酬约占70%。

企业在实际执行过程中可能会高于这些比例，因此存在低估的倾向；二是也有些企业未能严格遵守国家法律，因此也可能存在高估的倾向。

2. 对制造业就业人员数的估算

制造业就业人员数是计算人均劳动力成本和劳动生产率的基础，因此，需要搞清楚中国制造业就业人数究竟是多少。国家统计局《中国统计年鉴2015》中有三张表反映了制造业就业人员数，分别是："表4—5　按行业分城镇单位就业人员数（2014年底数）""表4—6　分地区按行业分私营企业和个体就业人数（2014年年底）"和"表4—7　分地区按行业分城镇私营企业和个体就业人数（2014年年底）"，其中，表4—5和表4—7的加总可以得到制造业城镇单位就业人数，但缺陷是没有涵盖乡镇企业制造业就业人数，由于一些制造业工厂广泛分布于乡镇或城郊工业园区，因此，估算全口径的制造业就业人数需要进一步获得乡镇企业就业人数。

根据国家统计局《中国乡镇企业及农产品加工业年鉴》（2007年之前称《中国乡镇企业年鉴》）的数据，2010年乡镇制造业企业从业人员年末人数为6 557.5万人，以2010年为例，综合城镇非私营单位、城镇私营单位和乡镇企业三部分就业人员数，2010年全口径制造业就业人数约为1.23亿人。[①] 遗憾的是，《中国统计年鉴》自2009年才开始公布分行业城镇私营单位就业人数，而《中国乡镇企业及农产

① 经济学人《优势依旧——中国制造业劳动力成本分析》报告中也是按照城乡两部门估算制造业就业人数，其估算的2011年乡镇制造业企业员工总数为4 120万人，城镇国有企业、集体企业员工人数为3 930万人，城镇私营和个体就业人数为2 360万人，三者合计制造业就业人数为1.04亿人。

品加工业年鉴》公布的乡镇企业制造业就业人数只更新到2012年，因此，以这种方法计算制造业就业人数只能得到三年的数据。

另外一个制造业就业人数口径来自国家统计局发布的《中国高技术产业统计年鉴》，以2014年为例，其公布的2013年制造业从业人员平均人数为8 614万人。该统计口径是目前可以找到的官方发布的制造业全口径就业人数。这一数据具有以下特点：一是口径大于城镇单位从业人员数据，但并未明确是否包含乡镇单位从业人员；二是作为年度平均人数，与统计年鉴发布的年底数口径有所差异；三是该数据至少涵盖自1995年以来的历年数据，具有连续性。

我们在估算劳动力成本时使用的是城镇单位从业人员工资总额，为保持口径一致，在计算小时单位劳动力成本时对应城镇单位口径的就业人数，且二者都不包含城镇私营单位数据。在估算劳动生产率时，由于国家统计局公布了全口径的行业增加值，因此需要对应全口径的制造业就业人数，在本章中，我们使用《中国高技术产业统计年鉴》的“制造业从业人员平均人数”。①

3. 制造业劳动生产率的核算口径

劳动生产率是衡量一国产业竞争力的一个重要指标，也是劳动力国际比较的一个重要维度。劳动生产率有多种计算方法，根据劳动生产率的定义，计算劳动生产率就是合理确定产出和劳动投入两个指标。

① 前美国人口普查局国际项目中心的Judith Banister曾估算，2002年中国制造业就业人口为1.09亿人，当时中国官方公布的数据为8 300万人，参见《中国劳动经济学》2006年第1期。更多关于中国制造业就业人数估算的讨论可参见王德文、蔡昉和林松华的工作论文《中国制造业的无就业增长之谜》。

在国民经济核算中，反映产出的指标有两个，分别是产值和增加值，我们在计算小时劳动生产率时主要采用制造业行业增加值作为产出指标，在计算单位劳动力成本时，考虑到各国制造业产值数据相对丰富，主要使用产值指标。劳动投入可以用参加生产活动的人数来反映，也可以使用劳动者的工作时间来确定，或者使用劳动的价值即劳动报酬来确定。在核算劳动生产率时，我们以就业人数为劳动投入指标，计算人均劳动产出。

4. 对制造业工时的估算

我国《劳动法》对工作时间有明确的规定。《劳动法》第三十六条明确规定，国家实行劳动者每日工作时间不超过 8 小时，平均每周工作不超过 44 小时的工时制度。然而，我国的制造业企业存在比较普遍的加班现象，《劳动法》第四十一条规定，用人单位由于生产经营需要，经与工会和劳动者协商后可延长工作时间，一般每日不得超过 1 小时，因特殊原因需要延长工作时间的，在保障劳动者身体健康的条件下延长工作时间每日不得超过 3 小时，但是每月不得超过 36 小时。

目前，官方没有关于制造业工作时间的详细数据，《中国人口和就业统计年鉴》中关于“劳动力抽样调查数据”的统计提供了“城镇就业人员调查周平均工作时间”和“按行业、性别分的城镇就业人员工作时间构成”。其中，2003—2011 年的个别年份公布了制造业就业人员周平均工作时间，在没有公布的年份，我们根据工作时间构成数据，综合权重换算得到劳动工时数据。如 2014 年，在全部城镇单位制造业就业人员中，周工作 40 小时的占 30％，41～48 小时的占 27.1％，48

小时以上的占 37.9%。[1] 根据以上结构，分别按 40 小时（0.3）、44 小时（0.27）和 48 小时（0.37）的工时和权重，估算得到 2014 年制造业周平均工时约为 42 小时。

（二）估算结果

根据估算，2005—2013 年，我国制造业劳动力成本总量由 0.7 万亿元增加到 3.4 万亿元，年均增速为 21.8%；人均劳动力成本由 2.21 万元/人增加到 6.45 万元/人，年均增速为 14.3%，其中，金融危机之前增速较为平稳，2009 年以来增速有加快趋势。

同期，制造业劳动生产率从 2005 年的 18.95 万元/人增加到 2013 年的 33.45 万元/人，年均增速为 7.4%，自 2008 年以来制造业人均劳动力成本发展速度已快于劳动生产率发展速度，2005—2013 年两者比值为 1∶1.06（以劳动生产率发展速度为 1）。

按照通行的劳动力成本优势估算方法，我国制造业人均劳动力成本与劳动生产率比值在 2010 年之前一直稳定在 0.11 左右，2010 年之后快速增加，2013 年达到 0.19，对比过去，劳动力成本优势有所削弱，在国际上是否仍具有相对比较优势，需综合其他国家情况判断。

二、制造业劳动力成本国际比较情况

（一）制造业小时劳动力成本（hourly compensation costs）

与发达国家相比，我国制造业小时劳动力成本上升较快，通过对

① 经济学人智库的报告使用的是人力资源社会保障部的统计数据，2008 年前制造业工人年工作天数平均为 251 天（50.2 个工作周），2008 年之后为 250 天（50 个工作周）。

美元汇率的换算，我国制造业小时劳动力成本从 2005 年的 1.33 美元增加到 2013 年的 3.98 美元。2005 年，我国制造业小时劳动力成本约为同期美国制造业小时劳动力成本的 4.58%、德国的 3.54%、日本的 5.31%，2013 年这一比例分别上升到 11.15%、8.69% 和 11.27%。尽管小时劳动力成本上升较快，但相比发达国家我国制造业劳动力仍具有绝对比较优势。与东南亚国家相比，近年来我国制造业劳动力成本上涨幅度较大，绝对水平已经超过部分东南亚国家。以泰国和菲律宾为例，2005 年，我国制造业小时劳动力成本为 1.33 美元，低于同期的泰国（3.42 美元）和菲律宾（2.05 美元）；2013 年我国制造业小时劳动力成本比菲律宾高 1.88 美元，比泰国低 0.62 美元。见表 5—1。

表 5—1　　我国与 5 个国家制造业小时劳动力成本和劳动生产率比较

国家	小时劳动力成本（美元）		小时劳动生产率（美元）	
	2005 年	2013 年	2005 年	2013 年
中国	1.33	3.98	6.25	12.68
美国	29.7	35.7	47.54	63.93
日本	25.6	35.3	41.14	49.78
德国	38.4	45.8	47.06	60.17
菲律宾	2.05	2.1	3.27	8.46
泰国	3.42	4.6	5.21	12.07

数据来源：我国制造业数据根据国家统计局相关年鉴整理估算得到，其他 5 国数据来自国际劳工组织（ILO）数据库。

从动态变化情况看，2000—2012年间，我国制造业小时劳动力成本增长了5倍，年均增速16.5%。同期，美国、日本和德国制造业小时劳动力成本年均增速分别为3%、2.9%和5%，巴西、墨西哥、捷克和菲律宾制造业小时劳动力成本增速分别为8.2%、2.5%、11%和6.4%。见表5—2。

表5—2　　制造业小时劳动力成本比较

［单位：美元/（小时·人）］

国家	2000年	2005年	2008年	2009年	2010年	2011年	2012年
中国	0.71	1.33	2.47	2.73	3.03	3.76	4.43
以色列	12.3	13.3	18.5	17.6	19.2	21.1	20.1
日本	25.0	25.3	27.5	30.0	31.8	35.7	35.3
韩国	9.6	14.8	16.9	15.1	17.9	19.3	20.7
菲律宾	1.0	1.2	1.8	1.7	1.9	2.0	2.1
新加坡	11.7	13.3	18.9	17.5	19.4	23.1	24.2
加拿大	18.3	26.3	32.1	29.4	34.4	36.3	36.6
墨西哥	4.7	5.6	6.5	5.7	6.1	6.5	6.4
美国	25.0	30.1	32.8	34.2	34.8	35.5	35.7
阿根廷	8.2	5.5	10.0	10.2	12.8	16.0	18.9
巴西	4.4	5.0	8.4	8.1	10.0	11.7	11.2
捷克	3.4	7.3	12.2	11.4	11.4	12.7	12.0
法国	21.4	32.7	41.8	40.4	39.1	42.1	39.8

续表

国家	2000年	2005年	2008年	2009年	2010年	2011年	2012年
德国	25.4	38.0	47.5	45.8	43.8	47.4	45.8
意大利	16.6	27.7	35.1	34.3	33.6	36.2	34.2
荷兰	21.0	33.3	43.1	41.4	39.5	42.3	39.6
波兰	3.4	5.6	9.6	7.7	8.2	8.7	8.3
西班牙	12.4	20.7	27.8	27.9	26.7	28.4	26.8
英国	20.7	29.7	34.2	29.5	29.1	30.8	31.2
澳大利亚	16.5	28.6	35.9	33.4	39.7	46.5	47.7
新西兰	9.0	16.3	19.2	17.5	20.4	23.4	24.8

数据来源：我国制造业数据根据国家统计局相关年鉴整理估算得到，其他国家数据来自国际劳工组织数据库。

（二）制造业劳动生产率（labor productivity）

与劳动生产率进行比较，我国制造业小时劳动生产率从2005年的6.25美元增加到2013年的12.68美元，2013年小时劳动力成本与小时劳动生产率比值为0.31。同期，美国、德国和日本制造业的小时劳动力成本与小时劳动生产率比值分别为0.56、0.75和0.71，远高于中国水平。因此，相对发达国家，我国制造业劳动力仍保持较大的相对比较优势。从相对比较优势方面看，2013年我国制造业小时劳动生产率分别是泰国的1.71倍、菲律宾的2.44倍，年均创造增加值是印度尼西亚的2.7倍、巴基斯坦的6.5倍、泰国的1.47倍、越南的5.13

倍，劳动力成本创利水平仍高于上述东南亚国家。因此，尽管近年来与东南亚国家相比，我国制造业劳动力成本已无绝对比较优势，但在劳动生产率方面仍保持较明显的比较优势。

按人均年创造增加值口径计算的制造业劳动生产率，自 2000 年以来年均增速 11.38%，其中 2000—2011 年间年均增速为 9.11%，2011—2013 年年增速为 24.7%。与同期本国劳动力投入比较，十余年间，我国制造业劳动力成本增速（16.5%）快于劳动生产率增速（11.38%），但从 2014—2016 年的情况看，劳动生产率增速比劳动力成本增速仍高出 3.8 个百分点。

（三）制造业单位劳动力成本

综合考虑劳动力投入产出情况，结合图 5—1 可以看出，2004—2010 年间，我国制造业单位劳动力成本经历了先下降后上升的过程，从 2004 年的 0.058 下降到 2007 年的 0.046，后又升至 2009 年的 0.054，2010 年又略有下降。

与发达国家横向比较，美国制造业单位劳动力成本从 2004 年的 0.162 降至 2008 年的 0.111，德国从 2003 年的 0.191 降至 2009 年的 0.181，日本从 2002 年的 0.096 降至 2007 年的 0.083。即便是在劳动力成本上升较快的情况下，我国制造业单位劳动力成本优势仍很明显。与印度、墨西哥、巴西和俄罗斯等新兴发展中国家比较，我国制造业单位劳动力成本也具有一定优势，但差距在缩小。与东南亚国家相比，一些国家如印度尼西亚、泰国等国的制造业单位劳动力成本已明显低

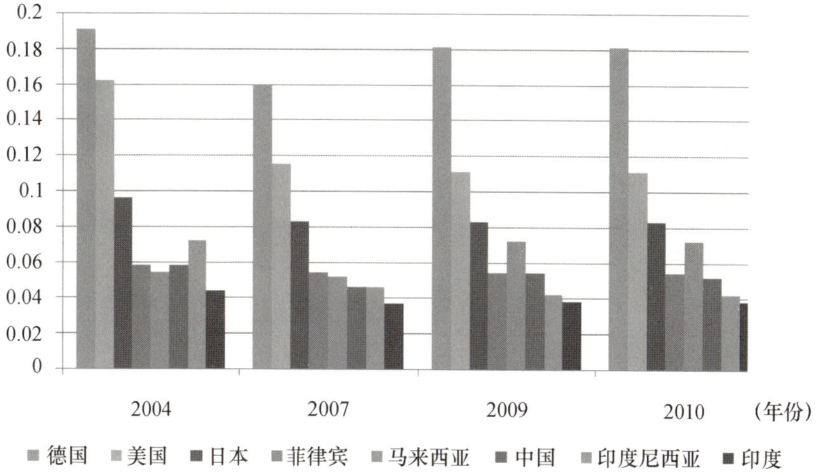

图 5—1 2004—2010 年八国制造业单位劳动力成本水平变化

数据来源：根据联合国工业发展组织数据库相关年份数据整理。

于我国，菲律宾、斯里兰卡等国已接近我国的水平，个别国家如马来西亚水平仍高于我国。见表 5—3。

三、国际比较若干结论

“中国制造”的劳动力成本优势时代是否面临终结，答案不能建立在个案或者个别数据的基础上，而要取决于权威可靠的数据和科学的估算方法。我们基于国际劳工组织和联合国工业发展组织的数据库，通过口径一致、连贯和具有可比性的各国相关统计数据，对我国制造业劳动力成本比较优势进行了分析。研究表明，“中国制造”的劳动力成本优势并非已成“明日黄花”。

（一）从小时劳动力成本看绝对比较优势变化

根据国际劳工组织的数据（参见图 5—2），我国制造业小时劳动

表 5—3

制造业单位劳动力成本比较

（单位：亿元，本币）

国家	年份	雇员工资和薪金	产出	单位劳动力成本	年份	雇员工资和薪金	产出	单位劳动力成本	年份	雇员工资和薪金	产出	单位劳动力成本	年份	雇员工资和薪金	产出	单位劳动力成本
中国	2010	31 536	605 191	0.052	2009	25 921	479 200	0.054	2007	15 944	347 235	0.046	2004	10 119	175 284	0.058
印度	2008	11 878	313 252	0.038	2008	11 878	313 252	0.038	2007	9 752	266 751	0.037	2003	5 437	124 427	0.044
印度尼西亚	2009	833 967	20 009 437	0.042	2009	833 967	20 009 437	0.042	2007	704 562	15 470 020	0.046	2003	605 503	8 388 040	0.072
日本	2007	265 030	3 200 740	0.083	2007	265 030	3 200 740	0.083	2007	265 030	3 200 740	0.083	2002	258 320	2 683 130	0.096
韩国	2008	750 040	11 229 880	0.067	2008	750 040	11 229 880	0.067	—	—	—	—	1999	389 997	4 797 330	0.081
马来西亚	2008	590	8 177	0.072	2008	590	8 177	0.072	2007	384	7 429	0.052	2003	281	5 169	0.054
菲律宾	2006	1 647	30 397	0.054	2006	1 647	30 397	0.054	2006	1 647	30 397	0.054	2003	1 318	22 639	0.058
斯里兰卡	2010	959	14 174	0.068	2008	1 001	14 465	0.069	—	—	—	—	2001	285	3 998	0.071
泰国	2006	3 230	73 045	0.044	2006	3 230	73 045	0.044	—	—	—	—	2000	2 545	38 102	0.067
埃及	2006	146	2 036	0.072	2006	146	2 036	0.072	—	—	—	—	2002	92	833	0.110
南非	2011	—	—	—	2009	1 406	13 915	0.101	—	—	—	—	2004	262	9 648	0.027
加拿大	2008	804	5 884	0.137	2008	804	5 884	0.137	2007	835	5 993	0.139	2002	814	5 840	0.139
墨西哥	2010	3 273	48 249	0.068	2007	—	32 795	0.000	—	—	—	—	1999	954	13 593	0.070

续表

国家	年份	雇员工资和薪金	产出	单位劳动力成本	年份	雇员工资和薪金	产出	单位劳动力成本	年份	雇员工资和薪金	产出	单位劳动力成本	年份	雇员工资和薪金	产出	单位劳动力成本
美国	2008	6 071	54 803	0.111	2008	6 071	54 803	0.111	2007	6 119	53 187	0.115	2002	5 931	36 705	0.162
巴西	2007	1 257	13 461	0.093	2007	1 257	13 461	0.093	2007	1 257	13 461	0.093	2004	904	10 791	0.084
捷克	2007	3 057	35 042	0.087	2007	3 057	—	—	2007	3 057	35 042	0.087	2003	2 244	22 507	0.100
法国	2009	1 031	6 785	0.152	2009	1 031	6 785	0.152	2007	1 123	8 993	0.125	2003	1 084	9 162	0.118
德国	2009	2 499	13 782	0.181	2009	2 499	13 782	0.181	2007	2 715	16 996	0.160	2003	2 538	13 294	0.191
意大利	2009	907	7 427	0.122	2009	907	7 427	0.122	2007	978	8 933	0.109	2003	866	7 779	0.111
荷兰	2008	290	2 887	0.101	2008	290	2 887	0.100	—	—	—	—	2003	267	2010	0.133
波兰	2009	754	7 726	0.098	2009	754	7 726	0.098	—	—	—	—	2002	484	4 532	0.107
俄罗斯	2011	20 320	256 314	0.079	2009	16 155	167 596	0.096	2008	17 577	20 191	0.871	2004	8 153	82 706	0.099
西班牙	2009	544	3 941	0.138	2009	544	3 941	0.138	2007	609	5 290	0.115	2003	528	3 978	0.133
土耳其	2008	372	4 771	0.078	2008	372	4 771	0.078	—	—	—	—	—	—	—	—
乌克兰	2011	632	8 811	0.072	2009	448	5 593	0.080	2008	516	6 685	0.077	2004	216	3 063	0.071
英国	2009	650	4 396	0.148	2009	650	4 396	0.148	2007	746	4 700	0.159	1999	774	4 254	0.182
澳大利亚	2011	531	3 887	0.137	2006	—	3 679	0.000	—	—	—	—	2003	—	2 913	0.000
新西兰	2008	120	862	0.139	2008	120	862	0.139	2007	115	817	0.141	—	—	—	—

数据来源：雇员工资和薪金（Wages and Salaries Paid to Employees，100 million LCU）和产出（Output，100 million LCU）根据联合国工业发展组织（UNIDO）数据库相关年份数据整理。

说明：单位劳动力成本＝雇员工资和薪金/产出。

力成本从2000年的0.71美元增至2013年的3.98美元，十多年间小时劳动力成本增长了约4.6倍，年均增速为15.4%。同期，美国、日本和德国制造业小时劳动力成本年均增速分别为3%、2.9%和5%，巴西、墨西哥、捷克和菲律宾的制造业小时劳动力成本增速分别为8.2%、2.5%、11%和6.4%。

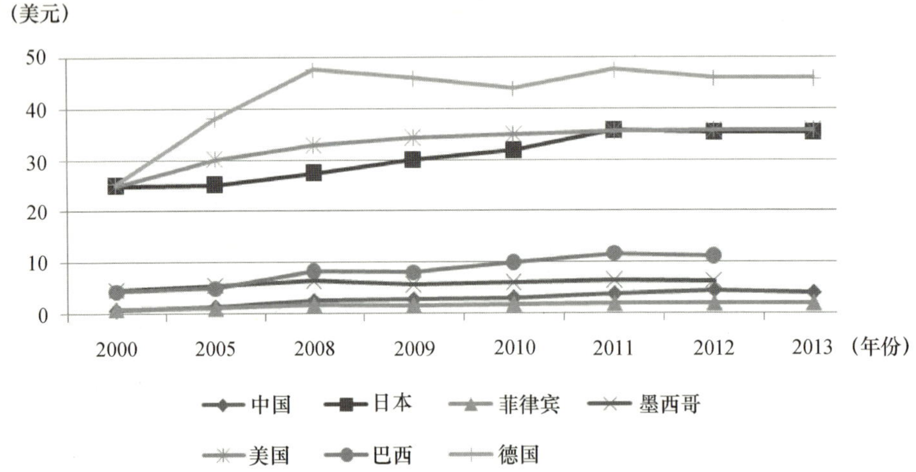

图5—2　2000—2013年七个国家制造业小时劳动力成本水平变化情况

数据来源：根据国际劳工组织数据库相关年份数据整理。

从增速看，我国制造业的劳动力成本的确增长较快，但这一高增速是建立在过去中国制造业劳动力成本绝对水平很低的基础上。同时，企业职工工资合理增长、社会保险逐步完善，也反映了我国收入分配政策在改善民生，缩小收入差距和提高人民福祉方面发挥了切实有效的作用。

与发达国家比较（见表5—1），2005年我国制造业小时劳动力成本约为同期美国制造业小时劳动力成本的4.48%、德国的3.46%、日本的5.19%，2013年这一比例分别上升到11.15%、8.69%和11.27%。尽管小时劳动力成本上升较快，但相比发达国家，我国制造业劳动力仍具有绝对比较优势。这一对比反映了“中国制造”在短期内仍然可以凭借成本优势参与全球产业链分工，在美、日等发达国家“制造业回归”和重振实体经济的进程中，深入参与全球产业、就业和贸易竞争。

结合水平和增速的数据可以作出如下判断：近年来，我国制造业劳动力成本绝对水平上升较快，但仍远低于美、日、德等发达工业化国家，相比东南亚国家，我国劳动力已无明显的绝对成本优势。

（二）从单位劳动力成本看相对比较优势变化

判断一国制造业是否具有劳动力成本优势，不能仅仅依据劳动力成本的绝对水平，还要考察单位时间内的人工投入产出效率，也就是要结合劳动生产率进行判断。通常，学术界用单位劳动力成本①作为衡量劳动力成本比较优势的指标。

首先比较劳动生产率。从表5—1中可以看出，我国制造业的劳动力成本上升速度很快，劳动生产率增速也很快，2005—2013年年均增速为9.25%。同期美国、日本、德国的劳动生产率增速分别为3.77%、2.41%和3.12%。虽然增速快于发达国家，但从水平上看我国制造业的劳动生产率比美国、日本、德国仍有较大差距，劳动效率

① 单位劳动力成本＝雇员工资和薪金（wages and salaries paid to employees，100 million LCU）比制造业产出（output，100 million LCU），数据均来自联合国工业发展组织数据库。

的提升仍有很大空间。泰国和菲律宾的制造业劳动生产率虽然绝对水平仍比中国低，但增速快于中国，“中国制造”需要加快升级步伐，进一步提高生产率，以维持对东南亚国家的竞争力。

（三）从劳动力市场变化看未来综合比较优势

2015 年，国务院印发《中国制造 2025》的通知，提出了实施制造强国战略的第一个十年行动纲领，对我国制造业的结构、布局和创新升级提出了全面具体的要求。在发达国家制造业回归和周边发展中国家成本优势凸显的“双向挤压”下，“中国制造”打造新的竞争优势，路在何方？“中国制造”的崛起依靠的不仅是劳动力成本优势，对比其他发展中国家，“中国制造”在劳动力数量、质量、效率以及集聚等方面具有综合优势。

一是劳动力仍具有绝对数量优势。预计 2020 年我国制造业从业人员总数在 2010 年的基础上可提升 20%，达到 1.2 亿人左右，即年均增长 250 万人左右，加上自然减员补充数，每年合计需增加新就业劳动力 470 万人。[①]

二是我国制造业产业工人的素质和效率都高于新兴的东南亚国家，我国人民的集体主义民族性格有利于制造业的发展，工人的技能水平、组织纪律性和吃苦耐劳精神优于东南亚等新兴经济体。

三是我国幅员辽阔，各地经济发展千差万别，具有极强的包容性。

① 参见：刘菊香，胡瑞文. 我国制造业人力资源现状及未来十年需求预测［J］. 高等工程教育研究，2013（4）：13-21.

在沿海地区用工成本攀升的情况下，很多制造业企业已经转向内陆，如富士康已经完成向郑州、太原和成都等地的转移，形成制造业东、中、西“雁阵式”发展格局。

四是经过20多年的发展，我国的制造业拥有目前世界上最完备的产业链，建立了高度细化的产业配套分工体系，具备了较为完备的产业配套能力，制造业配套设施、服务和软硬件环境优良，形成了生产要素集中度高、产业集群发展成熟等优势。

在当前背景下，促进原有优势转化和升级，形成新的比较优势，需打造升级版“劳动力优势”，形成人力资本优势，以人口质量红利替代数量红利。未来5年至10年内，保持劳动力比较优势和制造业的竞争力，根本出路在于走人力资本和全要素生产率同步提升、劳动报酬与劳动生产率同步提升的道路，紧紧抓住全球制造业大变革和我国制造业加速转型升级的有利时机，积极应对工业互联网、工业4.0、3D打印以及智能制造等技术进步对劳动力市场的挑战。

根据发达国家工业化进程的历史规律，劳动力成本上升是一个不可逆转的过程，通过压低工资等维持成本优势是不可持续的，也不符合国家实现收入翻番和居民共享发展成果的目标。未来一段时期内，政策支持应聚焦提升企业创新能力和全要素生产率，提高企业竞争活力，激发劳动者创造力，应全方位降低企业成本，而不能仅仅在降低用工成本方面做文章。

对政府部门而言，尤其要进一步围绕“三降两提一加强”出政策。

具体就是“三降”，降税费成本，降融资成本，降行政成本；“两提”，提升劳动者技能素质，提高劳动者生产效率；“一加强”，加强就业、社保、人才培训、劳动力成本监测等基本公共服务，为实现《中国制造 2025》战略目标创造良好的政策环境。

第六章 制造业人工成本变动：调查研究

一、广东、湖南最低工资调整对制造业人工成本的影响

（一）广东省和湖南省最低工资标准调整情况

广东省于1995年开始实施最低工资制度，各市根据当地的就业状况、人民生活水平和经济发展水平等进行了多次不同幅度的上调。2014年，广东省适时调整最低工资标准，逐步提高低收入者收入水平。2004年以来，共6次调整提高最低工资标准，年均增长11.31%。标准类别从最早的7类减少到目前的4类[①]，即一类地区广州，二类地区珠海、佛山、东莞和中山，三类地区汕头、惠州、江门和肇庆，四类地区韶关、梅州、河源、汕尾、茂名、阳江、湛江、清远、潮州、揭阳和云浮。

从省内情况看，一类地区的最低工资标准从2004年的684元调整到1 550元，增长1.3倍，年均增长9.5%，最低类的标准由352元提

① 据广东省人力资源社会保障厅有关同志介绍，2014年广东省有关部门研究将省内最低工资标准进一步调整为三类。

高到1 010元，增长1.9倍，年均增长12.4%，高于同期全省在岗职工平均年均增长速度（10.34%）。各地市间最低工资水平存在较大差距，而且这种差距逐渐扩大（见表6—1和图6—1）。

表6—1　　2004—2013年广东省最低工资标准调整情况

类别	2004年	2006年	2008年	2010年	2011年	2013年
一类	684	780	860	1 100	1 300	1 550
二类	574	690	770	920	1 100	1 310
三类	494	600	670	810	950	1 130
四类	446	500	580	710	850	1 010
五类	410	450	530	660	—	—
六类	377	—	—	—	—	—
七类	352	—	—	—	—	—
发文号	粤府函〔2004〕301号	粤府函〔2006〕155号	粤府函〔2008〕21号	粤府函〔2010〕44号	粤府函〔2011〕15号	粤府函〔2013〕17号
开始执行时间	2004.12.1	2006.9.1	2008.4.1	2010.5.1	2011.3.1	2013.5.1

资料来源：根据广东省人力资源社会保障厅提供材料整理。

与各地职工平均工资相比，1995年广东省各地市最低工资水平为当地职工平均工资的40%～60%，2011年这一比值均有所下降，大多数地市比重达不到40%（见图6—2）。

与外省市相比，广东省的最低工资标准调整并未能与职工平均工资和人均GDP相适应，与北京、上海相比，广东省在最低工资标准方面也没有明显的竞争优势。由图6—3可以看出，1995—2011年间广

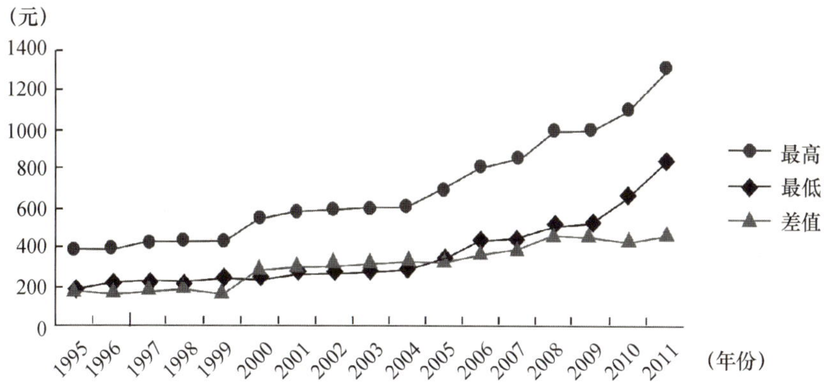

图 6—1　广东省最低工资高低值变化及差值情况

资料来源：根据广东省人力资源社会保障厅提供资料整理。

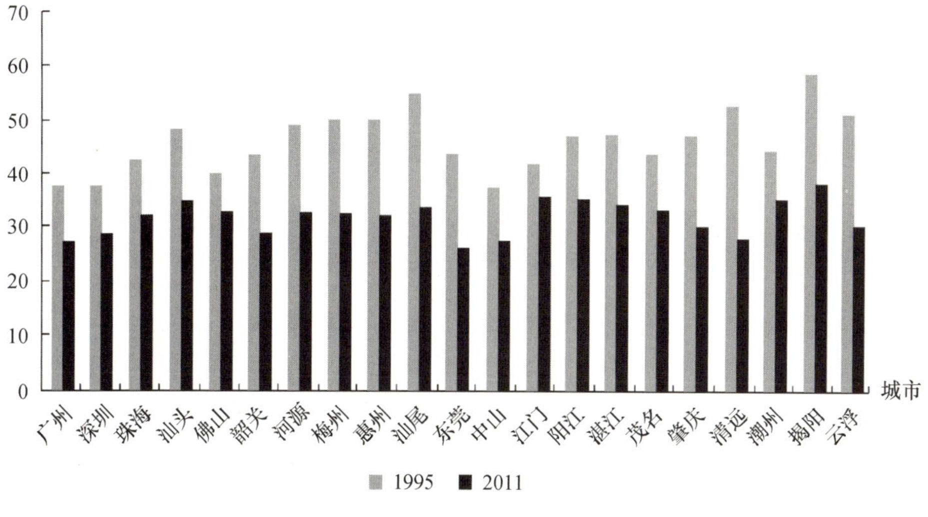

图 6—2　广东省地级市最低工资与职工平均工资比值

资料来源：罗燕，韩冰．广东省最低工资标准的就业效应研究［J］．产经评论，2013（4）：145．

东与北京、上海最低工资水平基本持平，之后的十多年里与两地的差距逐渐扩大。

为保障劳动者获得劳动报酬等合法权益，湖南省于 1995 年发布

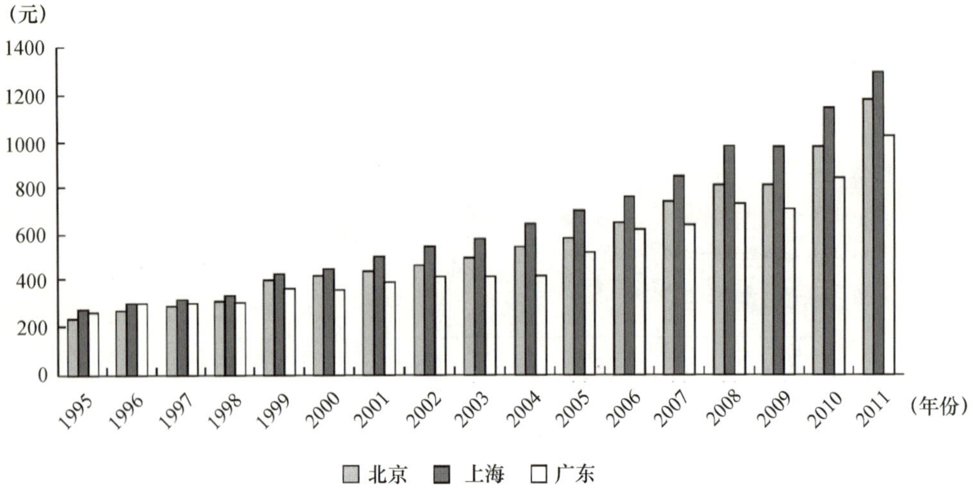

图 6—3 广东、北京和上海三地最低工资水平比较

资料来源：根据广东、北京和上海统计年鉴整理。

《湖南省最低工资规定》，在全省推行最低工资制度。2006 年，根据经济发展需要对规定进行了进一步修订，明确了适用范围、标准形式和调整程序等，同时，加大了对违反最低工资规定的处罚力度。

修订后的规定明确了最低工资不包括下列项目：用人单位支付给劳动者的延长工作时间工资，用人单位支付给劳动者的中班、夜班、高温、低温、井下、有毒有害等特殊工作环境、条件下的津贴，用人单位支付给劳动者的奖励性工资，用人单位通过提供伙食、住房等支付给劳动者的非货币性收入，用人单位为劳动者缴纳的社会保险费及住房公积金，国家规定的劳动者福利待遇。

另外，规定还明确了每年的 6 月份调整一次最低工资标准，适用时间为当年的 7 月至次年的 6 月，发生特殊情况时，调整的时间可以适当延长，但最长不超过两年。

2014年湖南省最低工资标准为：月最低工资标准（适用于全日制劳动者）分为1 265元、1 145元、1 035元和945元四档，小时最低工资标准（适用于非全日制劳动者）分别为12.5元、10.9元、10.4元和9.8元四档。需要说明的是，湖南省最低工资包括劳动者个人应缴纳的各种社会保险费。增速方面，2004年，湖南省最低工资标准最高档为460元/月，最低档为320元/月，2013年分别为1 265元/月和945元/月，10年间最高档增长幅度为175%，年均增长12%，最低档增长幅度为195%，年均增长12.7%。以长沙市为例，见表6—2。

表6—2　　2003—2013年长沙市最低工资调整情况

年份	城区		县市	
	月工资	小时工资	月工资	小时工资
2003	400	4.5	380	3.5
2004	460	5.5	420	4.5
2005	480	5.5	440	4.5
2006	600	6.5	500	5.5
2007	635	6.8	530	6.4
2008	665	7.5	560	7
2009	665	7.5	560	7
2010	850	8.5	800	8
2011	1 020	10	990	9
2012	1 160	11.5	1 050	10
2013	1 265	12.5	1 145	10.9

资料来源：根据湖南省人力资源社会保障厅提供的资料整理。

根据对湖南省总工会的调查，目前湖南最低工资制度的执行还存在以下问题：

一是过去10年间，居民消费价格指数年均增长3.18%，同期食品价格指数、粮食价格指数、菜价指数年均增长7%以上，这些物价变化对低收入职工群体而言，影响程度更大。如果考虑物价增长，可以发现最低工资实际增幅很小。另外，随着同期低收入职工医疗、住房、教育等开支的增加，实际最低工资所起到的作用远未达到保障目的。

二是部分用人单位变相不执行最低工资制度。根据调查，有的单位至今仍不执行最低工资标准，或者将最低工资标准作为工资支付标准。有的单位随意延长工作时间，提高劳动定额，使劳动者实际上得不到高于最低工资标准的工资，还有的单位用计件工资、无底薪提成、包吃包住等形式变相不执行最低工资。

三是最低工资标准上调增加了部分企业负担。从邵阳、湘西等经济落后地区反映的情况看，最低工资的提高对当地劳动密集型企业冲击最为明显，很多技术含量不高的制造业企业只能通过减少雇佣、加大工人工作量或者将工厂迁址到外地等来应对，影响了当地的就业，也影响了低收入者增收。

2014年，湖南省14个市州均按照要求颁布了当地最低工资标准，并根据经济发展水平和物价情况，建立正常调整机制。最低工资保障机制的建立，为维护劳动者的合法权益，规范企业工资支付行为，建立健全工资正常增长机制，调动广大劳动者生产积极性，保持和谐劳动关系以及促进全省经济健康持续发展发挥了重要作用。

（二）广东省和湖南省制造业发展情况

广东是领先全国的工业大省之一。近年来，广东省委、省政府陆续出台了关于工业产业结构调整、提高工业产业竞争力等措施，全省工业产业结构逐步合理化。电子信息、电气机械及专用设备、石油化工三大新兴支柱产业保持强劲发展态势，纺织服装、食品饮料、建筑材料三大传统支柱产业稳步发展，造纸、医药、汽车三大潜力产业发展迅猛、结构趋于优化，上述九大支柱产业对全省工业增长的主导作用不断增强。

2013年，广东高技术制造业增加值6 143.29亿元，同比增长9.8%，其中，医药制造业增长9.2%，航空航天器制造业增长3.8%，电子及通信设备制造业增长13.5%，医疗设备及仪器仪表制造业增长9.6%，电子计算机及办公设备制造业下降9.5%。先进制造业增加值12 314.71亿元，增长9.3%，其中，装备制造业增长10.0%，钢铁冶炼及加工业增长14.6%，石油及化学行业增长6.3%。装备制造业中，汽车制造业、飞机制造及修理业、环境污染防治专用设备制造业分别增长12.9%、3.8%和6.8%，船舶制造业下降1.4%；钢铁冶炼及加工业中，炼铁、炼钢、钢压延加工分别增长4.7%、44.7%和13.0%，铁合金冶炼下降38.1%；石油及化学行业中，石油和天然气开采业增长5.2%，石油加工、炼焦及核燃料加工业增长4.9%，化学原料及化学制品制造业增长7.7%，橡胶制品业增长4.1%。优势传统产业增加值增长9.2%，其中，纺织服装业增长8.1%，食品饮料业增长8.6%，家具制造业增长 8.5%，建筑材料增长 11.6%，金属制品业增长 9.3%，家用电力器具制造业增长 9.4%。

湖南省制造业主要依靠经济总量占到七成的烟草加工、化学原料及化学制品制造、黑色金属冶炼及压延加工、交通运输设备制造、非金属矿物制品、石油加工及炼焦、有色金属冶炼及压延加工、食品加工、专用设备制造、电气机械及器材制造等 10 大行业支撑。其中除专用设备制造业是湖南省近几年崛起的新兴支柱产业外，其余 9 个属于湖南省传统优势产业。烟草加工、化学原料及化学制品制造、黑色金属冶炼及压延加工、非金属矿物制品、有色金属冶炼及压延加工、食品加工等 6 个行业同时也是依托湖南省资源优势发展起来的资源型产业或原材料产业。

湖南制造业中绝大部分行业处于价值链的低端。根据“微笑曲线”理论，产业价值链按照附加值高低呈弧形曲线，两端高中间低，通常中间部分是制造、装配等低附加值环节的生产，主要依赖廉价劳动力和资源环境损耗获取微薄的收益。目前湖南制造业主体仍属于传统劳动密集型产业，如农副产品加工业，或者是资本技术密集型产业的劳动密集环节，如计算机行业的加工组装环节。湖南制造业各行业的集中度较低，按增加值占比排在前 5 位的行业总计占到全部制造业的 43%，反映出工业化还处在中期发展阶段，尚未出现一个占绝对主导地位的“领军”行业，也意味着在市场竞争中不具备行业竞争优势。

2013 年湖南全省制造业平均工资为 45 824 元，月平均工资为 3 819 元，远高于省最低工资标准。增速方面，2004—2013 年，全省制造业平均工资增长了2.69倍，年均增长11.64%，略高于省最低工资标准年均增速。制造业人工成本情况参见表6—3与表6—4。

表6—3　2007—2011年湖南省长沙市制造业人工成本构成情况　（%）

年份	从业人员劳动报酬	人工成本占总成本	人事费用率	百元人工成本利润率
2007	67.10	8.60	4.90	208
2008	72.90	6.10	6.80	69
2009	64.10	7.50	6.00	110
2010	79.20	8.30	7.10	181
2011	80.80	9.10	7.30	279

表6—4　湖南某制造业企业人工成本情况

年份	产量（万吨）	制造成本中的人工成本（万元）	全部人工成本（万元）	单位人工制造成本（万元）	单位完全人工成本（万元）
2009	430	77 242.55	97 211.25	179.62	226.05
2010	447	94 850.63	120 571.76	211.84	269.28
2011	624	143 287.35	177 605.34	229.5	284.76
2012	670	153 045.32	199 751.42	228.14	297.76
2013	674	143 679.26	192 980.93	212.87	285.01

资料来源：由湖南省人力资源社会保障厅提供。

（三）广东省和湖南省最低工资调整对企业人工成本的影响

1. 最低工资调整对低工资行业、中小微企业以及劳动密集型企业人工成本有较大影响，对高收入行业、国有大中型企业以及资本技术密集型企业人工成本有间接影响

不同行业对最低工资标准提高的承受力不同。调研中发现，广东、湖南等地的外向型企业大都具有代工性质，主要依靠人工和半自动化

生产，规模小、工资低、抗经济风险能力差，对最低工资政策具有较强的敏感性。广东一家玩具制造企业的负责人指出，2008 年之后广州最低工资调整增长太快了，现在达到 1 550 元/月，对企业成本冲击很大，因为厂里有一半多的员工因为最低工资标准上调要求涨工资，而且加班费和底薪也得跟着涨。最低工资对员工生产积极性有直接影响，像一些出口的产品三分靠机器七分靠人工，而且所有中间工作都是手工，如果连接不好就不能出厂，企业面临较大的订单压力。

湖南长沙一家煤炭企业反映，最低工资标准上调对正处于萧条期的煤炭行业有明显的影响，煤炭行业属于劳动密集型行业，人工成本比重高，近几年上升幅度也比较大，该企业 2013 年比 2009 年人均人工成本增加 323 元，现在职工工资水平为 2 695 元/月，在效益好时能稳步增长，现在企业处于亏损状态正常工资都发不出，煤矿停工津贴按最低工资 80%，还要维持 8 000 多万元的人工成本。

也有一些企业认为最低工资远低于职工工资水平，上调最低工资不会影响企业人工成本。这些企业一般是效益比较好的大型国有企业和资本技术密集型企业。

如广州某仪器厂提出，最低工资标准调整对企业影响不是特别大，因为厂里机械化程度高，雇用的都是高级技工，这些技术工人工资比最低工资高很多，包含加班费 40%，月工资 3 819 元，扣除加班费也不会低于最低工资。个别影响来自病假、带薪休假时期的工资发放要按照最低工资发。如果最低工资标准每年增加 200 元基本不会影响月工资。

湖南两家国有建筑业企业也认为最低工资对企业人工成本影响不大，普工月工资基本在3 000多元，计件工有的能拿到5 000～6 000元/月。按劳务派遣的工资标准结算工资也高于最低工资标准。企业每年会根据工资集体协商适度涨工资，2013年职工平均工资增长了15%。

2. 最低工资与企业基本工资、加班费基数、试用期、停工期以及病事假工资标准等挂钩，从而影响企业工资变化

一是广东省在2009年制造业专项调研中发现，被调查的70%的制造业企业以最低工资为基薪。调研中有很多企业承认是以最低工资为基本工资或者岗位工资的最低档。

二是很多企业将最低工资作为加班费计算基数。如广东某纺织公司在劳动合同里明确将最低工资作为加班费基数，虽然实际工资高于最低工资，但约定基数是最低工资，很多人加班时间长，所以最低工资对人工成本有间接影响。

三是很多企业将淡季浮动工资与最低工资挂钩。如广州某饮料企业人力资源负责人提出，饮料生产和销售受季节影响波动较大，企业工资制度的一个特点是实行浮动工资，淡旺季分明，淡季或停工时也会支付工资，这个工资要求不能低于最低工资。

四是最低工资与病事假、试用期工资挂钩。广东和湖南的很多企业将最低工资标准作为病事假计算待遇的一个参照，按照政府要求病假期间的工资不能低于最低工资的80%，临时性停工，也可以参考这个比例发放。一些人力资源服务公司提出，一些企业试用期工资都是

与最低工资挂钩的。

五是企业停工期工资参照最低工资发放。湖南一家煤业集团提出，最低工资标准提高对停产企业影响较大，根据《湖南省最低工资支付监督管理办法》，超过一个月未安排劳动工作的，用人单位按不低于当地失业保险标准支付停工津贴，由于煤炭市场低迷，该集团目前按照最低工资标准的80%发放停工津贴，煤矿保底员工较多，因此，这部分成本开支很大。另外，由于企业效益不好，部分管理岗位也按照最低工资发放工资，因此上调最低工资标准对企业人工成本影响较大。

3. 最低工资标准上调对特定岗位工资有直接影响，对部分岗位产生工资“溢出效应”，对员工涨薪预期有导向作用，对工资集体协商有舆论效果

在企业中不同岗位对最低工资调整的反应不同，一般而言，定岗定级档次较低的岗位受最低工资影响较为直接，这些岗位主要是生产操作和后勤服务类人员，或者是刚入职的毕业生。中高层管理和技术类岗位一般岗位定级较高，工资水平一般比最低工资高出很多，但这并不意味着其岗位工资不受最低工资影响，因为薪酬体系是一个整体，最低岗级的工资上浮会产生涟漪效应，引起更高岗级工资水平的上浮。如果最低工资远低于企业最低岗级的工资水平，那么，这种传导可能并不存在，但这意味着最低岗级的工资达到很高的水平。

首先，最低工资首先对特定岗位产生直接影响，如保洁、保安等岗位工资即地区最低工资。广州某物业公司主要是保安、保洁等岗位，拿的基本工资就是当地最低工资（1 550元），广州某家具厂，除了保

安，一般包装工、装卸工，也按照最低工资支付基本工资。

其次，最低工资对很多岗位工资水平产生间接影响，以湖南长沙一家制造业企业为例，作为一家高新技术企业，其大部分员工的工资水平高于最低工资标准，但部分一线工人和刚入职工人的岗位工资是以最低工资为标准的，随着最低工资的提高，一线工人工资的提高，以及加班工资基数的提高，最低工资对其他岗位的工资以及整个企业的人工成本的影响扩大了。尤其是一些操作类员工，具有很高的流动性，对周边地区工资水平很敏感，留住这些员工需要支付相当高的成本，也直接影响到产品竞争力。该集团的职工还反映，最低工资标准上调是涨工资的信号，也是他们要求企业涨工资的重要依据。这种意识上的共识造成了社会舆论，对企业人工成本决策有潜移默化的影响。

4. 外资企业面临实际人工成本上升与总部人工成本管控约束，港资台资企业对最低工资调整时机较为敏感

根据湖南长沙某德资外企的人力资源经理介绍，中国地区分公司的工资总额受到德国总部的严格管控，虽然每年总部都会给一部分工资增长额度，但这个比例低于国内最低工资增长幅度，让工人感到工资涨幅没有达到地区最低工资的增长，公司难以向员工解释和沟通。

总体看，外企职工的工资水平高于最低工资，但是高于一定比例，如果持续提升最低工资标准，就有可能卡到这条线上。公司曾经给德国总部打报告，但德国总部的高层决策者不认可中国调整收入分配的理由。德国一般工资每年上涨 1％～2％就很高了，不能理解最低工资涨 10％以上。

另外，根据公司的统计，公司近年来人工成本呈几何级数增长，基本工资增长1%，人工成本会增长15%～17%，对总部追加投资会有影响，目前的解决办法是加大生产设备的自动化程度，替代劳动力，减少对人的依赖性，但这样会减少就业机会。

也有港台企业提出，调整最低工资要注意时机，因为外贸订单一般在上半年来，如果下半年调高最低工资标准，会导致当期的成本上升无法消化，造成企业亏损。因此，建议政府每年定期发布最低工资标准，或者要提前告知企业，以便企业在谈订单时合理调整价格。现在订单和汇率变化很快，利润空间很小。

5. 最低工资调整对企业生产经营的其他影响

一是人工成本比重较高、产品市场竞争激励的制造业企业难以消化最低工资上调压力。产品外向型、买方垄断型及处于完全竞争市场的企业利润空间受影响较大。最低工资调整对行业影响，主要看人工成本占总成本比重，所有职工都执行最低工资，如果最低工资增长，企业影响大。如长沙某企业人工成本占总成本比重的40%，人事费用率为10%。由于国家电网是其主要买家，基本控制了产品价格，而国内深圳、江西和浙江有上百家同类企业，处于完全竞争市场，如果提高价格很可能中不了标，因此对人工成本上升有压力。

二是最低工资调整影响低端制造业企业招工、培训和转型升级。多数被访企业反映在粤用工人数下降，人员流动率高，部分企业厂址迁往内地，地区最低工资上升，会影响企业投资建厂的决策。例如广州地区制鞋业原来是全国发育最成熟的，配套很齐全，现在基本没有制鞋业，原因就在于劳动力成本上升后工厂转移到内陆了。另外，最低工资也是地区劳动力吸引力的信号，珠三角地区近年来出现“招工难”的现象，与工资水平不再具有吸引力有关，如广州某印刷制品公司因为广州人工成本高，已经转移梅州设厂。

三是被访企业普遍反映社保负担较重，认为最低工资标准上调影响社保缴费基数变化。很多企业指出，社会平均工资的提高给企业缴纳社保带来了巨大的压力，而社会平均工资与最低工资又有关系，因此对最低工资标准提高有顾虑。

如广州某制衣公司反映，公司按照政府要求要给员工缴纳社会保险费，但很多农民工不愿意缴费，增加了“招工难”的程度，希望政府能放宽社保缴纳政策。

另外，湖南一家企业指出，社会平均工资提高导致社保缴费基数提高，地方医疗保险缴费比例提高，这是造成人工成本提高的主要原因。

四是员工流失率高导致企业招聘成本增加，也是人工成本上升的原因。据一些企业介绍，现在招聘成本很高，网络和现场招聘600～800元一场，平均一个人300～500元，流失一个损失很大。企业通过提高福利水平、缩减管理岗位、机器替代等方式消化人工成本压力，如广州某家具厂提供免费丰盛的自助餐，提升员工满意度。

（四）对是否有必要建立行业最低工资标准的讨论

我国最低工资标准属于地区分类制定，各省市在确定最低工资标准时，主要依据本地区低收入职工收支情况、地区物价水平、赡养系数、平均工资、劳动力供求状况、劳动生产率、地区综合经济发展状况等因素确定。这种地区模型相对容易测算标准，执行时标准统一，不存在过多歧义。如需出台行业工资标准，则需要考虑更多行业因素。从调研情况看，对建立行业工资标准大致呈现两方面意见。

总体来看，主张建立行业最低工资标准的主要是工会、低工资行业以及劳务派遣单位。例如，广东某人力资源服务公司的人力资源经理建议，调整最低工资除了按地区划分外，还应按照行业，因为不同行业人工成本构成差异很大，对最低工资上调承受力不同，不要一刀切，实行同一个标准难度大。具体做法可以是制定一个目录，确定不同行业调整幅度，对受影响大的微利企业可控制幅度，对有些垄断行业最低工资可以提高一些。

工会的代表提出，有必要建立行业最低工资标准，原因有以下三点：一是有利于保护低收入劳动者，政府可以针对低收入行业设定行业最低工资标准，通过高于地区最低工资的标准设置，引导行业劳动者开展工资集体协商，切实增加工资收入；二是有利于提高农民工的收入，农民工所在行业基本为劳动密集型行业，对劳动密集型行业设定行业最低工资标准，将有利于促进农民工分享经济发展成果；三是有利于推动产业升级，通过设定行业最低工资标准可以迫使一些具备技术改造条件的企业率先减少人工，提高机器设备使用率。

对于具体做法，建议行业最低工资标准按照整个行业工资水平的60％，分行业确定，不是笼统地提一个最低工资标准，应该参考主要行业在岗职工的工资标准，甚至可以排除金融等高收入行业。

反对建立行业最低工资标准的观点主要从合理性和可操作性两个角度出发，调研中多数政府部门官员反对建立行业最低工资。其理由如下：

一是最低工资制度主要是地区性的，其定位是保障低收入群体基本生活，其中，低收入群体不应该有行业区别，不能说一个地区的银行保安和煤矿保安在生活成本上有不同，作为一个职业，其最低工资的影响应该是一样的。

二是如果要建立行业最低工资标准，需明确行业和地区最低工资标准之间的关系。如果出台行业最低工资标准，不可避免地要涉及两个标准谁高谁低的问题，从发挥实际作用和满足职工预期的角度，行业工资标准要高于地区最低工资标准，其中可能存在两个标准相冲突的情况。而且，不好处理的是选高工资行业还是低工资行业。

三是行业最低工资标准，关键看企业划分和通用工种。例如，一个岗位在金融和餐饮业最低工资标准不同，会影响供求关系。需明确选择合适的行业实行行业最低工资标准，即出台高工资还是低工资行业的最低工资标准，如果出台高工资行业的最低工资标准，将进一步推高其平均工资，扩大收入差距；如果出台低工资行业的最低工资标准，则会影响企业生产经营，难度较大。

四是需明确企业所属行业的界定办法。目前，全国各地正在大力推进企业工商登记制度改革，企业营业执照登记多项经营范围，实际业务也涉及多个行业，如不具体规定无争议和易操作的行业界定办法，企业不同业务板块间容易出现多个工资标准。

五是需明确行业最低工资标准的立法依据。实行行业最低工资，属于设定用人单位与劳动者的权利义务，必须由部门规章或地方政府规章以上层次做出规定，否则会面临如同高温津贴类似的困境，企业不执行，劳动监察也没有法律依据，无法做出相关处罚。因此，从法理上来讲，出台行业工资标准首先要从国家层面修订最低工资立法，或者出台新的工资法律法规。

（五）若干结论与思考

最低工资调整对企业人工成本究竟有何影响？不可笼统地下结论，对于不同类型的企业影响各异，而且从不同层面看会得出不同的答案。

1. 对最低工资是否影响企业人工成本有两种观点

第一种观点认为基本没有影响。声音主要来自部分政府部门、部分国有大型企业以及一些技术或资本密集型企业。理由主要是大型企业、技术或资本密集型企业的工资水平比最低工资标准高很多。广东省曾经在2004年请暨南大学韩兆洲教授做过一项课题，结论是最低工资对总成本影响程度为0.1‰，对人工成本影响为1%～3%。

第二种观点认为有一定影响。这种声音主要来自一些劳动密集型企业、中小微企业，也有部分政府部门，如工会。主要理由：一是最低工资与基本工资、加班费基数、病事假工资基数和停工期间的工资挂钩，例如，广东的一项调查表明，70%的制造业企业以最低工资为底薪；二是社保压力大，认为社保虽然以社会平均工资为基数，但有调查表明，社会平均工资变化与最低工资的调整有关；三是导向作用，最低工资具有风向标的作用，往往成为职工提出涨工资诉求的依据；四是涟漪效应，有很多企业反映，最低工资虽然对大部分岗位的工资影响不大，但对最低岗的工资有影响，最低岗工资涨了，通常也会带动其他岗位的工资增长；五是最低工资对个别岗位有直接影响，如保安、保洁等岗位，基本按最低工资付酬，一些政府部门表示，很多一线职工和岗位的收入增长还得靠最低工资标准调整。

从外企的情况看，有一家德资企业的代表提出，在华公司的工资水平比最低工资高，但是如果持续提升最低工资标准，有些岗位的工资就有可能卡到最低工资这条线上，公司也一直说服德国总部，但高层决策者不认可增资理由，在德国，工资一般年度上涨1%～2%，认为中国的工资涨得太快，不能理解涨10%以上。

2. 不同层面看最低工资影响程度不同

不同层面对最低工资的认识不同，宏观和中观层面认为影响不大，微观层面认为影响很大。微观层面，最低工资标准是法律底线，但在企业就把它作为最高标准。对劳动者没有谈判的标准，企业人力资源部很难做，一方面希望涨工资，好招工；另一方面老板又要求控制人工成本。

3. 最低工资调整对不同企业运营发展有不同影响

一要看最低工资的影响，要分析人工成本占总成本的比重。比重低的，影响小，劳动密集型企业一般人工成本比重高，如一些纺织、家具、玩具等行业的企业，人工成本占比达到30%～40%，工资上升就会影响企业运营。二要看工资增长能否转嫁到产品价格上去。完全竞争行业，产品价格受市场控制，就会对成本敏感，例如广东地区的一些港澳台资企业要在拿订单前几个月打听最低工资，以便应对外贸订单价格谈判。三要看企业能不能有效化解人工成本压力。有的迁到内陆最低工资低的地方，有的用机器替代，有的找不到办法只能压缩利润。

4. 政府部门应对最低工资上涨的压力很大

政府部门在调整最低工资时，通常会遇到以下压力：一是在制定最低工资标准时，要处理好企业承受力与劳动者增收的矛盾；二是要考虑到吸引劳动力，解决招工难和企业承受力的矛盾，如内蒙古、湖南、广东等地，最低工资往往是地区工资竞争力的信号，或高或低对地区招商引资都有影响；三是本地调整和周边地区调整的快慢大小矛盾，很多省份都关心水平排名，甚至省委省政府在确定和发布最低工资标准时都很谨慎。

5. 是否建立行业工资标准存较大争议

大多数被调查者表示反对，一是因为需要考虑行业最低工资与地区最低工资的关系；二是不好界定企业所属行业，不好选行业会影响行业间劳动力流动，与最低工资保障作用初衷相悖。但是，也有少部分支持，如有观点认为，因为不同行业成本不同，在工资决定机制方面，本身就存在工资差距，为保障劳动者利益，可以区分行业设定最低工资标准。

二、北京、天津、重庆最低工资调整对制造业人工成本影响调研报告

（一）三地最低工资调整的基本情况

人工成本研究的关键是数据，只有掌握企业的微观数据，才能全面深入把握企业人工成本的水平、趋势和变动原因。人工成本研究的难点也是数据，这是目前国内外学术界关于最低工资与企业人工成本研究成果不多的重要原因。企业人力资源及财务部门一般掌握自身的人工成本信息，由于人工成本大都涉及商业机密，因此，一般企业不愿公开或者透露自身的人工成本信息。人工成本对于制造业企业至关重要，企业不仅需要控制自身的人工成本，而且十分关注行业层面的人工成本动态，因为这些信息与企业生产经营密切相关，因此一些行业协会和咨询公司也会有偿发布行业层面的人工成本信息。

从宏观调控角度，政府部门需要掌握真实的企业人工成本信息，从而更好地制定经济调控政策。我国部分省市以及地级市的人社部门已经形成了较为成熟的人工成本信息发布机制，如北京、上海、天津等直辖市每年发布《劳动力市场工资指导价位和企业人工成本信息》，其中包含了行业层面的人工成本信息，为我们理解和分析制造业人工成本创造了很好的条件。

我们通过调研得到了2012—2013年北京市和天津市的企业人工成本信息，结合两地近两年最低工资调整的情况，我们以京津两地为例

做关于最低工资与制造业人工成本关系的案例研究。

1. 2012—2013 年北京市制造业人工成本情况

2013 年，北京市制造业人工成本占增加值比重为 28.93%，占销售收入比重为 4.99%，占总成本比重为 5.44%。相比建筑业、批发零售业和房地产业，北京的制造业人工成本投入产出比重相对较低，具体参见图 6—4。

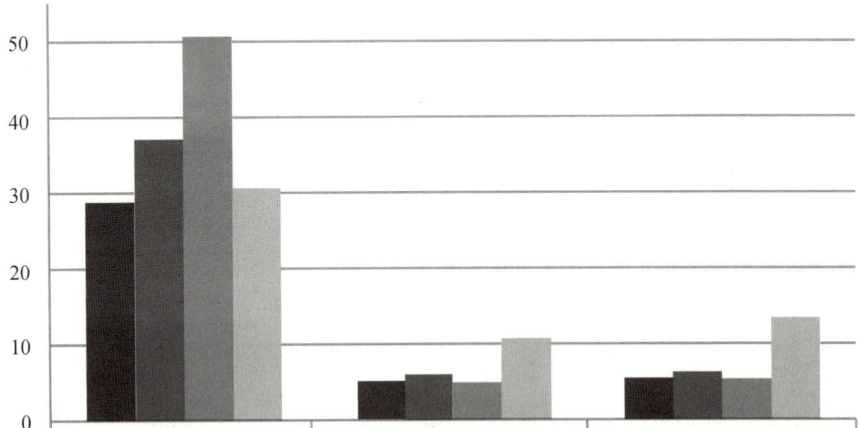

	人工成本占增加值比重 (%)	人工成本占销售收入比重 (%)	人工成本占总成本比重 (%)
■制造业	28.93	4.99	5.44
■建筑业	36.94	6.03	6.37
■批发零售业	50.35	4.86	5.28
■房地产业	30.50	10.59	13.44

图 6—4　2013 年北京市制造业与其他行业人工成本比较

从北京市制造业人工成本各项构成情况看，比重最高的是劳动报酬（占比 65.28%），其次是社会保险费用（占比 15.27%），两项合计占制造业人工成本总额的 80.55%（见图 6—5）。分所有制看，2013 年港澳台及外商投资企业的劳动报酬、社会保险、福利、住房补贴和

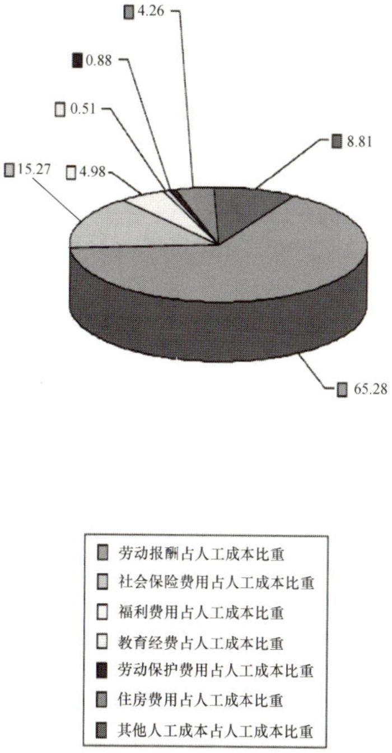

2013年全市制造业人工成本构成情况

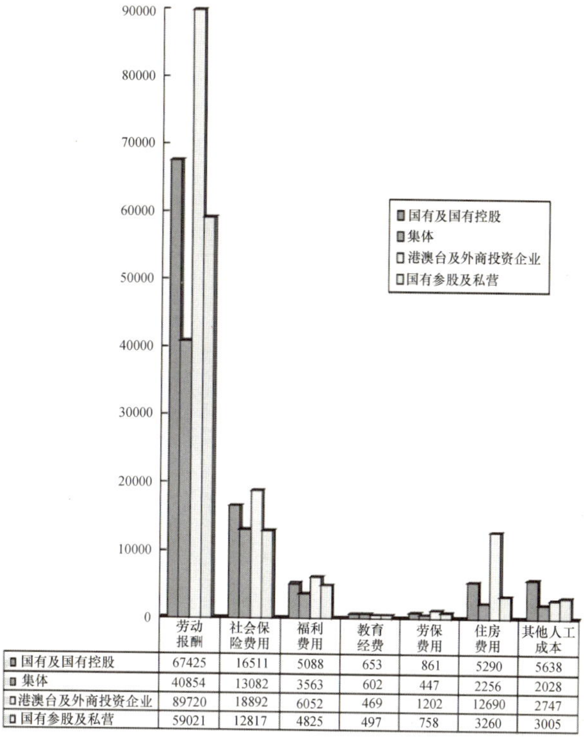

	劳动报酬	社会保险费用	福利费用	教育经费	劳保费用	住房费用	其他人工成本
国有及国有控股	67425	16511	5088	653	861	5290	5638
集体	40854	13082	3563	602	447	2256	2028
港澳台及外商投资企业	89720	18892	6052	469	1202	12690	2747
国有参股及私营	59021	12817	4825	497	758	3260	3005

2013年制造业人工成本构成指标对比

图6—5 2013年北京市制造业人工成本构成情况
[单位：%，元/(人·年)]

劳动保护投入最高，国有与集体企业的教育经费最高。

北京市人工成本监测和管控从2004年开始，在每年的《劳动力市场工资指导价位和企业人工成本信息》手册中，披露本市主要行业的人工成本水平、结构和增速信息，供企业参考，取得了良好的社会效果。北京市人工成本监测的目的之一是鼓励企业提高人工成本投入产出效率，实现赢利能力提升。从企业经济效益、劳动分配、企业竞争力三者关系上看，人工成本应该在确保前两者平衡的前提下，增强企业的竞争力。以2012年和2013年为例，北京市制造业人工成本水平、结构及效率情况参见表6—5、表6—6和表6—7。

表6—5　　2012年北京市制造业人工成本水平情况

（单元：元/人）

制造业分所有制类型	人均人工成本	从业人员劳动报酬	社会保险费用	福利费用	教育经费	劳动保护费用	住房费用	其他人工成本
制造业	93 354	62 306	17 258	3 927	576	869	3 634	4 785
国有及其控股企业	91 537	60 338	14 867	3 758	634	867	4 533	6 540
集体企业	50 227	35 072	10 104	1 359	184	446	2 155	907
港澳台及外商投资企业	124 690	82 159	29 174	5 737	675	1 011	2 743	3 190
国有参股及私营企业	66 048	47 234	10 899	2 517	328	750	2 243	2 077

表6—6　　2012年北京市制造业人工成本构成情况　　（%）

制造业分所有制类型	人工成本百分比	从业人员劳动报酬	社会保险费用	福利费用	教育经费	劳动保护费用	住房费用	其他人工成本
制造业	100	66.74	18.49	4.21	0.62	0.93	3.89	5.12
国有及其控股企业	100	65.92	16.24	4.11	0.69	0.95	4.95	7.14
集体企业	100	69.83	20.12	2.71	0.37	0.89	4.29	1.81
港澳台及外商投资企业	100	65.89	23.4	4.6	0.54	0.81	2.2	2.56
国有参股及私营企业	100	71.52	16.5	3.81	0.5	1.14	3.4	3.14

表 6—7 2013 年北京市制造业人工成本投入产出情况

产业分类	人工成本占总成本比重（%）	劳动分配率（%）	人事费用率（%）	人均人工成本（元）
制造业	5.44	28.93	4.96	107 455
食品制造业	12.29	59.46	11.59	91 431
纺织业	10.11	55.26	10.12	57 292
家具制造业	20.43	61.09	18.67	67 193
通用设备制造业	4.36	41.9	4.3	83 497
汽车制造业	3.48	15.26	3.01	140 741
交通运输设备制造业	22.41	72.17	20.55	162 467
电气机械和器材制造业	26.83	48.57	19.11	125 486
计算机、通信和其他电子设备制造业	6.13	30.48	6	120 468

2013 年制造业人均人工成本与上年相比，增幅为 15.1%，但是制造业人工成本各项投入产出比均有所下降（具体参见表 6—7）。这就表明制造业的人工成本上涨与劳动生产率提高具有同步性，在这种情况下人工成本上涨并未对企业生产经营带来负面影响，而且有利于吸引人才，提高整个行业的劳动者技能水平，属于良性增长。

2. 2013—2014 年天津市制造业人工成本情况

天津市的人工成本包括从业人员劳动报酬总额、福利费用、教育经费、社会保险费用、劳动保护费用、住房费用和其他人工成本，相当于《企业会计准则第 9 号——职工薪酬》中“职工薪酬”科目附加劳动保护费用及招聘费用等。人工成本投入产出情况包括人工成本占总成本比重、劳动分配率、人事费用率、百元人工成本利润额等指标。其中，人事费用率是人工成本总量与销售（营业）收入的比率，表示在一定时期内企业生产和销售的总价值中用于支付人工成本的比例。劳动分配率是人工成本总量与增加值的比率，表示一定时期内企业新创造价值中用于支付人工成本的比例，由于部分行业不统计增加值，有些行业的该项指标未作核算。百元人工成本利润额是利润总额与人工成本总量的比率，表示每投入100元人工成本，能够给企业创造的利润总额。

2013年，天津市制造业人工成本水平为95 319元，国有企业、私营企业、港澳台和外资企业的人工成本水平分别为93 114元、69 419元、83 528元和115 643元。人工成本各项构成中，从业人员劳动报酬比重最高（62.32%），其次是社会保险费用（14.88%），福利费用、教育经费、劳动保护费用、住房费用和其他人工成本分别占6.37%、0.71%、1.17%、5.23%和9.32%。见表6—8和表6—9。

表6—8　2013年天津市制造业人工成本及各项构成水平情况

（单位：元/人）

产业分类	人均人工成本	从业人员劳动报酬	福利费用	教育经费	社会保险费用	劳动保护费用	住房费用	其他人工成本
制造业	95 319	59 407	6 070	677	14 188	1 111	4 984	8 882
国有企业	93 114	56 080	4 058	803	16 560	1 286	6 598	7 729
有限责任公司	84 415	56 677	4 804	462	11 078	737	2 860	7 798
股份有限公司	83 524	55 649	5 280	567	13 789	415	4 035	3 790
私营企业	69 419	51 868	3 200	462	9 918	585	1 554	1 832

续表

	人均人工成本	从业人员劳动报酬	福利费用	教育经费	社会保险费用	劳动保护费用	住房费用	其他人工成本
集体企业	53 132	30 699	2 650	161	15 909	259	2 259	1 195
港澳台合资企业	64 947	43 868	2 588	208	9 777	222	3 539	4 745
港澳台独资企业	83 528	55 942	5 024	268	11 933	634	3 796	5 957
外商合资企业	117 962	64 709	11 108	826	18 862	2 248	6 923	13 285
外商独资企业	115 643	70 031	8 071	1 056	14 649	1 286	6 302	14 247

表 6—9 2013 年天津市制造业人工成本各项构成占比情况 （%）

产业分类	人工成本百分比	从业人员劳动报酬	福利费用	教育经费	社会保险费用	劳动保护费用	住房费用	其他人工成本
制造业	100	62.32	6.37	0.71	14.88	1.17	5.23	9.32
国有企业	100	60.23	4.36	0.86	17.78	1.38	7.09	8.3
有限责任公司	100	67.14	5.69	0.55	13.12	0.87	3.39	9.24
股份有限公司	100	66.63	6.32	0.68	16.51	0.5	4.83	4.54
私营企业	100	74.72	4.61	0.67	14.29	0.84	2.24	2.64
集体企业	100	57.78	4.99	0.3	29.94	0.49	4.25	2.25
港澳台合资企业	100	67.54	3.98	0.32	15.05	0.34	5.45	7.31
港澳台独资企业	100	66.97	6.01	0.32	14.29	0.76	4.51	7.13
外商合资企业	100	54.86	9.42	0.7	15.99	1.91	5.87	11.26
外商独资企业	100	60.56	6.98	0.91	12.97	1.11	5.45	12.32

从天津市制造业人工成本投入产出情况看，人工成本占总成本比

重为21.94%，劳动分配率和人事费用率分别为67.13%、20.49，百元人工成本利润率为40.7%（见表6—10）。对单个企业来说，与同行业平均水平比，理想的情况是“一高三低”，即平均人工成本高，劳动分配率、人工成本占总成本比重以及人事费用率低。这是企业劳动要素高投入、高产出和高效益的体现。相反，如果出现“一低三高”，即平均人工成本低于同行业水平，而人工成本占总成本比重高、劳动分配率和人事费用率高，则表明企业劳动要素投入低，产出低，整体效益不高，人工成本需要优化调整。

表6—10　2013年天津市制造业人工成本投入产出情况　（%）

产业分类	人工成本占总成本比重	劳动分配率	人事费用率	百元人工成本利润率
制造业	21.94	67.13	20.49	40.7
食品制造业	22.58	66.71	21.03	77.9
纺织业	26.34	75.73	23.91	−45
家具制造业	20.87	82.61	21.92	9.91
通用设备制造业	22.09	68.68	19.68	34.3
汽车制造业	18.17	65.75	16.82	39.7
交通运输设备制造业	29.04	61.87	38.09	4.73
电气机械和器材制造业	20.22	61.73	19.55	95.5
计算机、通信和其他电子设备制造业	25.12	74.99	24.09	8.21

3. 重庆市最低工资调整情况

截至2013年8月，重庆市最低工资标准水平列全国第29位，比倒数第一的贵州高20元，比全国平均水平低236元。西部12省市中，重庆市列第 11 位，比四川低 150 元，比湖南低 110 元，比陕西低 100 元，比云南、湖北低 50 元。按照国家“十二五”规划要求，最低工资标准年均要增长 13%以上，最低工资标准达到当地城镇从业人员平均工资的 40%以上。为贯彻这一规划目标，重庆市委三届九次全会决议要求，贯彻按劳分配原则，建立职工工资正常增长和支付保障机制，工资增长与劳动生产率、企业利润、高管薪酬“三挂钩”，按上年全市城镇经济单位职工月平均工资的 30%动态调整最低工资标准。

2013 年，重庆最低工资标准（1 050 元）是 2012 年城镇非私营单位就业人员平均工资（3 783 元）的 27.8%，远低于规划要求的 40%的目标。

（二）最低工资调整对用人单位和劳动者影响的九个方面：以重庆市为例

1. 最低工资标准是指导劳资双方工资集体协商的底线

用人单位工资结构千差万别，很多用人单位将劳动者最低工资标准作为劳动合同约定的“基本工资”或“底薪”。在劳动关系建立之初，最低工资标准起到了保障劳动者基本劳动报酬的指导作用。在重庆此类情况占劳动合同签订（约 700 万人）的三成，涉及劳动者 200 多万人。

2. 最低工资标准是协商确定加班工资计算的底线

重庆市劳动和社会保障局《关于企业职工加班加点工资计算基数等有关问题的通知》（渝劳社办发〔2006〕124 号）及市劳动和社会保

障局《关于工资等有关问题处理意见的通知》（渝劳社办发〔2008〕65号）规定，劳动者加班工资计算基数可以约定，但不得低于当地最低工资标准。由于我国法律关于加班工资支付比例的规定高于很多发达国家，在实践中很多用人单位与劳动者约定将最低工资作为加班工资计算基数。此类情况约占重庆市劳动合同签订量的一成，涉及劳动者70余万人。

3. 最低工资标准是重庆市确定失业保险金的依据

《重庆市失业保险条例》规定，失业保险金的标准，按照低于最低工资标准，高于城市居民最低生活保障标准的原则确定。2012年，全市发放失业保险金2.6亿元，涉及劳动者34.43万人次。

4. 最低工资标准是确定职工病假工资和职工因病死亡待遇的依据

由于病假期间劳动者未向用人单位提供劳动，《关于印发重庆市职工病假待遇暂行规定的通知》（渝府发〔2000〕47号）规定，患病职工医疗期间每月领取的病假工资不得低于当地最低工资标准的80%。同时，《关于印发重庆市企业职工因病死亡待遇暂行规定的通知》（渝府发〔2000〕42号）规定，由死者生前提供主要生活来源供养的直系亲属，可根据其生活困难情况，酌情给予定期或不定期的生活补助。补助标准以供养直系亲属户口所在地最低工资标准为基数，城镇的每人每月发给50%，农村的每人每月发40%，供养直系亲属为孤寡老人或孤儿的，增加10%。

5. 最低工资标准是企业停工、停产支付工资的依据

原劳动部《关于印发工资支付暂行规定的通知》（劳部发〔1994〕

489号）规定，非因劳动者造成单位停工、停产超过一个月工资支付周期的，若劳动者提供了正常劳动，则支付给劳动者的劳动报酬不得低于当地最低工资标准，若劳动者没有提供正常劳动，应按国家有关规定办理。目前，很多停工停产的企业，尤其是国有、集体企业以最低工资标准，或者按照最低工资一定比例，向劳动者支付停工停产情况下的工资。

6. 最低工资标准是处理试用期劳动争议的依据

《劳动合同法》规定，劳动者在试用期的工资不得低于本单位相同岗位最低档工资或者劳动合同约定工资的80%，并不得低于用人单位所在地的最低工资标准。很多用人单位在招聘新员工时，并未及时签订劳动合同，双方对工资报酬往往口头约定，甚至没有约定，因试用不合格而辞退员工的情况时有发生，引起劳动报酬纠纷。最低工资因此成为很多情况下针对试用期工资的劳动监察、执法、仲裁和诉讼依据。

7. 最低工资标准是处理“计件工资”劳动争议的依据

一些实行计件工资的企业对劳动者未完成计件定额的，往往要扣发工资甚至拒发工资，根据原劳动部《关于贯彻执行〈中华人民共和国劳动法〉若干问题的意见》（劳部发〔1995〕309号）规定，用人单位和劳动者约定的，在未完成劳动定额或承包任务的情况下，用人单位可低于最低工资标准支付工资的条款不具有法律效力。在检查执法、仲裁和诉讼中，一般以最低工资标准作为未完成定额劳动的劳动者工资的支付依据。

8. 最低工资是处理“包干工资”制度下劳动争议的依据

有的用人单位与劳动者约定的工资为“包干工资”，即每月固定包括加班工资和奖金等。当劳动者实际工作时间超过法定工作时间时，很多用人单位一次支付加班工资。重庆市高级人民法院《关于审理劳动争议案件若干问题的指导意见》（渝高发〔2009〕4号）规定，用人单位与劳动者虽然未书面约定实际支付的工资是否包含加班工资，但用人单位有证据证明已支付的工资包含法定工作时间工资和加班工资的，可以认定用人单位已支付的工资包含加班工资，但折算后的工资标准低于当地最低工资标准的除外。劳动监察执法、仲裁和诉讼中，在劳动者存在超时劳动时，以最低工资为基数，计算劳动者“最低应得加班工资”。“包干工资”减去最低工资标准后，如果低于“最低应得加班工资”，则裁决用人单位补差支付加班工资。

9. 最低工资标准是处理竞业限制期经济补偿劳动争议的依据

《最高人民法院关于审理劳动争议案件适用法律若干问题的解释（四）》规定，当事人在劳动合同或者保密协议中约定了竞业限制，但未约定解除或者终止劳动合同后给予劳动者经济补偿，劳动者履行了竞业限制义务，要求用人单位按照劳动者在劳动合同解除或者终止前12个月平均工资的30%支付月经济补偿的，人民法院应予支持。前款规定的月平均工资的30%低于劳动合同履行地最低工资标准的，按照劳动合同履行最低工资支付。

（三）最低工资对用人单位和劳动者影响分析

1. 积极影响

（1）有利于提高劳动者基本收入水平。目前，受最低工资直接影响的劳动者有四类：一是公益性岗位劳动者；二是见习期、熟练期和试用期等新入职劳动者及小时工、钟点工和劳动技能低的灵活就业人员；三是低端辅助类工作岗位，如保洁员、库房管理员和值守人员等；四是部分经济效益一般的企业、欠发达地区企业中的基层和一线员工。上述劳动者均为低收入群体，其工资标准一般依据当地最低工资标准适度上浮，或者依据最低工资标准支付基本工资。因此，提高最低工资标准可以使这四类人员直接获益。

根据吉林、内蒙古和深圳等地的反映，最低工资标准所影响的劳动者数量和比例，除公益性岗位有相对确切的数据外，其他类型人群尚无数据支持。根据内蒙古自治区的统计，全区最低工资标准所涉及的职工约占全区职工总数的0.7%，占企业职工总数的1.3%。天津、内蒙古、江西等地研究认为，对于社会普遍关注的农民工和大学生等就业群体，受最低工资标准影响不大。

结合重庆市企业薪酬调查，测算上述四类人员约占全市职工的3%，约20万人。同时，重庆市失业保险金、患病职工工资、病亡职工生前供养直系亲属生活补助等保障标准直接依据最低工资确定，调整最低工资标准还将直接涉及上述职工约50万人。

（2）有利于改善劳动力市场供求关系。调整最低工资标准实际上是前置提高劳动力市场的“最低价格”，有利于增强地区劳动力市场的“吸引力”，吸引外地劳动力及外出务工人员返乡就业，改善地区劳动力市场供求结构。在当前“招工难”普遍存在的情况下，最低工资上调后，人力资源市场普遍反映用工形势好于往年。重庆市2012年5月调整最低工资标准后，整体用工形势明显好转，近年来，部分笔记本电脑生产企业向就业部门反映，低工资增加了招工用工难度，希望提高最低工资稳定就业。

（3）保障劳动者的基本购买能力。据统计，重庆市职工工资收入中60%以上用于消费，而最低工资覆盖范围内的金额基本用于消费支出，消费对重庆经济增长的贡献率为50%，提高最低工资标准也是扩大消费内需的保障之一。

同时，调整最低工资标准，还有利于引导用人单位和劳动者公平合理协商劳动报酬，提高劳动者收入水平，促进社会公平正义。

2. 消极影响

（1）增加部分行业人工成本。2012年重庆市企业薪酬调查显示，企业平均人工成本为66 722元/年，其中，劳动报酬占59.9%，福利费用占4.85%，教育经费占0.82%，保险费用占12.11%，劳动保护费用占1%，住房费用占1.73%，其他人工成本占19.58%。如果提高最低工资标准，势必导致劳动报酬增加。根据重庆市的测算，最低工资提高10%，企业人工成本增加约6%；根据薪酬调查数据，全国企业人工成本占总成本的比例约为9.6%，据此，最低工资每提高10%，企业总成本提高约1.06%。

从产业角度看，调整最低工资对非完全竞争市场的企业人工成本有着显著影响，对完全竞争和垄断市场影响不大。调查显示，受影响较为直接的行业是居民服务业、住宿餐饮业、交通仓储业、商贸零售业和纺织制衣业，以及其他劳动密集型制造业。部分地区还反映，铁路、煤炭、森工等企业受影响较大。这些影响主要体现为：基本工资为最低工资，最低工资上涨导致人工成本上涨，以最低工资标准为加班费标准的企业人工成本上涨明显，最低工资对企业工资体系中最低档岗位影响明显，进而产生对各级薪资水平的同步提高，产生“涟漪效应”。

（2）影响地区资本投资。投资商比较看重地区的劳动力成本水平，最低工资水平往往反映了地区劳动力成本情况，提高最低工资标准会影响地方招商引资，还可能导致部分劳动密集型企业外迁。

（3）过快提高最低工资标准，可能出现“挤出效应”，造成部分劳动者失业。如果最低工资上涨过快，背离劳动力市场均衡价格，可能会使愿意接受更低工资的就业者被排除，造成低技能和低工资人员的就业困难。

三、典型省份制造业劳动力成本变动情况及对策：来自山东的案例分析

（一）山东制造业劳动力成本变化总体情况

山东省是制造业大省，近年来，制造业产值在全国位居前列。进入“十三五”以来，全省积极应对经济形势，2010—2015 年，全省 GDP 增加了 23 800 亿元，年均增长 9.97%。2010 年以来，物价上涨保持在 2.0%以内，2012 年以来逐年走低，呈现相对较低的水平。

2010 年以来财政预算收入年均增加 15%，税收年均增长 14.3%。居民收入五年内人均增加了 1.15 万元，年均增长 9.6%，其中，工资比重降低到 64.6%，财产性收入占比提高到 2.5%。山东城镇居民可支配收入中仍以工资性收入为主。2015 年 1—9 月份，全省实现公共预算 4 504 亿元，增长 7.8%，支出达到 6 533 亿元，完成率为 73.9%，支出增长超过收入增长 5 个百分点。从山东全省的财政运行情况看，收入方面财政增收难度加大，中小企业融资难、融资贵，税收增长有困难。

2013 年以来，全省规模以上工业企业每百元主营业务成本逐年上升，但上升幅度在减缓，2013—2015 年，三项费用合计分别为 5.39 元、5.8 元和 5.64 元。从用工成本看，全省规模以上工业企业平均用工成本占主营业务成本的 3%左右，其中，纺织、食品等一些劳动密集型行业用工成本占比为 6%～8%，造纸、轮胎、机械、化工和钢铁等行业直接用工占比为 2%～4%，应当说劳动力成本占制造业企业总成本比重并不高。

1. 劳动力成本总体情况

近年来，山东制造业劳动力成本呈现上升趋势，2015 年制造业劳动力成本占主营业务收入的 3.06%，比 2012 年提高 0.19 个百分点，部分高技术行业、劳动密集型行业和低端重工业行业劳动力成本提高幅度较大。与 2012 年比，电气机械、汽车制造业、食品和烟酒制造业等行业劳动力成本占比提升较快，分别为 0.81、0.44 和 0.7 个百分点。2013 年以来，全省规模以上工业企业综合成本增速放缓，仍处于高位，且居高不下，生产经营困难仍存在。截至2015年8月份，全省亏损企业户数达到3 276家，同比增长2.2%，亏损额达到444亿元，增长35.4%。企业成本费用利润率逐年降低，利润率降幅为7%，8月份下降到6%，1—8月全省规模以上工业企业实现利润保持较低幅度增长，处于微利的状态。

从经济和信息化委员会了解到的情况看，企业综合成本基本稳定，但劳动力成本攀升，工人工资上升比较快，社保缴费高对企业造成压力。据对全省1 050家企业的问卷调查发现，50.4%的企业认为综合成本中上升最快的是劳动力成本，2015年三季度工业企业人均工资3 417元，同比增加了254元，社保综合费率偏高，养老保险费率为18%左右，平均缴费基数从75%下降到70%左右，比率逐年降低。据有的企业反映，缴纳的社会保险费总额占企业利润超过一半以上。

从省属国有制造业企业劳动力成本的变化情况看，工资占劳动力成本比重约为66%，社保和公积金也是重要组成部分。国有企业出现效益两极分化的情况，部分企业控制成本，利润下滑，如某国企2015年利润降幅为26.39%，某省属国有企业降幅为15.38%。增长较快部分是高端人才的工资增长，对专业研发人才的工资支付水平较高，如有的高端人才协议工资从几十万元到几百万元；社保费和公积金随着社平工资不断提高，成本也快速增加，增速高出工资总额增速1.5%，住房公积金高出15%。

劳动力成本上升带来的影响主要表现在：企业产品生产成本上升，挤压赢利空间，造成利润率下降，企业产品价格下降空间小，削弱产品竞争优势；另外，工资水平的普遍提高，使得企业职工对工资上涨预期加大，人员流动性加大，造成人员不稳定，企业新职工增加，造成培训费用增加；劳动力成本上升对国有制造业企业的影响表现在利润空间压缩，降低企业竞争力；针对民营和外资，国企承担社会责任大，不具备价格战优势；企业职工流动性增加，制造业工资低，工资增幅达不到职工预期，职工流动，影响职工队伍稳定。

目前，山东制造业企业控制劳动力成本上升的措施主要有：提高设备自动化水平，加强工序优化组合，提高劳动生产率；完善劳动力培训，提高劳动者素质和发挥人才效应。国有大型制造业企业的应对措施主要有：通过目标管理控制用工总量，双重控制，纳入考核；优化员工队伍结构，对标先进企业；设备换人，尤其一些大型企业；调整工作流程，优化结构，建立完善培训制度，提高职工素质；层层分解，控制劳动力成本，加大激励力度；增强创新能力，以提高投入产出为目标，加快新产品的研发；规范开支科目标准和比例。

济南市统计局的同志反映，2010—2015 年，制造业平均工资增长 18.3%，2015 年增长持平，企业反映成本负担较重，不仅是劳动力成本增长快，各方面成本压力都大。企业为控制劳动力成本，不愿与职工签订正式劳动合同，用劳务派遣或服务外包，目的就是为了降低劳动力成本。根据调查了解到的情况，济南规模以上工业企业实现利润 3 653 亿元，比上年下降 5.2%。企业成本中，工资成本增幅大、员工工资上涨、社保缴费和招聘费用都增加。例如，济南某国企，社保支出增长 10%，职工工资增加 14%。成本上升后，企业管理难度增大，人员流失和招工难，降低了企业利润，削弱了竞争力，产品成本增加和毛利降低，利润空间减少，挤占了研发资金。

为了应对成本上升，企业普遍开始实施减员增效，如控制职工人数增长，减少冗员，生产一线向复合型人才发展。生产任务定额精确核算，按计划定额发放工资，按生产成本定额层层分解，投入自动化设备，提高劳动生产率，挖掘节能潜力，加强员工科学管理，放宽招工年龄。

2. 职工工资增长情况

目前私营单位没有在岗职工的统计，只有从业人员。按在岗职工口径，每年发布工资指导线。根据统计，城镇非私营单位从 2010 年到 2015 年，企业职工货币工资基准线呈下降趋势，2010—2011 年工资基准线为 15%，2012 年为 13%，2014 年下降到 12%，2015 年为 10%。

2010—2015 年，山东省城镇单位从业人员平均工资分别为 32 725 元、37 618 元、41 904 元、46 998 元、51 825 元、57 270 元，同比分别增长 14.27%、14.95%、11.39%、12.16%、10.27%和 10.51%。城镇非私营企业在岗职工平均工资分别为 32 074 元、36 712 元、41 453 元、46 388 元、50 726 元和 53 938 元，同比分别增长 14.97%、14.46%、12.91%、9.35%和 6.33%。根据全国企业薪酬调查的结果，2014 年，劳动报酬占劳动力成本的 68%，保险费用占比达到 15.6%。

企业职工平均工资低于机关事业单位职工平均工资，2010—2012 年差距逐年拉大，2013 年之后尤其明显，机关事业单位工资连续增加；平均工资增速逐年下降，低于机关事业单位工资增速，2011—

2015 年在岗职工平均工资年均增长 10.96%。企业职工工资一般与效益挂钩，在经济放缓情况下，增速下降。

3. 企业社保负担情况

2010 年以来，全省参保企业人数从 1 190 万人增加到 1 680 万人，缴费工资基数从 1 892 元增加到 2 986 元，基本实现企业养老保险全覆盖，但实际缴费人数有所下降，2015 年比 2014 年减少 1.5%，覆盖率 85%左右。缴费基数占上年度平均工资的比例从 76%下降到 68%，低缴费基数的企业比例高。

近年来，企业缴费费率逐年调整，目前企业缴费比例总体为 27.3%，2010 年以来陆续降低，逐渐降低缴费比例进一步减轻了企业负担。养老保险费率降到 18%；失业保险缴费水平，单位 1%，个人 0.5%，低于国家 2%的标准；2016 年 5 月，生育保险费率降低，比例不超过 0.5%，全省符合条件的已经降低，节约额度 9 亿元。工伤保险，总体降低，通过分类调控，对基金规模超过 18 个月的，下调费率到 0.74%，比上年降低 0.5%，已经节约 4.9 亿元，预计年底减轻负担 9.8 亿元。

社保待遇自 2010 年以来不断增加，养老保险金方面，2015 年为 2 454 元，年均增长 7.8%，调整幅度为 156 元。基金结余不断增加，2015 年基金收入从 718 亿元增加到 1 606 亿元，增速为 13%，支出从 526 亿元增加到 1 349 亿元，增速为 17%，基金累计结余 1 303 亿元，增加到 2 190 亿元。

（二）省市典型制造业人工成本变动情况

1. 制造业不同细分行业典型企业的情况

为了解山东制造业企业应对人工成本上升的具体情况，中国劳动和社会保障科学研究院课题组在省、市人力资源社会保障部门的联络协调下，召开了典型企业座谈会，邀请了 9 家在济制造业企业人力资源及财务部门负责人参加，听取了企业的意见建议。其主要内容如下：

（1）钢铁行业典型企业的情况。A 公司是一家钢铁制造企业，2013 年以来，随着国内外市场需求下降，大宗商品价格下跌，产能矛盾开始突出，企业连续亏损，经营困难逐年加剧。劳动力成本受行业经营影响逐年下降，2013 年至 2015 年人工成本总额从 37 亿元下降到 27 亿元。在总成本中，工资占比也逐年降低，从 2013 年占人工成本的 62%降低到 2015 年的 20%。从职工工资水平角度看，2013 年在岗职工的人均工资是当地社会平均工资的 1.7 倍，到了 2015 年就与当地社会平均工资持平了。由于人工成本的不断攀升，企业在竞争优势方面出现危机，2015 年开始主动降低人工成本，总体看人工成本降幅大于企业总成本的降幅。其中，分群体看，企业领导层的薪酬降了 50%，中层降了 30%，其他人员降了 20%。薪酬水平的下降影响了职工积极性发挥，企业近年来人才流失严重，尤其是骨干人才和青年人流失很多。

从人工成本构成情况看，2015 年企业人工成本总额为 27.6 亿元，其中，工资总额 16.9 亿元，福利费用 2 亿元，社会保险费用 1.7 亿元，公积金 2.4 亿元，工会费、教育费 6 000 万元，离职后福利 4 亿元。劳动力成本占总成本的比重人力资源部门并没有掌握，大概估算的话，材料费是大头。其实，制造业工资水平不高，比社会平均工资还低，因为工厂里 90%是操作人员，一线工人拿到手不到 3 000 元。

关于降成本的建议方面，该企业首先是希望能降低社保缴费，企业肯定是严格按照国家规定缴社保费的。在缴费比例和基数不好控制的情况下，只能持续提高劳动生产率，减少用工总量。例如，劳动生产率就从 2015 的人均 400 吨提升到 2016 年的人均 600 吨，2017 年争取达到人均 900 吨，2018 年争取达到人均千吨。另外，企业正在研究内部退养和职工假期管理规定，清理长期不在岗人员，降低劳动力成本。企业希望能实现职工收入与企业效益挂钩，层层传导市场压力，共担经营风险；严控进人，除安排转业军人外，暂停招收大中专毕业生，关闭用人的入口。

（2）机械行业典型企业的情况。集团 B 成立于 2009 年，作为国有企业，集团 B 非常重视劳动力成本控制，每年的财务预算中都很关注工资总额预算，过去国资委的要求是利润增加 1%，工资总额增加 0.1%。2004 年薪酬制度改革后，集团实行员工收入与效益紧密挂钩，目前看执行得很好，效益好的时候多发，效益不好的时候少发，同时集团也建立了预警机制，如果有控制指标不达标，绩效工资就会体现出来。

为了应对人工成本上升，加大节流管控，集团 B 提出实现劳动力成本减少 10%，用工减少 15%，三项费用节省 10%的目标，其目的就是消灭亏损。企业同时开展“开源节流”工作。2015 年全年岗位优化掉 7 600 人，劳动力成本下降 6.5％，工资总额占人工成本比重从 70％下降至 63％，加大员工安置补偿金力度，从 2015 年的 1％上升到 2016 年的 3％，“五险一金”缴费从 21％提高到 26％。企业“五险一金”中，个人负担费用 10％左右，企业负担 40％多，五项保险占工资的 23％，占劳动力成本的 16％。劳动力成本占总成本比重为 9％～10％，原材料占总成本的 80％，因此，从总成本各项比重方面看，排第一的是原材料，第二是劳动力成本（约 40 亿元），第三是税费（约 26 亿元）。

企业一方面控制人工成本，另一方面加大对核心人才激励的力度，对四类人才尤其是技能人才还是保持待遇竞争力，最高能与公司副部长薪酬级别持平，还给予生产奖励，如现场提案奖，其目的是为了保持他们的竞争力。对青年人实行成长激励，对一线工人要求是高中以上毕业，技能人才面向社会招聘，同时加大培训力度，轮派人员到西门子等外企培训。企业还建立创新工作室，2015 年获得高技能人才专利 41 项，形成“比学赶超”的氛围，2015 年企业年会上，总裁亲自给技能工人颁发奖励，表彰的集团 11 名功勋中，有 1 名是技能人才。

（3）化工行业典型企业情况。C 公司是一家产能过剩企业，2016 年人工成本总额达到 10.9 亿元，2013—2015 年，人工成本从 10.53 亿元增加到 13.53 亿元，人均工资提升也很快，从 4.39 万元增加到 5.73 万元，年增 10％以上。“五险一金”年均增长 18.46％，主要原因是社保缴费基数增长快。人工成本占总成本比重的 7.08％，其中，工资占人工成本的 70％，社保缴费占人工成本的 30％，职工工资总额增长与利润同步增长。公司税费总额2015年为8.4亿元，税负率约为5.29%，2016年税费下降到7.6亿元，但税费率上升。影响人工成本上升的主要是“五险一金”，由于缴费基数逐年增长，缴费比例也高，现在社保费用能占工资总额的60%。社保缴费基数每年都以10%的速度增长，由此带来的影响是人工成本增长较快。

集团控制人工成本的措施主要有：在集团本部实行工资总额预算控制，通过预算约束和经营绩效目标（如预计2015年收入和利润实现7%～8%的增长）等倒逼成本控制，市场决定价格，价格决定成本，成本决定工资，层层传导压力。基于这样的逻辑，不断优化劳动组织，建立基于岗位和价值分析的考核评价体系，优化内部组织结构，力争队伍规模保持在4 000人左右，员工人数不增长。

在人工成本管理方面，该企业对政府部门提出如下建议：一是希望增加一线技师的补贴，通过国有资本投资，把高技能人才纳入长期激励中，过去几年，劳动合同法对国有企业约束比较大，从劳动用工角度，希望能给予企业更多灵活性；二是希望国家建立行业劳动力成本监测制度，把握成本上升规律，指导企业实践，从参与世界制造业竞争的角度，更好地利用和保持人口红利；三是希望降低社会保险费用，近几年社会保险成本上升比较快，对效益亏损的企业而言感受更强烈，希望国家能进一步完善社会保障职能，在社会托底基础上减轻企业负担。

（4）电子行业典型企业的情况。D公司是一家市属国有电子制造业企业。2013年至2015年人工成本分别为3 584万元、3 891万元和

3 909 万元，约占总成本的 21%。其中，职工工资占大头，约占人工成本的 70.6%，其次是社保缴费，约占人工成本的 17.6%，另外，公积金和福利分别占人工成本的 5%和 6.4%。例如，一个职工应发 3 000 元，其中，企业要缴 891 元社保，200 元公积金，个人缴 310 元社保，职工拿到手 2 400 多元，企业缴纳 4 000 多元的成本，企业负担重，职工可支配比较少。

公司生产人员不到 300 人，其中技能人才占 45%，涵盖车、铣、刨、磨、钳等岗位人员。技能人才的工资结构相对简单，有技能津贴，例如，企业高级技师享受公司津贴 150 元/月，地方政策还有 500 元/月。工资水平方面，高级技工一个月能挣到 4 000 多元，但这个水平留不住人，一年能留下 20%～30%，很多年轻人来了之后，发现跟自己想象的不同，有些是外地的，干了一年以后不适应就走了。

(5) 机械行业典型企业的情况。E 公司是一家市属国有机械企业，2016 年人工成本人均 65 800 多元，劳动力成本占总成本比例约为 21.5%，在同行业中算是高的。公司生产任务不饱和，工资报酬占比 60.5%，保险福利占比 39.5%。个人实际一个月能挣 3 900 多元。公司工资报酬支出平均 6 万多元，技术人员工资比车间人员高 60%，一个月能挣 5 000 ～ 6 000 元。结合实际效益，公司调节各类员工的工薪收入，包括对年功工资、岗位津贴、绩效工资等的调整，3 000 元左右的薪酬水平无法保持职工队伍稳定。近年来，能感受到人工成本增长过快，尤其是与销售收入增速比，企业收入不上升，员工工资要升，社保福利也得涨，企业负担加重。公司目前正在优化产业结构，减员增效，花了千万元去买断、解约和分流。铸造锻压等岗位招人很难，独生子女不愿意干这个工作，本身收入也不高，工作环境恶劣，人员老化严重，在公司里40多岁的就算年轻人了，无法适应新的形势。由于招人困难，也考虑过机器换人，例如一个刀盘，改为人加机器的模式，成本暂时会上升，以后可能会替代人工，这个成本会大幅下降。

公司很重视研发，招来很多硕士研究生，承诺给一次性15万元（税后）安家费，这批人现在成了公司骨干。该公司提出，目前省级、市级的人才政策比较多，但申请下来比较困难，不知道找哪些部门，最后也享受不了很多政策，希望政府部门能畅通办事渠道。

（6）机床行业典型企业的情况。F公司是一家拥有4 500多名职工的市属国有机床企业，2014—2016年工资总额分别为2.9亿元、3.2亿元和3.3亿元，近年来工资总额增速放缓。在企业总成本中，人工成本占比约为13.74%。在人工成本中，“五险一金”缴费率比较高，这是一把“双刃剑”，一方面，企业员工退休金与此有关；另一方面，过高的缴费影响当前企业的竞争力，尤其是在“去产能、去库存”的大行业背景下。因此，希望政府部门能把社会保险费率降下来。

（7）电器行业典型企业的情况。G公司是一家电器制造商，生产人员占全部职工的40%，销售人员占比约为20%。2016年公司人工成本约为9 000多万元，最近几年人工成本基本每年都增加，年均增幅在4%左右。职工平均工资，2015年约为人均3 160元，这两年工资增长率约为14%。人工成本结构中，工资和社保约占97%，培训福利等费用比重小。公司另外一块人工成本是内退、长期病假职工，给企业造成很大的压力。为控制人工成本，公司每年都在减员，其中，2013 年减少 2 000 多人，2014 年减少 1 900 多人，2015 年减少 1 800 人，这两年减员增效的效果很好，企业效益逐步提高，这主要是由于劳动生产率不断提高、技术改造和提高自动化程度等带来的。

2. 案例研究：Z 公司人工成本变动及其应对措施

（1）人工成本上升的表现

作为一家省属国有企业，Z 公司人力资源部负责人表示，近年来公司对人工成本上升感受很明显。首先体现在工资水平方面，最近几年频繁调整最低工资。对此 Z 公司认为将最低工资作为基本工资水准，是能接受的，而且公司的工资水平普遍比最低工资标准高。但是，公司对社会平均工资的增长很敏感，尤其最近几年感觉涨得很快，让员工感到有心理落差，因为员工的工资增长赶不上社会平均工资的增长，有的岗位的工资低于社会平均工资。Z 公司的愿景是成为国际化的公司，目前在国内也是行业领先的企业，但是员工工资连社会平均工资都达不到，这对于吸引人才很不利。公司每年都会对各类人员进行薪酬市场对标，发现有的民营企业薪酬水平很高，如果民营企业来挖人，那么对公司的人才队伍肯定是有不利影响的。

人工成本上升的第二个表现是社会保险负担重。首先是企业的社会保险缴费比例偏高，对公司高管而言，是愿意缴纳社保和公积金的，他们能认识到保险还是自己的钱，而且可以免税。但是，很多“90 后”员工不愿缴社保和公积金，由于要还房贷，年轻人更希望要现钱。另外，有员工提出政府部门有住房补贴，企业为什么没有？公司虽然没有住房补贴，但根据政策将公积金上调了5%。虽然国资委要求，但目前还未能建立起企业年金。

人工成本上升的第三个表现是人工成本总额的增长。2016年，公司人工成本总额约为34.6亿元，比上年增加4.5%；从业人员42 492人，同比减少2.4%；平均工资5.29万元，同比增加3.7%。人工成本近年来一直呈现上升趋势，但增速有所放缓。近年来公司人员流失开始增加，为稳定员工队伍，企业不得不加大增资力度，2010年以来，人工成本总额从22亿元增加到2016年的34.6亿元，年均增长15.6%。2015年受市场影响，企业控制劳动力成本，全年仅增长1.5亿元。为了有效控制劳动力成本，企业逐年减少用工总量，从2012年起，企业人数逐年下降，2013—2015年减幅分别为5.7%、1.6%、2.4%，人数从最多的5万人减少到4.2万人。劳动力成本增长构成中，工资成本比重最大，另外，社保费率增长得也过快。

在当前市场不景气的情况下，希望政府部门考虑不同行业的发展情况，适当降低社保缴费比例，减少税收，减轻企业负担。同时，也希望增加企业用工灵活性，对企业劳务派遣用工放松管制，合理解决企业冗员问题，对企业减员提供必要的政策支持。

(2) 对若干问题的讨论

问：行业机器换人的情况如何?

答：在该行业领域，中国企业有优势，因为发展时间晚，很多企业后来居上，技术方面并不落后，Z公司应该算是资金、技术和劳动密集型合一的企业。先进装备需要技术，也需要人工，不可能所有工序让机器装，因此机器换人也是有一定限度的，国外工厂也不是完全由机器替代人工。另外，以后要发展大规模定制，每台车都有定制化，还需要人工调试。过去我们一直发展劳动力密集的思路也是对的，否则很难在国际上保持竞争力。

问：目前公司是否存在“招工难”的问题？

答：公司一些岗位不希望招太多人，公司喜欢用派遣工，派遣工中有一些是学历层次还不错的，不全是低层次的。保持公司的用工灵活性是最重要的，进出自由，而不是工资和保险的成本高。给企业松绑，最大的是有裁员权，能进能出。我们车间生产的季节性、周期性强，根据订单制造，不是预先生产，大小月产量差异大。所以，在招工的问题上淡旺季差异也很大。

问：劳动力成本各项结构占比是多少？社保费实际缴费基数是多少？其他成本构成比重是多少？与同行业、国外同行对比是高还是低？

答：缴费基数方面没有统计，比例按山东当地的实发工资，与平均工资一致，缴费实际按基数的60％。2010—2015年，劳动力成本占销售收入的比重分别是，2010年400亿元，占4.8％；2011年是370亿元，占5.5％；2012年是285亿元，占7.2％；2013年是307亿元，占8.2％；2014年是311亿元，占8.4％；2015年是286亿元，占10％；2016年是230亿元，占8.5％。其他成本及比重变化情况是：材料成本下降，主要是钢材和橡胶，但未来肯定要涨，不怕市场竞争，怕的是无序竞争。总体来看，原材料占总成本的65％左右，创造价值的人口比例缩小，不创造价值的人口比例在增加，这与资产价格上涨有关，改革红利集中释放，贫富差距不是工资问题，是财产性收入差距。劳动力成本占总成本的比例为10%～12%，工资总额，含派遣工，占总成本的7%～8%；社保费用占2%～2.5%；公积金占0.5%；职工教育经费，按工资总额1.5%计提；工会经费按工资总额2%计提。

问：社保缴费基数如果改一改，同时考虑企业的利润和成本，有没有可能？

答：从企业角度分析，认为社保待遇与退休后有关，对个人有封顶保底，对企业也应该建立浮动机制，经营效益好，可以上浮，经营效益不好，也可以下浮，这也是合理的。可以用人均利润，不要用利润。劳动力成本对标，不同生产线间差异很大，行业里对标企业劳动力成本占比近似，但波动也有，大起大落也是常态。

问：企业参与国际竞争，我们过去的价格优势如何体现？

答：我们的产品价格为30万～40万元，德国同类产品的价格为60万～70万元；跟日本的产品比，产品价格迅速趋同，日元贬值，东南亚直面日本竞争。韩国的产品技术差一点，但质量好，国际上金融支持力度大。当前劳动力成本不宜快速增长，现阶段刚刚有一定竞争力，产品出口刚刚有起色。

问：技能人才工资低，有什么改善待遇的建议？

答：房价高带来很多影响，尤其对年轻职工影响大。近年来为改进职工队伍结构，年轻职工迅速增加，队伍年轻化水平提高，但年轻人生活成本高，工资收入诉求也高。这是人力资源管理重点要解决的问题，我们不要臃肿庞大的人员队伍，问题是层级管理人员偏多，最近学习海尔扁平化管理，根本目的是减官减人，我们要经历阵痛是有难度的，宁可兼职，也不增人，逐步减人减机构。

未来工资要向一线倾斜，按分类进行考核，这边控制管理人员，那边给一线人员涨一些。每个单位不一样。公司用工种类也多，一线有工艺技术人员，设备上有应用工程师，还有应用设备技师。大学毕业生就是应用工程师，由于很多设备价格高昂，需要高学历有技术的人才进行操作。为挤掉辅助服务和二线管理人员，我们发展智能工厂，一定要实现扁平化。现在执行的是绩效团队，以生产线为单位，工程师担任负责人，把管理部室的人员拆分到项目。制造业的未来是资本深化和技术深化，所以科层制要变革，对人才，将来要有股权激励，但是需要政府进一步放权。

（三）政府部门降低工业企业生产成本的主要措施

2016 年以来，为贯彻落实中央降成本的意见精神，山东省政府有关部门结合工作职能，采取了多种促进企业降低成本的措施，着力减轻企业负担，提振企业发展信心。具体措施有如下方面：

（1）降低用电成本。山东省 2015 年开展电力直接交易 200 亿千瓦时，为企业降低用电成本 3 亿元，2016 年进一步扩大直接交易电量规模，电力直接交易试点用户增至 653 家，比 2015 年增加 451 家，完成签约市场交易电量 713 亿千瓦时，居全国首位。电价平均降幅 5.4 分千瓦时，为企业降低用电成本 35.2 亿元。

（2）降低融资成本。2016 年，山东省经济和信息化委员会发布企业重点技术改造项目导向计划，联合人民银行济南分行召开项目推介会，发布贷款需求 1 209.4 亿元，推动银行信贷资源与企业融资需求对接，针对企业流动资金紧张问题，联合人民银行印发《全省流动资金贷款需求重点企业名单》，推介企业 874 户，累计发布贷款需求 647 亿元，组织开展全省环保产业重点项目银企对接活动，向金融机构推介节能项目 147 个，发布资金需求 188 亿元。

（3）降低物流成本。山东省制定实施物流转型升级实施方案，开展物流园区和企业等级认证，促进物流行业向标准化、信息化、智能化、集约化发展，推动治理交通运输“三乱”，为企业节省社会物流成本总额达到 14.33 亿元。

（4）减轻税费负担。开展涉企收费清理规范专项行动，推动企业收费目录清单管理，打造阳光收费，做好企业减负政策宣传，逐步规范涉企收费。2015 年，山东省在全国企业负担调查评价报告中，企业负担指数为 0.722，低于全国平均水平。

（5）加强财政支持力度。落实失业保险的稳岗补贴政策，积极做好促进就业创业工作，落实就业专项资金，2016 年下达 3.7 亿元，全省达到 18 亿～20 亿元。省政府创业扶持就业，用 10 个多亿的资金促进创业，降低企业成本不光是劳动力成本，对创业成功满一年的，给予不低于 1.2 万元的创业补贴，吸纳就业人员的，每吸纳一人给予 2 000 元岗位开发补贴。对参加职业培训的，有培训补贴。公益性岗位补贴也做了适当调整，过去限于机关事业单位，现在拓展到所有用人单位，以调动社会各方面的积极性。

（6）控制工资调控力度。首先是调整最低工资增幅，山东省坚持收入水平增长与劳动生产率提高相适应，建立与经济发展水平相适应的最低工资标准机制，科学合理把握最低工资标准调整。“十二五”期间，山东省最低工资标准年均增长13.8%。2016年，综合经济发展形势，结合国家宏观调控精神和企业承受力等因素，放缓了最低工资调整频率和幅度，当年，最低工资标准增幅为6.9%，为近7年来最低。其次是下调企业工资指导线。2016年，企业工资指导线上限定为13%，基准线定为8%，下线为3%，2013年以来，工资指导线逐年下调，以适应经济发展形势和企业发展实际。

（7）降低社会保险费率。山东省企业负担的社会保险费总体费率水平为27.3%，其中，养老保险费率为18%，职工医疗保险费率为6%～9%，失业保险和工伤保险费率分别为1%和0.8%。2016年，12个地市将生育保险费率下调到0.5%，职工个人缴费费率降低为10.5%，其中，养老保险费率约为8%，医疗保险费率约为2%，失业保险费率约为0.5%。

（8）做好职工安置工作。2016年，全省列入化解钢铁、煤炭行业过剩产能计划的企业122家，需分流安置职工19.29万人，含派遣工5 000多人。其中，2016年当年需分流安置4.6万人，省市有关部门认真研究职工安置方案，截至2016年9月底，对4家企业有针对性地安置职工2.8万人，完成全年任务的63.95%。

附录一

“劳动报酬与劳动生产率同步提高”课题研讨会综述

为深入研究“中国制造业劳动报酬与劳动生产率同步”（以下简称“两同步”）问题，2013 年 5 月，“两同步”课题组召开了关于“劳动报酬与劳动生产率同步提高研究”的研讨会，来自国家发展和改革委员会、中国科学院、中国人民大学、北京师范大学、北京林业大学、中国青年研究中心、劳动关系学院及首都经贸大学的青年学者参加了座谈会。研讨会就“劳动报酬与劳动生产率的关系”“影响劳动报酬与劳动生产率提高的因素”“劳动报酬与劳动生产率同步提高的实现路径”以及相关研究方法和数据等问题进行了探讨。参会代表踊跃发言，各抒己见，会议取得了预期效果。现将会议主要观点综述如下。

一、劳动报酬与劳动生产率同步提高课题情况介绍

课题组首先介绍了课题立项和研究思路。“两同步”课题是一项结合理论与实证的政策性研究课题，课题组希望通过研究回答以下三个问题：第一个问题，如何理解劳动报酬增长与劳动生产率提高的关系？

党和国家在收入分配改革顶层设计中，有很多纲领性文件提到了“两同步”，也就是“居民收入与经济增长同步，劳动报酬增长与劳动生产率提高同步”。其中，对于“劳动报酬增长与劳动生产率提高同步”应该如何理解？“同步提高”提法暗含的一个前提是，劳动生产率提高了，劳动者的劳动报酬也要提高，劳动者报酬要能体现劳动贡献，但是是否可以将劳动生产率提高作为劳动报酬增长的依据？影响劳动生产率提高的因素有很多，与技术进步、设备更新、管理水平和员工生产积极性等都有关系，那么如何分解其中的劳动要素贡献，进而合理判断劳动要素的分配率？

从常态看，随着技术进步，劳动生产率是要线性提高的，但是如果劳动生产率降低了，劳动报酬是否也应该负增长？通常，劳动报酬是刚性的，那么，它能随着劳动生产率的降低下降吗？“同步提高”如果只是指导性原则，那么仅从定性方面理解应该不会有太大问题，但是从定量角度理解，具体应该如何操作？还有，劳动报酬提高了，对劳动生产率的提高有何影响？这些问题可能都需要系统分析。

第二个问题，近年来我国劳动报酬和劳动生产率的变化趋势是怎样的？这是一个实证性的问题，需系统研究下面的问题：如何科学界定劳动报酬和劳动生产率？如何科学合理地测度劳动报酬和劳动生产率？近年来我国劳动报酬的增长与劳动生产率的提高幅度分别有多大？对比国外代表性国家，我国劳动报酬和劳动生产率的变化在国际上处于何种水平？如果劳动报酬与劳动生产率提高幅度不一致，会带来哪些问题？

第三个问题，在我国如何实现劳动报酬与劳动生产率同步提高？在中国实现“同步提高”需要具备哪些经济社会条件？例如，经济增长、投资消费、技术进步等这些宏观因素和外部变量对目标实现的影响程度，如果要实现同步提高目标，这些经济社会指标要达到什么程度？最后，课题组还是希望从政府宏观调控和公共服务角度，尤其是从劳动力市场和政策角度出发，思考应该从哪些方面促进劳动报酬与劳动生产率的同步提高？

为什么要以制造业为主要研究对象，原因主要有三个方面。一是可操作性，中央文件中的“两同步”提法具有很强的宏观性、抽象性和原则性，从研究角度需要将问题具体化，深入剖析某个行业有助于更好地说明问题；二是重要性，我国是制造业大国，制造业在我国国民经济体系中具有举足轻重的地位，在国家统计局起草的《国民经济行业分类》（GB/T 4754—2011）中，制造业大类涵盖了 20 多个中类，占行业中类的 1/4，因此集中分析制造业的情况具有一定的代表性；三是数据可得性，从目前国内外研究情况来看，学者们在研究劳动生产率问题时较多使用制造业数据，各国官方统计部门的制造业数据也相对完备，因此，以我国制造业为研究对象具有一定的数据基础，也便于同行验证研究结果和开展学术交流。

为什么要研究上述这些问题？原因主要有三个方面。一是落实政策。无论是党的十八大报告，国家“十二五”规划纲要，还是国务院出台的收入分配改革方案，也包括人力资源社会保障部“十二五”规划，都提到了“劳动报酬与劳动生产率同步提高”的问题，如 2012 年人力资源和社会保障部领导在给《中国薪酬发展报告（2011 年）》写的序言中重点提到，要深入研究“两同步”实现的基本途径和方法。所以，这个题目也是落实上级政策的要求。二是现实需要。研究这些问题对提高劳动报酬占初次分配比重，促进产业结构升级，完善企业经营和分配决策等都有现实意义。三是理论价值。劳动生产率是经济学和管理学的核心概念之一，亚当·斯密和泰勒研究的就是劳动生产率问题，劳动报酬也是经济学的核心概念。

二、关于“两同步”问题的理论讨论

国家发展和改革委员会的代表首先针对课题要研究的问题做了三点评价：一是这个选题具有一定理论高度，对这个问题也有一些研究，曾经看过一些这方面的论文，发现 2008 年之前这类文章不多，之后开始多起来，而且都是很有价值的论文，这说明国内外很多学者也开始关注这方面。二是课题政策性很强，高校科研人员的研究一般偏理论，政策性问题研究较少，但这个题目很好地将理论性和政策性结合起来，拿到大学里也有分量，理论和政策相结合，更有说服力。三是课题对数据的要求很高，没有数据这个题目基本做不了，但数据从哪里来，可以进行针对性的讨论。标题有个关键词是“同步提高”，原则上是要同步提高，在完善的市场经济条件下，本来就应该是同步，为什么还要研究，就是质疑“不同步”。另外，这个题目具有很大的张力，可大可小，如果经费足够的话可以多做几年，或者做连续研究，进行长期跟踪。

中国科学院产业政策研究所的代表指出，劳动报酬和劳动生产率是产业竞争力的两个重要方面，很多地方搞招商引资，企业要看这个地方的劳动力成本，其实主要就是劳动报酬，所以从一个地方的产业发展角度看，劳动报酬是非常重要的因素。从另一个方面看，劳动报酬是大多数劳动者的收入来源，对他们的生活质量有直接影响，可以说关乎切身利益。这就存在一个矛盾，投资者和企业希望保持低廉的劳动力，而广大劳动者需要提高劳动报酬，而且是要较快提高，因为大家对现在的收入分配改革呼声很高，那么怎么解决这个矛盾？劳动生产率是一个关键点，是联系两者之间的纽带，如果劳动者能提高劳动效率，创造更多效益，那么在一定机制下，可以多劳多得，实现共赢，对资方劳方都有好处。这个课题就应该研究这样的实现机制问题。

中国人民大学的代表提到，课题的关键还是要回答如何实现劳动报酬和劳动生产率的同步提高。党的十七届五中全会首次提出这个说法，但是要提高还不能剔除劳动力比较优势，现在很多企业转移到东南亚，如果劳动报酬提高太快会有什么问题？要掌握好这个度，可能有的行业翻一番目标也不高，关键看如何建立劳动报酬和劳动生产率之间的关系。这里还要重点回答：劳动报酬受哪些因素影响？劳动生产率发挥了多大的作用？这两方面是什么关系？如果控制劳动生产率变量，其他影响因素例如减税，怎么变？劳动生产率的提高，要么靠资本有机构成，要么靠劳动力素质提高，但整个过程中要保证劳动力优势不变。建议在做趋势研究的时候，可以把比较情况体现出来，劳动报酬增长可以稍微快一点，但不能超过什么比率，这个很难界定。

另外，劳动生产率要界定清楚，是边际的还是平均的。

三、关于制造业的讨论

国家发展和改革委员会的代表指出，课题选择我国制造业作为研究对象，除了刚才提到的重要性之外，还有一个重要原因是：中国的制造业是典型的从计划经济向市场经济转变的行业，能很好地反映转轨经济所能体现出的问题。这个行业里传统的计划经济遗留下的问题比较多，研究过程中要回到历史，为什么过去是“两低于”，现在提“两同步”。印象中20世纪80年代前后，国民经济底子薄，国家第一个要发展制造业，包括国防安全，最重要的就是发展制造业，政策优惠和财政支持力度很大，其中，“两低于”是一个体现，目的就是要多积累、少分配，扩大再生产。那时候市场不完善，现在这个行业市场化程度很高，企业既要参与国际竞争又要保持国内市场，所以发展背景变化了政策也要变。说到制造业，是否可以考虑选一个行业做一个比较？例如高端服务业，通过对比可能更能看出问题所在。

北京林业大学的代表发言提出，制造业对中国很重要，工资对工人来说是最重要的，如果这部分处理不好，可能会出大问题，所以提高这部分群体的工资是有意义的。对比有必要，但是不是对制造业内部进行细分，进而比较细分行业，上市公司大约80%是制造业，如果细分是可以的。

中国人民大学的代表认同这一观点，如果精力允许可以做制造业细分，可以分大类，例如劳动比重大的和资本比重大的作为一类，传统制造业和现代制造业可以做一个区分，还可以按照所有制分类。不同行业的劳动生产率的差异很大，可以划分区间。

四、关于数据来源的讨论

各位研究人员结合自己的科研经历，提出了一些很有价值的参考文献，如有代表提到叶林祥 2011 年在《管理世界》上发表的一篇文章，题目是《工资回报和行业差距》，其中指出在部分制造业细分中，有一些还存在“两低于”问题。

首都经贸大学的代表提出，之前看到相关的文献不多，但质量都很高，总体感觉还是定性为主。近年来定量比较多，有分区域的，也有分行业的，看这个题目要做实证，具体来说要选择好模型，建议拿面板数据去做。宏观模型方面可以参考邵敏 2011 年在《经济研究》上发表的一篇文章。微观数据模型可以参考上海财大伍山林近年来的论文。测量方法方面，如果是衡量行业的平均劳动生产率，可以参考黄乾、白重恩等人的成果，还有《统计研究》这两年也有一些研究测算方法的文章。

数据来源方面，大家普遍认为，宏观方面的数据主要可以通过《统计年鉴》《劳动统计年鉴》和《城市统计年鉴》等官方数据整理。微观数据这些年主要是一些机构在做调查，2015 年西南财大公布我国现在的基尼系数是 0.61，就是用的他们自己调查的微观数据。其他的数据来源可以考虑：一是北卡罗来纳大学的中国家庭健康营养调查数据（China Health and Nutrition Survey），其主要目的是为医疗服务健康研究服务。二是CHIP（中国家庭收入项目）数据，也就是中国社会科学院经济研究所收入分配课题组李实和赵人伟老师主持的中国入户调查项目，从1988年开始，1995年、2002年和2007年开展过，2015年应该是第五次开展了，主要调查对象是中国农村和城市居民家庭收入。刚开始CHIP数据是在海外公开的，前几年用还要花钱，现在一些数据已经共享了，可以从美国密西根大学校际政治及社会研究联盟（ICPSR）获得。但这个数据是不是适合这个研究，还需要进一步分析，因为它不是面板数据，主要是围绕收入的，宏观变量少。其实国家统计局每年也有住户调查，但不公开，需要微观数据可以与国家统计局合作，估计要付费。三是农业部固定监测点的抽样调查。农业部信息中心1986年以来做了一系列调查，但主要是农业人口收入数据。

关于制造业数据，有很多数据可以用，最基础的有经济普查、《工业统计年鉴》数据，最有价值的一个数据库是国家统计局的中国工业企业数据库。它的数据主要来自样本企业提交给当地统计局的季报和年报汇总，该数据库的全称为“全部国有及规模以上非国有工业企业数据库”，其样本范围为全部国有工业企业以及规模以上非国有工业企业，其统计单位为企业法人。这里的“工业”统计口径包括“国民经济行业分类”中的“采掘业”“制造业”以及“电力、燃气及水的生产和供应业”三个门类，主要是制造业（占90%以上）。数据库自1998年开始采集，多数学者使用的工业企业数据库涉及的年份在1999—2007年之间。由于该数据库的主要成分为制造业企业，在统计口径上与其他国家的产业分类比较一致，而且一些变量（例如资本、研发投入和出口交货值）更容易度量，因此使用者通常析出该数据库中的制造业企业。工业企业数据库的优势非常明显，它的样本量非常大，涵盖了全国所有的国有工业企业和规模以上的非国有工业企业，它的指标非常多，包括企业的基本情况和企业的财务数据，这个数据库目前已经得到国内外学者的广泛运用。

五、关于课题需注意问题的讨论

劳动关系学院的代表提出了几个课题应注意的问题：一是如何将劳动报酬和劳动生产率的提高与产业结构调整、国际竞争力、最低工资上涨等问题联系起来。《劳动合同法》出台后他们去佛山调研，发现以前普通工人是弱势群体，现在企业是弱势群体。二是还要考虑劳动力市场分割的问题，例如派遣工和正式工，区别很大。内部劳动力市场的分配模式是不同的，正规部门和非正规部门区别也很大。三是还可以考虑收入群体的分层，低端劳动力市场的工资率对劳动生产率是否敏感？中等收入群体的劳动报酬与劳动生产率关联是否密切？

有代表提醒说，要关注可以影响劳动报酬和劳动生产率的因素，其中关于二者之间的关系有很多理论，例如效率工资、均衡工资理论以及补偿工资理论等。在这些理论框架下，可以发现在有的情况下，劳动生产率对劳动报酬的影响可能是正，也可能是负，建议参考《劳动经济学手册》第四卷。在运用模型方面，可以用一种宏观模型，例如 DSGE，用 OLS 也可以，就看研究问题的角度了。

围绕劳动报酬和劳动生产率的影响因素，各位研究人员展开了比较热烈的讨论，大家普遍认为，以下因素影响着两个变量的变化：宏观方面，产业结构、实体经济发展、民营企业比重；行业层面，资本报酬比例、资本偏向的技术进步、资本密度、外资进入、劳动力流动尤其是农民工供给；政策因素，如《劳动合同法》和最低工资；微观因素，主要有劳动力教育、人力资本水平等。另外，还可以加一些控制变量，如地区、城乡、所有制等，还有一些中国特色的因素，如体制内外因素等。

也有研究人员质疑我国的劳动报酬是一直在增长吗？这就要考虑名义工资和实际工资的差异，如果只考虑名义工资，长期看一定是增长的，但如果考虑物价因素，考虑工资购买力，工资是不是一直在增长就要打一个问号，需要找一个基准年份进行调整，再来看趋势。来自中国青年研究中心的代表指出，结合制造业的用工主体，是不是可以跟当前的新生代农民工群体结合起来。2015 年曾经在东莞富士康蹲点调研，发现这些制造业企业的职工不仅看劳动报酬，还看其他方面，比如福利、环境和城市公共服务等。而且给这些人钱多了，生产率不一定提高，现在的农民工民主意识增强，我给你打工，你就应该给我这些钱，给钱不多就流动，越来越多的农民工重视工作环境，在乎住房、娱乐活动、精神文化生活以及融入城市的问题。另外，从维护职工合法劳动权益看，其中很重要的要靠集体谈判，包括共青团介入工会的谈判问题。如何提高就业者的劳动报酬，要发挥社会团体的作用，提高劳动生产率只是一个方面，不仅是要解决收入问题，更是要解决发展问题，一些职工还是希望多有一些培训机会，让他们去高校接受在职教育，会提升职工的忠诚度与满意度。也有代表发现，很多孩子不愿上学，给他们免费提供中职教育，结果越免费辍学率越高，年轻一代的观念跟老一辈完全不一样，学校免费后，学生激励性不足，管理成本增加，学生自己想来就来，随时流动。

关于与实现劳动报酬同步提高的路径问题，参会代表主要集中讨论了工资集体谈判的作用。有代表重点介绍了法国企业的工会组织情况，认为我国企业工会的组织程度需加强，法国企业的很多事情都要通过工会决定，而且他们是直选，工会组织得不好，工会主席就要下台。我国企业职工的工资增长还需要通过提高自身谈判能力，从根本上改变弱势地位，这样才能保证在提高劳动生产率的同时，提高劳动报酬，所以，这既是一个经济问题也是一个政治问题，可能不是一朝一夕能解决的。

通过此次研讨，课题组广泛吸收了本领域青年学者的意见、建议，对于改进和完善课题思路具有很好的建设性作用，尤其是在研究方法和数据来源方面，参会学者提供了很多有价值的线索，对课题研究帮助很大。同时，课题组通过会议加强了与各位青年学者的沟通，也为以后的科研合作拓展了空间，会议取得了良好的效果。

附录二

最低工资与制造业人工成本——学者观点

"最低工资与制造业人工成本"课题组于 2014 年 5 月在北京召开关于"最低工资调整对制造业人工成本变动影响及相关问题"研讨会，来自国家发展和改革委员会、国务院发展研究中心、中国社会科学院人口与劳动经济研究所、南开大学、北京师范大学、北京林业大学以及原中国劳动保障科学研究院劳动工资研究所等单位的有关专家学者，围绕"我国各省市调整最低工资带来的影响，各地区最低工资调整对制造业企业的影响，最低工资与人工成本的关系，我国最低工资制度的定位与作用，建立行业最低工资标准的必要性，最低工资问题的研究方法及数据来源"等问题展开研讨。现将会议主要观点综述如下。

一、关于最低工资的经济社会影响的研究

近年来，对最低工资调整产生的影响研究可分为六个方面：

一是最低工资对社会平均工资的影响。目前国内这方面的研究还不多，2013 年西南财经大学的马双老师曾经做过研究，在控制其他变

量的情况下，最低工资每上涨10%，企业平均工资将整体上涨1.7%。加入企业及行业虚拟变量，显示最低工资上涨10%，企业平均工资仅上涨1.1%左右。控制地区经济特征变量后，最低工资每上涨10%，企业平均工资将整体上涨0.5%。

Xiao和Xiang（2009）的研究表明，最低工资上涨10%，员工平均工资仅上涨0.06%，但同时指出最低工资对低工资工人的影响是很显著的。最低工资每上涨10%，工资水平位于10%分位数的员工工资将上涨0.75%，位于20%分位数的员工工资上涨0.42%。若考虑到中国制造业企业主要还是由低技术加工业构成的现状，那么员工平均工资近4.8%的增长归因于最低工资标准的上涨。

二是最低工资对就业的影响。在美国主流经济学界，围绕最低工资对就业的影响，形成了两派针锋相对的观点。其中一派认为最低工资对就业有正面影响，加州伯克利大学的David Card和Alan Kruger在1995年曾经出了一本关于最低工资的书，书中利用加利福尼亚州、得克萨斯州以及新泽西与宾夕法尼亚州的快餐行业数据，使用“准实验”（quasi-experiment）的方法得出最低工资上升可能对就业产生一定的正效应。

还有一派所谓普林斯顿学派的观点，认为最低工资对就业有负面影响，代表人物是David Neumark和William Wascher等人，他们的研究发现约有85%的经验结论也支持最低工资上涨减少就业的结论。目前来看，无论是学者的声望还是其所拥有的支持者，两派可谓势均力敌。1981年美国政府成立的最低工资研究委员会曾经专门对此进行实证研究，他们通过对 1980 年之前相关论文进行详尽综述后得出："最低工资上升 10%，青年就业（主要指 25 岁以下劳动者）下降 1%～3%。"

国内方面，认为最低工资对就业产生负面影响的结论居多，尤其是认为对年轻人就业的影响是负面的，就业弹性为－0.1，从国际范围来看这个值一般在－0.1～－0.3。2013 年有文章运用中国工业企业数据库的数据研究发现最低工资对就业没有影响或者只是有轻微的负影响。目前来看，微观数据方面还存在很多问题。例如，用企业数据无法识别受益人群，从技术层面看还筛选不出来，如果考虑整个年龄层，那么就很可能没有影响。现在比较肯定的是，最低工资对大学毕业生或中年以上劳动者没有太大影响。

三是最低工资对收入分配的影响。主要是从社会平等和反贫困角度，Card 与 Numark 的结论也完全不同，前者认为最低工资对降低收入不平等有正面帮助，在某些程度上减少了社会不平等。Numark 等人研究认为没有效果。目前国内围绕最低工资对减少贫困的研究还较少，罗小兰（2006）曾经发现最低工资对贫困有影响，而且结果是正面的，一些研究的初步结果也认为最低工资制度对降低收入不平等有帮助。

四是最低工资对技术进步的影响。国内目前还没有相关研究，不清楚最低工资是否通过减少就业支出从而促进技术提升。

五是最低工资对物价的影响。国内目前还没有相关研究，不清楚最低工资提高是否将成本转嫁给了消费者，造成物价上涨，国外认为有时会造成影响但不严重。

六是最低工资对企业利润的影响。国内还没有研究，这方面的研究需要翔实的数据。Kruger认为没有影响，理论上应该有影响，但实证方面没有得到相关结论。英国有学者研究了对制造业有影响，而且是负面影响。

结合我国国情，最低工资调整后的影响，首先要看有多少企业执行最低工资，也就是最低工资覆盖范围有多大，还要看企业内部的工资水平，是在最低工资之下还是之上，从这个角度看，最低工资调整后的影响根本上与其水平高低有关。例如，北京最低工资标准如果提高到3 000元/月，那么就会对企业带来较大的影响。在发达国家中，法国的最低工资水平比较高，其失业率达到9.6%，可以看出效果与水平直接关联。

二、关于最低工资与人工成本的关系

对于最低工资的理解首先要从工资理论进行分析——工资由什么决定？西方经典理论认为，工资应等于劳动者的边际收益产品，在劳动力市场买方垄断条件下，劳动者获得的工资低于劳动者的边际收益产品。买方垄断指企业是大量劳动力的唯一买方，现实中劳动力市场在很多情况下都是买方垄断的市场，对于我国缺乏竞争的、不统一的劳动力市场而言，更是如此。因而需要通过政府颁布最低工资法令来提高劳动者的工资水平。

关于最低工资对人工成本的影响机制，可以从以下方面考虑：首先分解成两个部分：一是最低工资对企业实际工资是否产生影响，对哪些企业产生影响？如果对一部分企业有影响，那么对这些企业的成本提高产生什么冲击？也就是不仅要看人工成本，还要综合考虑各种成本。对不同类型企业冲击可能不同，对资本密集型企业冲击可能小，对劳动密集型企业冲击可能大。二是还需要考虑劳动力成本提升是否引起企业竞争力下降？不能仅仅看对人工成本的影响，还要最终落实到对企业生存和发展的影响。

另外，还要考虑最低工资是否影响制造业向外迁移。中国是一个大国，各地发展很不均衡，中小制造业现在实际是转移到内陆不发达地区，劳动力成本提高是否对各地区的投资产生影响，工资是劳动力价格，要与劳动生产率匹配，工资上涨如果比劳动生产率上涨快，就可能会影响企业利润；反之，这种影响就可以消化掉。因此，可以形成“工资上涨→企业实际工资水平增长→企业人工成本增加→企业生产成本变化→企业利润水平变化”这样一个逻辑线索。

三、关于最低工资的定位及其作用

中国的最低工资问题有其特殊性，不能简单地照搬美国的经验。最低工资在理论上讨论很多，根据中国各个地方调研的情况，急需解决的是如何中国化的问题。从目前的情况，即便是使用同样的数据，结果也不同。因为对最低工资的定位和目标认识有偏差。因此，首先要回答最低工资标准是什么？为了什么？是为了保家庭还是保个人，是保生存还是保发展？

考虑对企业的影响，有学者介绍，在广东番禺调研时，有的企业主动要提最低工资，感觉不符合逻辑。首先想到的是企业为什么不自己提高工资？因为工资是刚性的，企业今年涨了工资，明年不见得会涨，职工就会不满意，因此由政府出面更合适，企业除了要吸引劳动力，更重要的还要考虑到企业利润。

另外，从对地区的影响看，决策者会充分考虑劳动者本人及平均赡养人口的最低生活费用、社会平均工资水平、劳动生产率、就业状况、地区之间经济发展水平的差异等，从而利用测算公式去科学地确定一个最低工资标准。然而在实际中，这个测算过程是否能得到贯彻执行却是问题。特别是，金融危机以来最低工资调整在一些城市竞赛式增长的事实表明，在诸如城市平均工资、居民生活费用等没有发生大变化的背景下，最低工资上升在某种程度上有一定的攀比现象。

应该看到，建立最低工资的初衷是保护低收入的贫穷工人。但在竞争性市场环境下，超越工人劳动生产率的工资水平必然会减少企业对工人的雇用，毕竟理性的雇主倾向于选聘生产力较高的劳动者个体。到头来，那些接近最低工资标准的人可能沦为失业，从而这些工人的失业率会进一步上升。

四、关于建立行业最低工资标准必要性的讨论

建立行业最低工资标准是否有必要，很多人依据的是国外经验。根据考察，现在欧洲有些国家有行业最低工资标准，问题是能不能搬到中国来？例如，2012 年有学者曾考察捷克和斯洛伐克的最低工资情

况，发现捷克收入差距小，国土面积小，有行业最低工资，但没有城市最低工资，因为其行业差距能解释收入差距的绝大部分，所以在捷克行业工资问题比较重要。

有些学者指出，从行业工资集体协商的角度，行业最低工资可能会有作用，但这方面的功能完全可以通过行业工资指导线或劳动力市场价位来实现，没有必要再建立一套调控标准，从最低工资的定位看，就是保障低收入群体利益，在这方面，最好不要过多强调行业因素。

所以，若不能综合考虑工资波动的各个因素，政府不能仅仅利用行政手段从工资结果上作“一刀切”，在现实中，善于变通的企业经营者会有各种办法来变相支付表面上足额的“最低工资”，如延长劳动时间、改变工资结构等，从而最低工资政策的效果会大打折扣。

五、关于最低工资数据来源和研究方法的讨论

最低工资方面的数据可以从全国各省市公开的信息中获得。制造业人工成本数据，目前最常用的是工业企业数据库，但其有先天性的缺点。一是无法区分员工信息；二是它主要涵盖的是规模以上企业，一些中小企业不包含在内，但最低工资影响的可能主要是中小企业；三是研究最低工资影响最好使用时间序列数据，但工业企业数据库自1997年以来更改过几次统计口径，尤其是最近几年口径变动较大，不利于做纵向的判断。还有一个可以利用的数据，就是中国人民大学劳动人事学院数据中心组织的“中国雇主—雇员匹配数据追踪调查”，其中包括10个城市的300家企业，调查不仅包括企业财务数据，也有员

工层面的数据，是一套质量较高的微观数据。另外，中国人民银行调查统计司曾经做过 5 000 户企业调查，调查由财务数据和问卷调查两部分内容组成，时间跨度大概包含四个时间段，但其数据不公开。

研究方法方面，可供参考的计量方法主要有 2008 年 Neumark 论文中使用的方法。1990 年，在康奈尔大学最低工资问题研讨会上，Neumark 开始使用所谓的新方法研究最低工资问题，并在 1995 年出书，他们当时使用的是面板数据，主要解决的是非随机观测问题。2000 年之后，麻省理工学院的一个团队深化了 Card 和 Kruger 的方法，用两个州的数据证明一般化的结论，在美国《经济研究评论》(*Review of Economic Studies*) 上发表，2004 年 Neumark 又发表了一系列文章进行回应。

总体来看，最好的方法还是利用面板数据进行差分分析。从美国学术界研究最低工资使用的数据情况看，经历了从横截面数据到时间序列数据的过程。1994—2004 年间，能够拿到面板数据的，很多使用 DID 双重差分方法。另外，也可以借鉴金融学的方法，例如有人对上市公司股东获利水平做过研究，发现股东收益对企业在股票市场的表现没有影响，借鉴类似方法，同样也可以看最低工资对企业获利是否有影响。这方面的数据主要来自企业财务报表，也就是会计数据，需要注意的是，会计数据与经济数据的含义有所不同。

总而言之，课题研究需要注意两点：一是要找到研究群体，二是要找到很“干净”的对照组。重庆作为一个制造业发达、最低工资调整频率低的地区，可以作为一个参照组。另外，长三角地区和珠三角地区也可以作为一组对比进行研究。通过研讨，课题组不但了解了国内外学术界对最低工资的研究进展，也了解到很多先进的研究方法和最新数据库，尤其是美国 Rutgers 大学毕业的林树明博士介绍了美国最低工资研究的情况，对课题组启发很大。

附录三

“最低工资调整经济社会影响问题”座谈会观点综述

为进一步完善最低工资制度，研究最低工资调整的经济社会影响，更好地实现最低工资标准的政策目标，“最低工资与制造业人工成本”课题组于2013年9月在四川成都就最低工资问题召开了专题座谈会，会议邀请了全国14省市工会和企业工会代表，对最低工资标准调整程序、调整对企业特别是劳动密集型制造企业人工成本变动的影响以及各地最低工资标准评估工作等问题进行了研讨，现将各地代表的主要观点总结如下。

一、四川省代表的观点

2012年以来，四川省各地的最低工资连年调整，省委省政府对最低工资调整非常重视，调整快，既因为过去的标准低，也表明省里对低收入群体很关心。省人力资源社会保障部门每年要慰问环卫工人等职业群体，及时掌握最低工资情况。目前开展两项系统调查：一是城镇职工收入调查，分析其收入、消费和社保情况；二是一线职工调查，与统计局合作，每半年进行一次。省里还对60多个县的工资收入进行过调研，发现环卫工人基本工资按最低工资发放，跟进调研情况我们提了政策建议，后来大幅提高了环卫工人工资。最低工资的决策还运用三方协商机制，与4家协商推动最低工资制定。

目前，从保护低收入群体基本生活角度看，最低工资水平仍较低，目前连平均工资的40%都不到，根据四川省人力资源社会保障厅的测算，综合物价和地区消费水平，最低工资水平至少是社会平均工资的一半，否则最低工资达不到保障低收入群体的作用。有人提出最低工资不是算出来的，是领导决定的，这个说法不准确。我们测算的最低工资，会参照社会平均工资和社会保障标准，并与法庭裁定赔偿标准、社会物价水平等因素挂钩，社会平均工资高，最低工资标准就高。

另外，从最低工资的立场上看，不是所有政府部门都愿意最低工资一直涨下去，因为很多公益性岗位是拿最低工资的，这部分是财政出钱的，因此地方财政部门不愿意看到最低工资涨得太快。所以，不能仅仅考虑企业的承受力，还要考虑政府的承受力。

针对四川省执行最低工资的情况，参会代表提出以下建议：一是还要提高最低工资标准，过去一段时间职工工资与企业经济效益和劳动生产率挂钩不匹配，劳动价值被低估现象严重，有的以食宿条件压低工资，最低工资与社会平均工资差距较大，从源头上要发挥协商优势，搭建渠道平台，保障劳动者合法权益。大力提高最低工资标准，应该考虑本地经济、物价等，逐步达到社会平均工资的50%。二是建立最低工资申报审批制度，对规定范围内符合条件的企业，建立备案程序、联动机制和预警制度，对连续低于最低工资标准的，纳入重点监控范围，约见企业负责人，加强监督检查、整改和督促。同时，完善工资支付保障机制，推动工资支付保障金和专项检查。

二、宁夏回族自治区参会代表的观点

宁夏回族自治区的最低工资标准分1～3类，2013年调整幅度在全国是第十位，在西北地区是第二位。由于经济欠发达，人口少，全区才600多万人口，工会成员130多万人，从执行最低工资的角度来说，难度相对小一点。各地检查落实最低工资执行情况的力度很大，金融危机以来宁夏的最低工资调整虽然频率较快，但幅度比较平稳。

针对宁夏最低工资调整的情况提两点建议：一是工会源头参与力度不够，人大、政府部门决策参与力度不够，对企业的调控力量比较弱。二是宁夏的最低工资标准与社会平均工资比重为20%，比较低，主要是因为企业效益不好，也与宏观经济形势有关，如石嘴山等地区的企业，主要是高耗能企业，近年来职工基本生活都保障不了，政府救助力度也不够，有的企业停产，让职工在家休息，只能发基本生活费。

三、湖北省代表的观点

2010年湖北省总工会与统计部门和软件公司合作，设计了一系列指标，针对湖北支柱行业开展了一次职工入户调查，后来工会部门建立了企业工资委员会，设在企业工资处。在最低工资执行过程中，发现以下一些问题。

一是最低工资与劳动力市场价位以及实际消费有落差。例如，武汉餐饮业集体协商比较有名，也会参考最低工资，但市场上工资已经1 800元了，武汉的最低工资才1 300元，对工资协商有没有作用？另外，工资协商的结果是一个文本，还是多个文本，应根据实际情况，可以有争议才谈，所以工会要有自己的调查和标准。

二是影响最低工资的动力机制是什么。最低工资到底跟什么有关？经济发展与最低工资标准什么关系？广东很发达为何增速不快？湖北省的最低工资调整有联席会机制，我们认为工会要有自己的数据，现在很多专家对劳动法等有不同意见，尤其是金融危机以来，认为工会不是代表职工，而是站在企业的立场。工会应该有数据库，调查发布数据，未来要立足于维护职工权益，争取推动工会委员会建立，配合全总搞好工资调查和研讨。

四、江苏省代表的观点

近年来根据对江苏各地最低工资执行的调研情况发现，最低工资的影响还是很大，政府重视程度高，2013年7月计划要调整，但因为南京青奥会推迟了。有部门曾经测算过，最低工资的直接影响人群约为10%，对其他人群也有传导效应，工资高于最低工资的职工也会有诉求，劳动密集型行业很多以最低工资为基本工资。

最低工资调整要适度，不一定很高，因为涉及就业、企业劳动成本，否则会影响职工就业。经济效益好的，花巨资引进先进的生产线，一条生产线原来雇用100个员工，现在用10个人就可以了。中小微企业融资难，做不到技术升级，但可以调整工资计算方法，把计时工资改为计件工资，这些劳动定额可以由企业自己制定。

最低工资标准的改进，首先要明确应该包含哪些内容。在保障基本的同时也要实现体面劳动，建议对发展性支出也要考虑，可以将一定权重纳入计算公式，因为低收入家庭也希望得到技能提升，包括子女教育性支出等。

五、吉林省代表的观点

吉林省的最低工资分三个档次，2013年没有调整。有三点建议：一是要强化工会在制定最低工资标准中的作用，强调建立最低工资委员会，工会应充分参与。二是减少行政干预，其实按社会平均工资定40%也是行政干预，职工是不是这样想？我们的依据是什么？这些问题不能“经验主义”。三是数据方面，统计局每年发布平均工资，可能不能精确体现实际情况，但在一定程度上也能起到一定参考作用，其他部门有无必要再去调查，有无时间、精力和财力去做调查，要视具体情况定。

六、北京市代表的观点

北京市代表提出四点意见：一是工会参与最低工资决策力度不够，与兄弟省份差距较大，北京市最低工资规范机制没建立起来，一方面参与度不够，另一方面决策能力不强，决策时只有一次参与机会。记得当年从 800 元提高到 960 元时，工会方面觉得低，但也没有深入研究。二是北京市成立了最低工资委员会，但如何做实有难度，其实规定也都有，建议在规定里写细致一点。三是同意最低工资决策要有数据支撑，既要有公共的数据，同时也要建立自己的数据，指标体系越完善越好，工会有一定优势，完全可以做得更好。大家对统计局的数据感觉不可信，其实可以有自己独立的调查。体系设计上，应该按岗位区分层次，工资差距大的分一些具体岗位的层次，高管、中层和一线职工按照岗位区分开。四是关于最低工资的调整频次，从时间上看，建议设计一个指标，根据指标参数、动态指标来调整，不一定非得两年。

七、山西工会代表的观点

山西省最低工资近年来每年以 15%的速度增长，2013 年太原市的最低工资标准是 1 450 元，最低工资影响的行业主要是环卫、冶金、商业零售业、国防企业等。结合山西省最低工资的情况，从工会的角度，主要有以下观点：一是最低工资得结合最低生活保障标准，两者如何衔接，对很多家庭影响还是很大的，另外，如果不明确，有一些企业会钻空子；二是要重视最低工资对产业升级的促进作用，不能仅仅站在资方和劳方的角度，更要从行业上做文章，通过最低工资促进产业升级，如果一个企业连最低工资都承受不了，那这个企业估计也不是什么好企业；三是在最低工资标准决策方面，工会参与力度不够，制定中人为决策的因素还是比较多的；四是现在最低工资的定位就是生活标准，就是吃饭钱，根本谈不上体面劳动，工人要生存，要发展，更要体面生活，以环卫工人为例，他们生活很困难，就是凑合着活，平时根本不敢旅游，大的超市也不敢去，能不能针对这一群体建立职业最低工资；五是最低工资对企业有影响，对有些利润高的企业不大，调整幅度不够，只能低位运行，跟大的发展方向也不一致，能不能通过产业工人的工资杠杆，把劳动收入提上去；六是工会应该建立专业研究机构，例如，搞一个工资研究所，配备专业人士参与，加强对最低工资的研究。

八、上海市代表的观点

上海的最低工资为社会平均工资的36.1%，上海的最低工资不含社会保险。关于最低工资对低收入群体的影响，统计局有三组数据，城镇居民可支配收入、在岗职工平均工资和消费数据。2006—2011年，工资增长快，最低工资的增长保障了居民可支配收入的增长。据劳动部门统计，最低工资上涨直接受益50万人，间接受益120万人，占从业人员的15%。

针对最低工资调整有几点建议：一是在最低工资标准设计中加入体面劳动的理念，大家应该共享发展成果；二是最低工资调整要基于调查，常年调查如物价、收入等基本调查，建议每年召开企业座谈会，邀请企业经营者和工会参加，反映职工愿望等；三是定性与定量分析要结合起来，测算标准后调整，每个发展阶段情况不一样；四是工会要主动和其他政府部门沟通，建立定期沟通机制，如第一次研究时，大家可以相互探底和务虚，向主席办公会报告，第二次工会主席就可以把沟通结果拿到班子上讨论；五是关于测算方法，最低工资对人工成本产生影响是必然的，因此要测算程度，使用不同标准，建议政府部门建立保障职工最低生活的监测系统，例如，考虑统计局统计的47种商品物价，是否也有利于判断最低工资标准。

九、福建省代表的观点

福建2013年没发布调整通知，主要是因为经济下行压力大。提出几点建议：

第一，针对最低工资标准确定的问题，目前没有测算手段，专业性也不够，主要有四个原因：一是原始数据不够，没有底气，现在薪酬调查，成效不大，企业重视不够。二是参照数据也不够，按社会平均工资40%的水平，希望企业往这方面靠，福州能达到43%，其他地区达不到。统计局发布的是城镇非私营单位的工资，不含城镇私营单位，覆盖面和指导性不强。三是测算模型不多，采用比重法，协商时人力资源社会保障部门摆到桌面上，由于源头数据在统计局那里，所以也没办法。四是专业人才不够，这是软肋，培养人才不容易，这方面的人才也很缺。

第二，针对弱势群体不能只关注最高档。调研中发现，每个省的最低档次的试用地区和人群很广泛，最低工资提高一点对这部分人影响很大，希望多关注落后地区。

十、广东省代表的观点

广东省最低工资制度起步早、历史长，珠海和广州最早对最低工资进行试点，1993 年之后深圳也建立了最低工资制度。1995 年广东省首次公布最低工资标准，当时分 5 类，后来改为 7 类，现在改为 4 类。2013 年的一档标准是 1 850 元。最低工资影响人群分布不均衡，全省各地贫困户不同，行业集中在餐饮、住宿、制造业和服务业，通过特困职工档案发现，低保户、低收入群体、意外致困户等群体，劳动权益受最低工资影响较大。

在最低工资标准确定中，通过劳动关系三方会议，讨论中工会与人力资源社会保障部门比较一致，也觉得低，但各地方政府有阻力。部分地区有议价能力，如广州、珠海。目前，我们掌握的企业数据不是很多，企业觉得按现在最低工资招不到工人，因此，最低工资标准的影响不大，但企业对最低工资标准调整时间很敏感，外商谈单子时会用到最低工资，希望将最低工资调整金额算入，签完合同再提高最低工资就会感到有压力，希望定期调整最低工资标准，让他们有预期。

十一、陕西省代表的观点

主要提了五个方面的意见：一是依法治国的问题，宪法规定劳动者有获得劳动报酬的权利，工资是劳动者最核心的利益，社会保险法已经出台，什么时候出台工资法？明确工资到底是什么？工资应该包含哪些内容？哪些工资待遇必须要保障？如何衡量工资？要用立法的手段确定下来。

二是最低工资是托底的必要手段，要明确其功能是什么。这个事情不是现在才有，新中国成立前就有了，国际上也有公约，其实内涵比较明确，目的就是要确保基本生活水平的提高。要促进人的全面发展，不能只保基本生活。例如，有一年年底，给一个贫困家庭发慰问补贴，那个人拿到钱马上去理发店烫了头，花了 280 元，你说应不应该？有人说不应该，但我觉得，人家烫头没什么问题，他一辈子都没烫过头，有烫头的诉求也是正常的。

三是最低工资还要促进生产力发展，企业遇到困难，最直接的就是拿职工开刀，不涨工资甚至降工资，这是不合理的，必须把职工收入包住，企业不能靠降低职工收入来保证发展。技术发展了，劳动生产率在提高，职工工资也应提高，用职工工资促进企业技术进步，也是企业发展的体现，甚至会推动整个社会进步。

四是最低工资标准问题，现在都参照社会平均工资，要有一个顶层的制度设计，政府就要规定，最低工资标准不能低于百分之几，不要再讨论依据，统计也是规律，多少年都是这样，就是有道理的。社会平均工资是客观存在的，不是某些人算出来的。大家反映社会平均工资偏高，被增长，如果有最低工资杠杆撬动，反过来可以促进统计部门提高社会平均工资统计的合理性。

五是关于企业的承受能力。技术先进、利润高的企业对这方面不敏感，大家都同意这个观点，专题调研也发现了这个情况。一家企业，如果连最低工资增长都承受不了，那企业是不是本身就有问题，说明该企业就是落后企业，就该被淘汰，不能乞求政府保护。

十二、小结

综合各方讨论情况得出以下总结性观点：一是最低工资的三方协商质量不高，需要有具体的数据和分析支撑；二是评估方法方面，与低保标准、社会平均工资等数据如何衔接，对职工有多大影响（包括直接影响和间接影响）需要进一步研究；三是从维护职工权益的角度，能否研究出评估指标，明确最低工资调整的方向。

未来工作可以从以下六个方面改进：一是制定程序，守住最低收入底线；二是适时合理调整动态评估；三是标准要与经济社会发展协调；四是更好发挥工资集体协商的作用；五是探索行业最低工资；六是考虑最低工资与保障金、失业保险金的衔接。

附录四

“制造业转型升级与劳动力比较优势”座谈会观点综述

为完成《当前我国制造业劳动力成本比较优势研究》课题，课题组于2016年7月在北京召开了“制造业转型升级与劳动力比较优势”研讨会。会议邀请了工业和信息化部、社会科学院、发展和改革委员会、北京师范大学、中国人民大学、首都经贸大学、南京财经大学等科研机构的青年学者，以及部分企业代表，就制造业劳动力比较优势的表现、挑战及机遇等问题进行了研讨，会议取得了预期效果。

一、关于对“劳动力比较优势”的认识和理解

“比较优势”最早来源于国际贸易理论，说的是国家间要素禀赋不同，如果一个国家在本国生产一种产品的机会成本（用其他产品来衡量）低于在其他国家生产该产品的机会成本，则这个国家在生产该种产品上就拥有比较优势。在李嘉图的理论中，比较优势是很重要的概念，其实最早提出国际贸易优势理论的并不是李嘉图，而是亚当·斯密。斯密在《国富论》中已经提出绝对优势的概念，李嘉图在此基础

上认为国家间的贸易不仅基于绝对优势，不具有成本优势的国家只要具有比较优势也可以在贸易中获利。后来这一理论发展到今天，已经成为经济学中最基本的原理之一。

谈到劳动力比较优势，国内提的最多的是林毅夫，他的新结构经济学对过去中国的比较优势做了很好的总结。不过，最近几年，大家对劳动力是否还具有比较优势出现争议。过去说中国制造业有劳动力优势，一方面是指劳动力数量优势，中国劳动力供大于求，大量农民工从农村转移到城市和沿海发达地区；另一方面是劳动力成本，中国制造业劳动力成本比发达国家低，所以发达国家愿意到中国来投资。这两个方面是相辅相成的，但是这个趋势最近有变化。社会科学院蔡昉说，中国已经出现“刘易斯拐点”，中国劳动力数量优势逐渐不那么明显了。另外，最近很多报道说中国制造业劳动力成本上升很快，很多外资企业转移到东南亚去了。所以，这个时候研究劳动力比较优势还是很重要的。

劳动力比较优势到底是指什么？学术界一般用单位劳动力成本来衡量劳动力比较优势。单位劳动力成本是单位劳动报酬与单位劳动生产率的比值，为了计算单位劳动力成本，需要掌握劳动报酬、行业就业人数、劳动时间、增加值等数据，这些数据国家统计局有的没有，比如工作时间，可能就要估算。对就业人数的统计现在也有几个口径，城镇单位的分私营和非私营，但缺少农村这块。所以，实际就业人数可能要比国家统计局公布的行业数据要多。劳动时间，目前很难估算，《中国人口与就业统计年鉴》和经济普查有一些调查数据，可以参考。

这里提到的比较优势，应该主要是和其他国家比较，或者是不同地区之间比较。如果是国家之间比较，就要考虑其他国家的数据。劳动报酬方面，有的国家没有总量，需从人均水平和就业人数方面估算，中国的薪酬数据是总量数据，不需要计算。制造业增加值数据，可以参考联合国工业发展组织数据库中的一些数据。另外，关于劳动力比较优势，还可以参考竞争优势、后发优势等概念去理解，这方面的文献很多。

二、中国制造业的综合比较优势和劳动力比较优势

从产业发展的角度，不能只谈中国的劳动力比较优势，要谈中国制造业的综合比较优势。如果只谈劳动力比较优势，那将来这个优势很可能逐步减少甚至丧失，但如果谈综合比较优势，则中国制造业发展前景仍是光明的，尤其是国家推出《中国制造 2025》一揽子政策后，中国的产业升级已经开始了。

经过 20 多年的发展，中国的制造业拥有目前世界上最完备的产业链，建立了高度细化的产业配套分工体系，具备了较为完备的产业配套能力，制造业配套设施、服务和软硬件环境优良，生产要素集中度高，产业集群发展成熟，将中国作为全球生产制造战略的一部分，选择在中国投资设厂，优势依然明显。

中国的电子、家电等终端产品和半成品加工、制造和生产已经形成完整的产业链，相比东南亚国家，中国企业在电子产品的研发设计、设备和原材料供应、生产车间、销售渠道以及供应商合作等方面已经

形成规模，供应链整合度高，运营模式相对成熟，在产品质量和总成本方面仍具有较强竞争力。

中国政府 30 多年来大力投资基础设施建设，已经形成完备的公路、铁路、航空和水运交通网络，为制造业物流提供了良好的条件，另外，中国政府将信息化作为重大发展战略，工业互联网的普及将加速制造业升级。

中国制造业产业集聚度高，中国经济最活跃的地区（如珠三角地区和长三角地区）集聚了全国乃至全世界一流的人才、技术和管理经验。中国很多城市设立了工业园、产业园、高新区和开发区，为各类制造业企业提供了土地、车间、融资支持、劳动力以及税收优惠等政策。

最后，中国幅员辽阔，各地经济发展千差万别，具有极强的包容性，在沿海地区用工成本攀升的情况下，很多制造业企业已经转向内陆（如富士康已经完成向郑州、太原和成都等地的转移），内陆省份为发展经济，将推出更多招商引资的优惠政策，有利于投资者开拓内陆市场。

从劳动力比较优势看，除了前面提到的数量优势、成本优势外，未来中国制造业的劳动力质量，也就是人力资本的水平，可能是影响中国制造业升级的关键，但这里面涉及太多问题，如教育、培训、低端劳动力的就业等。在《中国制造 2025》纲要指引下，中国制造业将站在第三次产业革命前沿，凭借技术进步的后发优势，迅速学习利用 3D 打印机、工业机器人、新型材料和工业互联网等新技术，加快制造业劳动力向中高端人力资本升级。

近年来，劳动力成本上升“倒逼”部分电子制造业企业使用机器人替代人工，如富士康提出“百万机器人计划”，随着工业机器人的成本下降和性能不断提升，部分岗位将实现机器人替代；工业和信息化部在2013年发布了《关于推进工业机器人产业发展的指导意见》，提出到2020年机器人密度（每万名员工使用机器人台数）达到100以上。如果将来真的出现劳动力成本倒逼企业用机器手臂替代人工，那么，未来的新生代农民工就业可能会受到影响。

三、中国制造业劳动力比较优势面临的挑战

中国制造业形成劳动力比较优势的原因有很多，最根本的还是劳动力资源丰富。具体体现在劳动力市场供需两旺，农村转移劳动力数量大造成劳动力供给旺盛，同时，各地加大招商引资，一些外资到中国投资建厂，尤其一些劳动密集型加工企业用工需求量大，特别是制造业比较集中的珠三角地区，对于劳动力的需求更高。

党中央、国务院和各地政府充分利用了这一资源优势，发展劳动密集型制造业，出台了一系列利好政策，如城镇化、户籍改革、社保改革、营改增等。尽管近年来劳动力成本开始出现上升，农村转移劳动力数量开始下降，部分行业和企业存在产能过剩等，但中国的劳动力资源优势从世界范围看还是独一无二的。

过去大家对劳动力比较优势的认识基本是一致的，但今天对这个问题开始有了争议，其中一个表现是最近几年沿海地区制造业劳动力短缺逐渐成为很普遍的现象，不仅技术类劳动力短缺，普通劳动力也

同样存在短缺。此外，我国当前正在进入人口老龄化阶段，劳动年龄人口逐渐减少，医疗卫生以及养老负担越来越重，这些都将加重制造业企业负担，给我国制造业劳动力成本造成非常大的影响。

近年来，中国劳动力比较优势的地位受到挑战和冲击，中国的劳动力市场相继出现“刘易斯拐点”和“库兹涅茨拐点”，人口红利开始由人口数量红利向人口质量红利转变。中国的适龄劳动人口绝对数量减少，农村转移劳动力增速减缓，劳动力供给总量下降，制造业劳动力市场供求关系发生根本转变。“90后”“00后”新生代劳动力成为制造业用工主体，制造业从业人员学历水平显著提高，高技能人群比重有所增加，传统城乡二元体制下的农民工开始加速向现代城市产业工人转变。中国经济地理布局发生新变化，中西部地区成为新的经济增长点，随着沿海地区“腾笼换鸟”和中低端产业链向内陆延伸，制造业劳动力向内陆省份回迁转移趋势更加明显。

另外，各地区最低工资上调速度开始回落。近五年来全国最低工资平均增速分别为15%、22.8%、22%、20.2%和17%，高位增长已经对经济产生负面影响，中国政府已经开始最低工资评估工作，预计未来将调整最低工资增速。受物价成本上涨、工人薪酬期望提高、劳动力短缺以及劳动者议价能力提高等影响，劳动力成本仍将缓慢上升。

来自国际经济环境的挑战也很多，以电子制造业为例。金融危机后，美国政府围绕振兴制造业陆续出台了一系列措施，美国制造业回归对于中国制造业来说，预计将产生以下影响：在高新技术领域将加剧国际竞争，由于减少对华技术转让和增加技术壁垒，中国电子制造业技术进步可能放缓，美国电子企业将直接减少在华投资建厂，减少在华就业岗位和工作机会，美国电子制造本土化将影响中国电子产品出口，在华订单也可能逐步减少。由于近年来中国劳动力成本持续上升，部分沿海制造业企业将工厂转移到用工成本更低廉的东南亚地区，这一趋势在纺织、制衣、制鞋等低端劳动密集型行业尤其明显。

四、对比发达国家和周边发展中国家，中国制造业保持劳动力比较优势的做法

中国制造业劳动者的素质和产出率都高于新兴的东南亚国家，中国人的集体主义民族性格决定了更适合制造业，经过20年的发展，中国工人的技术熟练程度远高于东南亚的新兴经济体。但是，产业转移的历史规律要求中国的制造业加快提升劳动者技能和劳动生产率，以应对来自其他发展中国家的挑战。

未来5～10年内，中国制造业仍然能保持劳动力比较优势。中国制造业仍具有很强的成本竞争力，主要是由于中国制造业劳动生产率的提升抵消了工资水平提升对劳动力成本的负面影响。劳动力仍具有绝对数量优势，预计2020年中国制造业从业人员总数在2010年的基础上可提升20%，达到1.2亿人左右，即年均增长250万人左右，加上自然减员补充数，每年合计需增加新就业劳动力470万人。

劳动生产率仍具有相对增速优势。过去近20年制造业名义劳动生产率年均增速达到15.3%，根据回归分析，估计未来5年内中国制造业劳动生产率仍将保持在10%以上的高位增长。单位劳动力成本仍具

有相对水平优势。尽管近年来制造业工资水平不断攀升，但仍远低于劳动生产率水平，人均劳动创利率（制造业城镇单位就业人员名义平均工资与制造业名义劳动生产率的比值）仍具有较强竞争力。

劳动力综合素质优势。党中央、国务院颁布的《国家中长期人才发展规划纲要（2010—2020年）》和《国家中长期教育改革和发展规划纲要（2010—2020年）》都提出，到2020年全国主要劳动年龄人口受过高等教育的比例达到20%，预计到2020年，中国制造业大专及以上人才拥有量将达到3 040万人，其中普通与成人高等教育工科类专业毕业生的需求量为1 200万人左右。

稳定的政治社会环境、完善的基础设施、丰富的人力资本、优惠的产业政策、合作的工会组织、不断开放的国内市场……经过改革开放30多年的成长，中国制造业经受了各种考验，已经在世界竞争中脱颖而出，将继续扬长避短，顺势而为，迎接新的挑战。中国制造业劳动力市场的成熟完善，将成为中国制造迈向新台阶的必要条件：中国的劳动力人口仍是世界上最丰富的，劳动力质量在发展中国家中名列前茅，劳动力结构更加合理，劳动力流动更加活跃，劳动力效率更具竞争力。随着劳动力市场供求关系变化和劳动者议价能力的提升，劳动力成本将在一定程度上有所上升，但劳动生产率提高抵消了工资上涨的压力，中国的劳动力仍具有比较优势。

五、实现中国制造转型升级，发展新劳动比较优势的建议

国内现在说经济下行和产能过剩，其实主要还是指国有企业，民

营私营企业和外资企业不会出现这个问题，市场导向的企业这个问题不严重，如果出现销路问题，肯定就会转化产品，即便出现劳动力成本上升的挑战，也会通过各种途径，如转移车间、减少用工、使用机器人等进行化解，所以，问题可能主要还是出在国有企业。

但是，从另一个方面，涉及劳动密集型企业，主要还是民营私营企业，这些企业往往资本、技术较薄弱，应对危机的能力不强，从趋势上看，这两年很多沿海的制造业企业开始转向内陆，如重庆、西安等中西部省份，这方面的趋势值得关注。建议去东、中、西部几个有代表性的地区调研一下，东部可以去江苏、广东，目前江苏的苏南和苏北地区正在出现一股企业转移潮，广东也是。

在当前背景下，促进原有优势转化和升级，形成新的比较优势，可以打造升级版“劳动力优势”，形成人力资本优势，以人才红利替代人口红利。首先要使劳动效率的提升速度快于劳动力成本提升的速度，不仅要促进普通劳动力的升级，提升劳动者的技能，而且要注重培育创新型人才。在劳动力再造和升级中，既要发挥政府的引导、激励和监督作用，也要发挥企业的积极性及其作用，构建符合我国实际的职业教育体系。

打造《中国制造 2025》还要依托综合比较优势。我国制造业基础力量雄厚，是世界上极少数拥有完整工业体系的国家之一，并且在国民教育、劳动力素质和基础设施等方面具有优势，这为打造升级版“制造优势”奠定了基础。结合《中国制造 2025》，促进工业化和信息化深度融合，支持产业集聚发展和价值链跨区域重组，打造升级版

“制造优势”。

另外，还要依托中国广阔的市场，激发国内市场容量和市场潜力。世界上没有一个国家像我国这样拥有巨大的消费市场，但这一优势并没有完全发挥出来。为此，需要在调整、优化国民收入分配格局，加快社会保障制度改革，增强居民消费能力和意愿的基础上，增加产品品种，提升供给质量和性能，加快供给侧改革。

六、针对制造业劳动力市场，目前国内外可用数据和可供参考借鉴的文献

数据方面，如果作国际比较，还是推荐使用国家统计局的年鉴、普查数据；如果作地区比较，可以用中国工业企业数据库数据做一些微观分析，但是这个数据库目前并未公开，只有少数机构有，而且数据最新就到 2013 年，能不能说明这两年中国制造业的变化是个问题。国内数据还可以参考社会科学院的雇主-雇员匹配数据，以前是中国人民大学曾湘泉教授在做。匹配数据有企业和员工微观方面的统计，而且是固定样本的时间序列数据，应该符合这个课题的研究需求。澳大利亚国立大学的孟昕教授在中国搞的 RUMIT 调查，也有相关数据，这个调查目前是由暨南大学在做。

这个课题主要还是要作国际比较，这方面有一些数据库可以用，例如联合国的 UN data 数据库、国际劳工组织的 KILM net 数据库、世界银行的 WDI 数据库、经合组织的 OECD database 数据库、欧盟的 Eroustat 数据库以及美国劳工统计局的 BLS 数据库等。

文献方面，林毅夫等人的成果尤其是新结构经济学，这两年还是比较热门的。社会科学院的曲玥等人做了一系列制造业劳动力的研究。前几年，国内围绕最低工资对劳动力成本的影响出现了很多研究，广东的韩兆洲有很多调查。国外方面的文献，关注的不多，主要是这个问题不是目前西方经济学的研究热点，劳动力升级问题在美国、英国都是 100 年前的事情了，日本、韩国也过了这个阶段，要是找的话，可以参考第二次世界大战后发展经济学的论文。

参考文献

[1] 白重恩，钱震杰. 国民收入的要素分配：统计数据背后的故事 [J]. 经济研究，2009 (3).

[2] 蔡昉. 劳动力成本提高条件下如何保持竞争力 [J]. 开放导报，2007 (1).

[3] 蔡昉，王德文，曲玥. 中国产业升级的大国雁阵模型分析 [J]. 经济研究，2009 (9).

[4] 蔡昉. 工资增长、工资趋同与刘易斯转折点 [J]. 经济学动态，2011 (9).

[5] 曾国华，王跃梅. 劳动力成本与工业竞争力——理论模型及实证检验 [J]. 财经论丛，2011 (3)，14-18.

[6] 陈维佳，伍晓鹰. 经济增长、生产率与收入分配——转型经济的宏观与微观测算问题 [C]. 北京：北京大学出版社，2011.

[7] 程承坪，张旭，程莉. 工资增长对中国制造业国际竞争力的影响研究——基于中国 1980—2008 年数据的实证分析 [J]. 中国软科学，2012 (4).

[8] 丁守海. 最低工资管制的就业分析 [J]. 中国社会科学，2010

(1).

[9] 丁元. 劳动生产率与工资关系的脉冲响应分析——以广东省为例 [J]. 中国人口科学，2007 (3).

[10] 董礼华. 劳动生产率及其计算方法 [J]. 中国统计，2012 (3).

[11] 董新兴，刘坤. 劳动力成本上升对企业创新行为的影响——来自中国制造业上市公司的经验证据 [J]. 山东大学学报（哲学社会科学版），2016 (07).

[12] 都阳，曲玥. 劳动报酬、劳动生产率与劳动力成本优势——对 2000—2007 年中国制造业企业的经验研究 [J]. 中国工业经济，2009 (5).

[13] 高帆. 中国劳动生产率的增长及其因素分解 [J]. 经济理论与经济管理，2007 (4).

[14] 龚强. 最低工资制在完全与不完全市场中的影响——一个理论分析框架 [J]. 南开经济研究，2009 (9).

[15] 韩兆洲，魏章进. 我国最低工资标准实证研究 [J]. 统计研究，2006 (01).

[16] 贺胜兵，刘友金，周华蓉. 沿海产业为何难以向中西部地区转移——基于企业网络招聘工资地区差异的解析 [J]. 中国软科学，2012 (01).

[17] 贾朋，张世伟. 最低工资标准提升的溢出效应 [J]. 统计研究，2013 (04).

［18］金三林，朱贤强. 劳动力成本上升对制造业出口竞争力的影响［J］. 开放导报，2013（2）.

［19］李红涛，党国英. 劳动生产率对工资的影响——基于动态面板数据的广义矩估计方法［J］. 社会科学战线，2012（4）.

［20］李平，宫旭红，张庆昌. 工资上涨促进劳动生产率提升：存在性及门槛效应研究［J］. 山东大学学报（社会科学版），2010（9）.

［21］卢锋. 我国工资与劳动力成本变动及国际比较（1978—2004）［Z］. 北京大学中国经济研究中心讨论稿（No. C2006008），2006.

［22］卢锋. 我国劳动生产率增长及国际比较（1978—2004）［Z］. 北京大学中国经济研究中心讨论稿（No. C2006004），2006.

［23］陆正飞，王雄元. 国有企业支付了更高的职工工资吗［J］. 经济研究，2012（3）.

［24］罗来军，史蕊，陈衍泰. 工资水平、劳动力成本与我国产业升级［J］. 当代经济研究，2012（5）.

［25］罗小兰. 基于攀比效应的中国企业最低工资标准对其他工资水平的影响［J］. 统计研究，2006（6）.

［26］马双，张劼，朱喜. 最低工资对中国就业和工资水平的影响［J］. 经济研究，2012（5）.

［27］马双. 劳动力成本变化与制造业企业行为研究［D］. 西南财经财经大学博士论文，2011.

［28］聂辉华，江艇，杨汝岱. 中国工业企业数据库的使用现状和

潜在问题［J］. 世界经济，2012（5）.

［29］宁光杰. 中国最低工资标准制定和调整依据的实证分析［J］. 中国人口科学，2011（1）.

［30］曲玥. 制造业产业结构变迁的路径分析——基于劳动力成本优势和全要素生产率的测算［J］. 世界经济文汇，2010（5）.

［31］曲玥. 制造业劳动生产率变动及其源泉——基于中国2000—2007年规模以上制造业企业数据的估算［J］. 经济理论与经济管理，2010（12）.

［32］Szirmai，柏满迎，任若恩. 中国制造业劳动生产率：1980—1999［J］. 经济学（季刊），2002（4）.

［33］涂正革，肖耿. 中国工业增长模式的转变——大中型企业劳动生产率的非参数生产前沿动态分析［J］. 管理世界，2006（10）.

［34］王美艳. 中国最低工资制度的设计和执行［J］. 宏观经济研究，2013（7）.

［35］王万珺，沈坤荣，叶林祥. 工资、生产效率与企业出口——基于单位劳动力成本的分析［J］. 财经研究，2015（7）.

［36］王燕武，李文博，李晓静. 基于单位劳动力成本的中国制造业国际竞争力研究［J］. 统计研究，2011（10）.

［37］魏浩，郭也. 中国制造业单位劳动力成本及其国际比较研究［J］. 统计研究，2013（8）.

［38］魏浩，李翀. 中国制造业劳动力成本上升的基本态势与应对策略［J］. 中国经贸，2014（3）.

［39］辛永容，陈析，肖俊哲. 我国制造业劳动生产率因素分解［J］. 系统工程，2008（5）.

［40］邢春冰. 不同所有制企业的工资决定机制考察［J］. 经济研究. 2005（6）.

［41］许正松，孔凡斌相对劳动力成本与产业转移的关系研究——基于江西制造业的实证分析［J］. 江西社会科学，2015（12）.

［42］阳立高，谢锐，等. 劳动力成本上升对制造业结构升级的影响研究——基于中国制造业细分行业数据的实证分析［J］. 中国软科学，2014（12）.

［43］姚先国，曾国华. 劳动力成本对地区劳动生产率的影响研究［J］. 浙江大学学报（人文社会科学版），2012（9）.

［44］叶援. 我国建筑业劳动生产率的实证分析［J］. 山东建筑大学学报，2004（19）.

［45］岳希明，任若恩. 测量中国经济的劳动投入：1982—2000. 经济研究［J］. 2008（3）.

［46］张国庆，林玳玳. 劳动报酬的提高必然降低我国劳动力成本优势吗？［J］. 宏观经济研究，2016（9）.

［47］张军，刘晓峰. 工资与劳动生产率的关联：模式与解释［J］. 哈尔滨工业大学学报（社会科学版），2012（3）.

［48］张智勇. 农民工最低工资覆盖现状及其效应分析［J］. 武汉科技大学学报（社会科学版），2010（06）.

［49］赵登辉，林康. 实现劳动报酬增长与劳动生产率提高同步的

路径选择［J］. 现代经济探讨，2011（9）.

［50］赵西亮，李建强. 劳动力成本与企业创新——基于中国工业企业数据的实证分析［J］. 经济学家，2016（07）.

［51］郑海涛，任若恩. 多边比较下的中国制造业国际竞争力研究：1980—2004［J］. 经济研究，2005（12）.

［52］Abowd J M，Kramarz F and Margolis D N，1998. Minimum Wages and Employment in France and the United States［J］. Universite de Pantheon-Sorbonne（Paris 1）.

［53］Acemoglu D. When Does Labor Scarcity Encourage Innovation?［J］. Journal of Political Economy，December 2010，118（6）.

［54］Akerlof A and Yellen J，1990. The Fair Wage-Effort Hypothesis and Unemployment［J］. Quarterly Journal of Economics，55：255-283.

［55］Akerlof A，1984. Gift Exchange and Efficiency-Wage Theory：Four Views［J］. American Economic Review，74：79-83.

［56］Akerlof A and Yellen J，1986. Efficiency Wage Model of the Labor Market［C］. New York：Cambridge University Press.

［57］Alida C and Freeman B，1992. When the Minimum Wage Really Bites：The Effect of the U. S. Level Minimum on Puerto Rico［J］. NBER，Inc，177-212.

［58］Alves W and Rossi P，1978. Who should get what? Fairness Judgements of the Distribution of Earnings［J］. American Journal of Sociology, 84: 541-64.

[59] Bazen S, 2000. The Impact of the Regulation of Low Wages on Inequality and Labour-Market Adjustment: A Comparative Analysis [J]. Oxford Review of Economic Policy, 16 (1): 57-69.

[60] Belman D and Wolfson P, 1997. A Time-series Analysis of Employment, Wages and the Minimum Wage [J]. working paper.

[61] Belsley D and Welch E, 1980. Regression Diagnostics: Identifying Influential Data and Sources of Collinearity [M]. New York: John Wiley & Sons.

[62] Bester H, Milliou P and Petrakis E, 2009. Wages and productivity growth in a dynamic oligopoly [J]. Discussion Papers 2009/18, Free University Berlin.

[63] Brown C, 1999. Minimum Wages, Employment and the Distribution of Income [J]. In Orley Ashenfelter and David Card, Handbook of Labor Economics, Vol. 3. 2101-2163. New York: Elsevier.

[64] Brown C, Gilroy C and Kohen A, 1982. The Effect of the Minimum Wage on Employment and Unemployment [J]. Journal of Economic Literature, Vol. 20, (2): 487-528.

[65] Burkhauser R, Kenneth A and David C, 2000. A Reassessment of the New Economics of the Minimum Wage Literature with Monthly Data from the Current Population Survey [J]. Journal of La-

bor Economics, 18 (4): 653-80.

[66] Cappelli P and Chauvin K, 1991. An Interplant Test of the Efficiency Wage Hypothesis [J]. Quarterly Journal of Economics 106: 769-87.

[67] Card D, Katz L and Krueger A, 1993. Comment on David Neumark and William Wascher: Employment Effects of Minimum and Subminimum Wages: Panel Data on State Minimum Wage Laws [M]. Princeton University, Department of Economics, Industrial Relations Section.

[68] Card D and Krueger A, 1994. Minimum Wages and Employment: A Case Study of the Fast-Food Industry in New Jersey and Pennsylvania [J]. American Economic Review, 84 (5): 772-93.

[69] Card D and Krueger A, 1995. Myth and Measurement: The New Economics of the Minimum Wage [J]. Princeton, NJ: Princeton University Press.

[70] Lin Carl and Fang Tony. Minimum Wages and Employment in China [J]. Discussion Paper No. 7813, December 2013, IZA.

[71] Chatrerji M and Sparks R, 1991. Real Wages, Productivity, and the Cycle: An Efficiency Wage Model [J]. Journal of Macroeconomics, No. 3.

[72] Dickens W and Katz L, 1987. Inter-Industry Wage Difference and Industry Characteristics. in Unemployment and the Structure

of Labor Markets [C]. edited by K. Lang and J. S. Leonard. New York: Basil Blackwell.

[73] Dickens W and Lang K, 1985. A Test of Dual Labor Market Theory [J]. American Economic Review (75): 792-805.

[74] Doeringer B and Piore MJ, 1971. Internal Labor Markets and Manpower Analysis [M]. Lexington, MA: Heath Books.

[75] Ehrenberg RG and Smith RS, 1982. Modern Labor Economics [M]. Glenview, IL: Scott, Foresman and Company.

[76] Felipe U, 2011. Unit Labor Costs in the Eurozone: The Competitiveness Debate Again [J]. Economics Working Paper Archive, 2 (4): 490-507.

[77] Flinn C, 2006, Minimum Wage Effects on Labor Market Outcomes under Search, Matching, and Endogenous Contact Rates [J]. Econometrica, Vol. 74, No. 4, July: 1013-1062.

[78] Frank RH, 1984. Are Workers Paid their Marginal Products? [J]. American Economic Review, (74): 549-571.

[79] Freeman RB and Medoff JL, 1984. What Do Unions Do? [M]. New York: Basic Books.

[80] Goldberger AS, 1991. A Course in Econometrics [M]. Cambridge, MA: Harvard University Press.

[81] Gomme P and Rupert P, 2004. Measuring Labor's Share of Income [J]. Social Science Electronic Publishing, (Nov): 25-36.

[82] Gordon DM，1990. Who Bosses Whom? The Intensity of Supervision and the Discipline of Labor [J]. American Economic Review 80 (2)：28-32.

[83] Gordon DM，1996. Fat and Mean：The Corporate Squeeze of Working Americans and the Myth of Managerial "Downsizing" [M]. New York：Free Press.

[84] Gramlich E，1976. Impact of minimum wages on other wages，employment，and family incomes [J]. Brookings Papers On Economic Activity，Vol. 7，No. 2.

[85] Griliches Z，1994. Productivity，R&D，and the Data Constraint [J]. American Economic Review，84 (1)：1-23.

[86] Dan H，2014. Do labor costs affect companies demand for labor? [J]. Iza World of Labor，(3)：1-10.

[87] Hall R and Jones C，1999. Why Do Some Countries Produce So Much More Output Per Worker Than Others? [J]. The Quarterly Journal of Economics，Vol. 114，No. 1 (Feb).

[88] Heckman J and Sedlacek G，1981. The Impact of Minimum Wage on the Employment and Earnings of Workers in South Carolina [J]. in Report of the Minimum Wage Study Commission，Vol. V (US Government of Printing Office，Washington，DC)：225-272.

[89] Hongbin Li，Lei Li，Binzhen Wu，and Yanyan Xiong. The End of Cheap Chinese Labor [J]. Journal of Economic Perspectives-

Volume 26, Number 4-Fall 2012-Pages 57-74.

[90] Hooper P, Vrankovich E, 1995. International comparisons of the levels of unit labor costs in manufacturing [J]. International Finance Discussion Papers.

[91] Janet C and Fallick B, 1993. The Minimum Wage and the Employment of Youth: Evidence from the Nlsy [J]. National Bureau of Economic Research, Inc.

[92] Jefferson H and Rawski G, 2001. Productivity growth and convergence across China's industrial economy [J]. Journal of Chinese Economic and Business Studies, 6 (2): 121-140.

[93] Katz L and Krueger A, 1992. The Effect of the Minimum Wage on the Fast Food Industry [J]. Industrial and Labor Relations Review, Vol. 46, No. 1 (October): 6-21.

[94] Kellman M, 1983. International competitiveness: An empirical investigation [J]. Empirical Economics, Vol. 8: 125-137.

[95] Kiyoshi Kojima, 2000. The flying geese model of Asian economic development: origin, theoretical extensions, and regional policy implications [J]. Journal of Asian Economics (2000): 11.

[96] Krueger A, 2000. "Measuring Labor's Share," WP, American Economic Review, Papers and Proceedings, Vol. 89, No. 2, May 1999 pp. 45-51. Reprinted in Michael Sattinger, (ed.), Income Distribution (Cheltenham, UK: Edward Elgar, 2000).

［97］ Krugman P，1979. A Model of Innovation，Technology Transfer，and the World Distribution of Income ［J］. Journal of Political Economy，Vol. 87，No. 2：253-266.

［98］ Lazear E，1998. Personnel Economics for Managers ［M］. New York：Wiley.

［99］ Liu Jeng，Sakamoto A and Kuo-hsien Su. 2005. Exploitation in Contemporary Capitalism：Some Evidence for Taiwan ［J］. Paper resented at the American Sociological Association（ASA） Annual Meetings in Philadelphia，PA，August 13-1.

［100］ Marquetti A，1999. Do Rising Real Wages Increase the Rate of Labor-Saving Technical Change Some Econometric Evidence ［J］. Metroeconomica，55（4）：432-41.

［101］ Neumark D and Wascher W，1992. Employment Effects of Minimum and Subminimum Wages： "Panel Data on State Minimum Wage Laws." ［J］. Industrial and Labor Relations Review 46（1）：55-81.

［102］ Neumark D and Wastcher W，2006. Minimum Wages and Employment：A Review of Evidence from the New Minimum Wage Research ［J］. NBER Working Paper 12663.

［103］ Ni J ，Wang G and Yao X，2011. Impact of Minimum Wages on Employment：Evidence from China ［J］. Chinese Economy，Vol. 44：18-38.

[104] Okita Sabro，1985. Special Presentation：Prospect of Pacific Economies [J]. in Korea Development Institute（ed.），Pacific Cooperation：Issues and Opportunities（pp. 18-29）. Report of the Fourth Pacific Economic Cooperation Conference，Seoul，Korea，1985，April 29-May 1.

[105] Rebitzer J，1988. Unemployment，Labor Relations，and Unit Labor Costs [J]. American Economic Review，1988，78（2）：389-94.

[106] Sbordone A，1998. Prices and Unit Labor Costs：a New Test of Price Stickiness [J]. Working Papers，49（2）：265-292.

[107] Seguino S，2007. Is More Mobility Good? Firm Mobility and the Low-Wage Low-Productivity Trap [J]. Structural Change and Economic Dynamics，18（1）：27-51.

[108] Golub S，1961. Labor costs and international trade [C]. Committee for a National Trade Policy，38（4）：710-72.

[109] Wang J and Gunderson M，2010. Minimum Wage Impact in China：Estimation from A Prespecified Research Design 2000-2007 [J]. Contemporary Economic Policy，Volume 29，Issue 3，392-406.

[110] Xiao，X.，and B.，Xiang，2009. The Impact of Minimum Wage Policy on Wages and Mployment in China [J]. International Conference on Information Management，Innovation Management and Industrial Engineering.

后　记

本书基于原中国劳动保障科学研究院基本科研业务费课题《我国制造业劳动报酬与劳动生产率同步提高研究》（编号：LKY-2013M-7）、《最低工资调整对制造业人工成本变动影响研究》（编号：LKY-2014M-13）以及《我国制造业劳动力成本比较优势研究》（编号：LKY-2016M-20）创作，既是我多年来跟踪研究制造业人工成本的阶段性成果，也是原中国劳动保障科学研究院劳动工资研究所集体智慧的结晶。

借此书出版之际，感谢原劳动工资研究所领导苏海南研究员、刘学民研究员、鲁士海司长、杨黎明研究员及谭中和研究员对我本人科研工作的大力支持。

感谢原劳动工资研究所同事们对课题研究和日常工作的帮助，他们分别是：常风林、狄煌、胡宗万、贾东岚、刘军胜、刘秉泉、吕井海、梁晓勇、马小丽、任莉、孙群义、孙玉梅、王学力、王霞、王宏、王学梅、吴群、肖婷婷、许英杰、杨飞刚、杨艳玲和张姗姗等。

在课题研究中，我们还得到了很多业内专家的支持，这些专家同行在研讨会、评审会等场合提出了很多宝贵意见，对本书主要观点的形成有重要贡献，他们分别是：金维刚、林树明、刘燕斌、刘军、李实、李俊、赖德胜、莫荣、聂生奎、宁光杰、曲玥、茹英杰、唐鑛、田小宝、万海远、王俊舫、王婧、王万珺、杨河清、杨玉梅、解立峰、尹建堃、张车伟、赵越、赵忠和郑东亮等学者专家。

在科研道路上，我的导师——北京师范大学政府管理学院王建民教授一直给予我关心、指导和鼓励，王老师的治学态度和学术品格一直是我们学习的榜样。

另外，还要感谢广东、山东、重庆、湖南等地人力资源社会保障厅（局）、相关部委及被访企业有关同志对课题调研的大力配合。

最后，感谢原中国劳动保障科学研究院和中国劳动保障出版社各位领导对本书出版的支持。

2017 年 10 月，中国劳动和社会保障科学研究院正式成立，在新的起点，我们将继续立足人力资源和社会保障中心工作，更加深入地研究人工成本相关问题，为工资收入分配改革贡献力量。

钱　诚

2018 年 11 月 19 日于惠新西街